AF341752

DES

ASSURANCES

TERRESTRES

PAR

CHARLES HETTIER

DOCTEUR EN DROIT

<table>
<tr><td align="center">PARIS</td><td align="center">CAEN</td></tr>
<tr><td align="center">ERNEST THORIN, LIBRAIRE
BOULEVARD ST-MICHEL, 58</td><td align="center">A. MASSIF, LIBRAIRE
RUE NOTRE-DAME, 111</td></tr>
</table>

1867

témoignage de ma vive reconnaissance
de profond respect.

Ch. Hettier

BIBLIOTHÈQUE NATIONALE
R. F.
ESTAMPES

DES

ASSURANCES

TERRESTRES

8°F
11686

Caen, typ. F. Le Blanc-Hardel.

DES

ASSURANCES

TERRESTRES

PAR

CHARLES HETTIER

DOCTEUR EN DROIT

PARIS	CAEN
ERNEST THORIN, LIBRAIRE	A. MASSIF, LIBRAIRE
BOULEVARD ST-MICHEL, 58	RUE NOTRE-DAME, 111

1867

BIBLIOTHÈQUE NATIONALE R.F. IMPRIMÉS

ACQUISITION 166.444

En 1783, dans la Préface de son célèbre *Traité des assurances*, Emerigon se plaignait du silence des lois sur une matière aussi importante : « Le « Droit civil développe très-bien, disait-il, les prin- « cipes du contrat à la grosse, mais il est muet « au sujet du contrat d'assurances. » Ce regret était partagé par les jurisconsultes de cette époque.

Aujourd'hui, on peut dire, avec autant de vérité, que si le Code de commerce a réglementé ce contrat d'une manière durable, les assurances terrestres, moins heureuses, n'ont pas encore eu leur législateur. Et, cependant, parmi les nom- breuses entreprises qui ont signalé de nos jours les progrès de l'esprit d'association en France, il n'en est pas dont l'importance et l'utilité soient plus universellement reconnues.

Cette absence de textes, fort regrettable, sans doute, n'est pas un obstacle à l'étude des as- surances terrestres. La doctrine, se servant des principes généraux, des règles essentielles au

contrat d'assurances, a produit des œuvres remarquables ; de son côté, la Jurisprudence, aidée
par l'art. 1964 du Code Nap., et par quelques
dispositions que l'analogie permet d'emprunter au
Code de commerce, a suppléé à l'absence d'une
loi et résolu équitablement les graves et nombreuses contestations que soulève l'interprétation
des polices.

« Dans le silence de la loi, dit Bacon, il faut
avoir recours à l'analogie, pourvu que ce soit
avec précaution et discernement. »

En Droit romain, l'histoire de l'assurance me
faisant complètement défaut, je me suis cru autorisé à prendre, comme point de départ de cette
étude, le seul contrat qui présente quelque analogie avec le sujet de cette thèse : le *nauticum
fœnus*.

Je l'ai suivi dans ses transformations et développements successifs, jusqu'au moment où il
fait place aux assurances maritimes et terrestres,
espérant y trouver quelques-unes des causes qui
ont présidé à la naissance de notre contrat moderne.

ÉTUDES HISTORIQUES.

L'assurance, telle que nous la concevons de nos jours, ne paraît pas avoir été connue ni pratiquée chez les anciens. Cependant, comme certains auteurs, parmi lesquels il faut citer Emerigon, ont cru en apercevoir les traces dans plusieurs textes, je dirai quelques mots de la controverse à laquelle cette opinion a donné lieu. Il suffira, du reste, de considérer ces textes et les arguments produits à l'appui pour demeurer convaincu de leur peu de valeur.

L'assurance est un contrat par lequel l'un des contractants se charge du risque des cas fortuits auxquels une chose est exposée, et s'oblige envers l'autre contractant de l'indemniser de la perte que lui causeraient ces cas fortuits, s'ils arrivaient, moyennant une somme que l'autre contractant lui donne ou s'oblige de lui donner pour le prix des risques dont il se charge (1).

(1) Pothier, *Traité du contrat d'assurances*, n° 2. — Casaregis, Disc. 7, n° 2. — Emerigon, chap. 1er, 1. — Valin, sur l'ord. de 1681, *in principio*.

D'après Emerigon, l'assurance est un contrat par lequel on promet indemnité des choses qui sont transportées par mer, moyennant un prix convenu entre l'assuré qui fait ou fait faire le transport, et l'assureur qui prend le péril sur soi et se charge de l'événement (1). Cette définition est tirée du *Guidon de la Mer*, art. 1er, chap. Ier : *Assecuratio est conventio de rebus tuto aliunde transferendis pro certo præmio, seu est aversio periculi* (2) (Stypmannus, pars IV, cap. VII, n° 262). Ces définitions sont celles de l'assurance maritime; mais, qu'il s'agisse du contrat maritime ou du contrat terrestre, ces définitions seront toujours applicables et contiennent les véritables caractères de l'assurance.

Après les auteurs anciens citons les auteurs modernes, et nous verrons qu'ils n'ont rien ajouté à la définition de Pothier : « L'assurance est un

---

(1) Grotius, *De jure belli ac pacis*, lib. II, cap. XII, § 3, n° 5 : « Facti cum facto permutatio innumeras habere potest species pro factorum diversitate. At facio ut des, aut pecuniam; atque id quoque in factis quotidianæ utilitatis locatio conductio dicitur; in facto præstandæ indemnitatis circa casus fortuitos aversio periculi, vulgo assecuratio, qui contractus olim vix cognitus nunc est inter receptissimos, etc. »

Straccha, *De Assecurationibus*, Introd., n° 46.

Lessius, *De justitia et jure*, lib. II, cap. XVIII, disp. 4.

(2) Les mots *aversio periculi*, dont se sert Stypmann, ne signifient pas autre chose que l'assureur se charge et prend pour lui-même le péril que les choses peuvent courir. Loccenius, lib. II, cap. V, n° 1 : « *Aversio periculi* ita dicta, quod aliquis alterius periculum in mari aversum it, aut in se recipit. »

« contrat par lequel l'un des contractants, qu'on
« nomme assureur, prend à sa charge, moyennant
« un prix convenu, les risques d'accidents fortuits
« auxquels est exposé l'autre contractant, que l'on
« nomme assuré, et s'oblige à l'indemniser des
« pertes qu'il pourra faire par l'effet de ces risques.
« Le prix de l'assurance s'appelle prime; l'événe-
« ment qui donne lieu au paiement de l'indemnité
« s'appelle sinistre (Boudousquié). » Partout nous
retrouvons les mêmes éléments et les mêmes
conditions nécessaires à la formation du contrat.
Nous reviendrons plus tard sur ces éléments;
bornons-nous simplement à les énumérer, afin
de pouvoir les rapprocher des opérations qui ont
donné naissance à l'opinion que nous combattons;
ces éléments nous serviront de *criterium*.

Le contrat est synallagmatique, l'assureur s'obligeant à garantir l'assuré et à l'indemniser de ses
pertes; l'assuré s'obligeant à payer la prime convenue;

Intéressé de part et d'autre;

Conditionnel;

Aléatoire;

De droit étroit;

De droit des gens (1).

Nous voyons, en outre, que les quatre conditions essentielles à la formation de notre contrat
sont celles exigées par l'art. 1008 du Code Nap. (2):

(1) Pothier, n°ˢ 6, 7, 8 et 9.
(2) Pardessus, *Droit commercial*, t. II, n° 593.

1° Le consentement de la partie qui s'oblige ;

2° La capacité de contracter ;

3° Un objet certain qui forme la matière de l'engagement ou chose assurable ;

4° Une cause licite dans l'obligation, représentée par le paiement de la prime pour l'assureur et le paiement de l'indemnité pour l'assuré.

Étant données ces notions générales, voyons si l'on est autorisé à dire avec Emerigon que l'assurance a été connue des anciens, et que si les Romains n'ont assigné dans leurs lois aucune place distincte au contrat d'assurance, c'est parce que : « ce peuple guerrier abandonnait aux « esclaves et aux affranchis le soin du commerce « de mer et de terre ; qu'il n'en existait pas moins « en lui-même, et qu'il était enveloppé sous une « forme commune et générique. C'était un sau- « vageon non encore cultivé, auquel l'esprit du « commerce a donné le développement et la con- « sistance dont il jouit aujourd'hui. » (Emerigon, chap. 1er.)

Il n'est pas douteux que le principe de l'assurance, s'il n'a pas été pratiqué par les anciens, n'ait été, du moins, l'objet de recherches instinctives qu'il ne faut pas absolument dédaigner, puisqu'elles ont amené l'emploi très-fréquent du prêt maritime. Le prêt maritime, ou *nauticum fœnus*, avait pour objet d'encourager les expéditions lointaines en indemnisant les armateurs et marchands chargeurs des pertes survenues dans le cours du voyage.

C'est, en effet, un désir inné chez l'homme d'assurer la conservation de ses biens ou de pouvoir les reconstituer immédiatement, s'ils viennent à périr. Ce problème est un de ceux dont la solution intéresse le bonheur de l'homme ; car « il n'y a pas de vie heureuse sans sécurité, et les biens qui peuvent nous échapper d'un instant à l'autre perdent la moitié de leur prix. »

« La sécurité dans la possession nous est si nécessaire, que l'homme le plus avare sacrifie sans hésiter une partie de son capital pour prévenir la perte du reste. » (Ed. About, *De l'Assurance.*)

Tout d'abord, ce désir s'est manifesté par des pratiques surnaturelles.

« Tant que l'homme, ajoute l'écrivain que nous citions à l'instant, a rapporté les événements de sa vie à des causes mystérieuses et despotiques, il a offert au Destin, à la Divinité une partie de son bien, croyant racheter le reste. Il agissait ainsi par un vague instinct d'assurance, un pressentiment confus de la loi économique : retrancher un peu pour conserver beaucoup. »

Plus tard, nous voyons se produire des essais plus positifs et plus pratiques du contrat d'assurance. Le contrat à la grosse, dont nous trouvons une formule parfaite dans le discours de Démosthène contre Lacritus, remonte à la plus haute antiquité (1). Emprunté par la Grèce à l'Égypte,

(1) « Androclès de Sphette et Nausicrate de Cariste ont prêté à Ar-

il dut être employé fréquemment par les Phéniciens et les Juifs (1).

témon et à Apollodore de Phasélis trois mille drachmes d'argent sur des effets à transporter d'Athènes à Mende ou à Scyone, de là dans le Bosphore, et, s'ils le veulent, à la côte gauche jusqu'au Borysthènes, pour revenir à Athènes.

« Les emprunteurs paieront l'intérêt à raison de 225 par 1,000 ; mais s'ils ne passent le Pont au Temple (des Argonautes) qu'après le coucher de l'Arcture, ils paieront 300 d'intérêt pour 1,000. Ils engagent pour la somme prêtée trois mille amphores de vin de Mende qu'ils transporteront de Mende ou de Scyone sur un navire à vingt rames, dont Hiblésius est armateur. Ils ne doivent et n'emprunteront rien à personne sur le vin affecté à ce prêt.

« Ils rapporteront à Athènes, sur le même navire, les objets qu'ils auront achetés avec le prix de ce vin, et, lorsqu'ils seront arrivés, ils paieront, en vertu du présent acte, au prêteur la somme convenue, dans les vingt jours à compter de celui où ils seront entrés dans le port d'Athènes, sans autres déductions que les pertes ou sacrifices consentis par le commun accord des passagers ou celles qu'ils auraient essuyées de la part des ennemis ; sauf cette seule exception, ils paieront la totalité, et livreront sans aucunes charges au créancier les objets affectés, jusqu'à ce qu'ils aient payé intégralement l'intérêt et le principal convenus par le présent acte.

« Si cette somme n'est pas payée dans le temps marqué, les créanciers pourront faire vendre ces objets ; et, s'ils n'en tirent pas la somme qui leur est promise par le présent acte, ils pourront exiger le reste d'Artémon et d'Apollodore, ou de l'un d'eux, ou de tous les deux en même temps ; saisir leurs biens sur terre et sur mer, en quelque lieu qu'ils soient, comme s'ils eussent été condamnés et qu'il s'agit de l'exécution d'une sentence des tribunaux.

« S'il arrive quelque accident considérable au navire sur lequel sont chargées les marchandises, le droit des créanciers sera limité aux effets qui auront échappé. » (V. la Collection des lois maritimes de M. Pardessus, t. Ier, page 46.)

(1) « L'origine di questo contratto e molto antica percio di essa ne fanno espressa mentione le leggi tanto civile quanto canoniche ; ma di

Mais les lois rhodiennes, dont les jurisconsultes romains (1) ont tant de fois fait l'éloge, ne font point allusion au contrat d'assurance.

Quant à la compilation qui porte ce nom, elle est considérée comme apocryphe : certaines dispositions trahissent son peu d'ancienneté. Il y est parlé de serment sur l'Évangile, et, pour expliquer cet anachronisme, Vinnius et Peckius, qui l'ont publiée à la suite de leurs Commentaires, prétendent que ce fut une interpolation des Chrétiens : *additum hoc a Christianis.*

Les lois rhodiennes furent adoptées par les Romains, probablement vers le commencement des guerres puniques. Le commerce de Rome prit alors un grand développement : les conquêtes successives de ce peuple absorbèrent les rivages de la Méditerranée et procurèrent au négoce une sécurité qui lui permit de s'étendre fort loin.

Le prêt à la grosse devint d'un usage très-fréquent, et bien que flétri par Cicéron et par Perse, il n'en occupait pas moins une place importante sur les marchés romains. Il en est parlé au Digeste, tit. II, liv. XXII; au Code, liv. IV, tit. XXXIII; et les Novelles 106 et 110 y sont exclusivement consacrées.

Les transactions de ce genre avaient pour in-

forma o piu tosto di riforma e moderno. » (Targa, *De Assecurationibus,* cap. XXXII, § 5.)

(1) Cicéron, *Pro lege Manilia,* cap. XVIII.

termédiaires les *Argentarii*, toujours à la recherche des moyens de retirer le plus fort intérêt possible des prêts qu'ils consentaient. Il y avait là pour eux un puissant élément de gain (1).

La Novelle 106 nous a conservé les noms de deux *Argentarii*, Pierre et Eulogius, dont l'état consistait à prêter aux gens de mer. C'était autour de ces banquiers que s'agitait la foule des marins du Tibre, des armateurs et des usuriers ; et ce furent leurs réclamations qui déterminèrent Justinien à abolir la Novelle 106.

Après avoir constaté l'existence du contrat de prêt à la grosse aventure, Emerigon prétend apercevoir dans l'Histoire romaine quelques traces de l'assurance.

Il s'appuie sur ce passage où Tite-Live raconte que, lors de la seconde guerre punique, les entrepreneurs chargés de faire transporter en Espagne des munitions de guerre et de bouche, stipulèrent que la République serait garante des pertes qui, dans le cours du voyage, seraient occasionnées par les ennemis ou la tempête : *ut quæ in naves imposuissent, ab hostium tempestatisve vi, publico periculo essent.* (Tite-Live, liv. XXIII, n° 49.)

De graves abus ne tardèrent pas à se commettre : les fournisseurs simulèrent des naufrages, et la

____

(1) « Sed toto hoc de genere, de querenda, de collocanda pecunia, etiam de utenda, commodius a quibusdam optimis viris, ad medium Janum sedentibus quam, etc..... » (*De Officiis*, lib. II, cap. xxv).

République fut obligée de leur intenter un procès : *Hi, quia publicum periculum erat a vi tempestatis in iis quæ portarentur ad exercitus et ementiti erant falsa naufragia, et ea ipsa quæ vera renuntiaverant, fraude ipsorum facta erant, non casu. In veteres quassasque naves, paucis et parvi pretii rebus impositis, quum mersissent ea in alto, exceptis in præparatas scaphas nautis, multiplices fuisse merces ementiebantur.*

On cite encore à l'appui de cette opinion un passage de Suétone. Il s'agit d'un fait analogue au précédent.

L'empereur Claude, voulant à tout prix faire cesser une disette qui mécontentait le peuple, crut encourager l'importation des grains en Italie en prenant sur lui les pertes occasionnées par les tempêtes : *suscepto in se damno, si cui quid per tempestates accidisset.* (Suétone, liv. V, n° 21.)

Selon nous, ce que prouvent ces textes, c'est qu'il n'y avait rien à Rome qui ressemblât à l'assurance : nous en savons assez déjà sur la formation de notre contrat, pour reconnaître que dans les faits sur lesquels on s'appuie, il n'existe aucun de ses caractères distinctifs. Les entrepreneurs seront indemnisés, il est vrai ; mais on se demande inutilement en vertu de quelle obligation cette indemnité leur sera versée. On prétend que la République ou l'Empereur sont devenus assureurs : qu'on nous démontre l'existence d'une prime liant l'assureur à l'égard de l'assuré. Cette prime n'a

été, comme l'examen des faits le prouve surabondamment, ni due, ni préalablement versée; et si
l'État, dans ces deux circonstances, se trouvait
débiteur, cela n'a jamais été que par un mouve-
ment spontané et par des causes tout-à-fait étrangères à celles qui président d'ordinaire à la naissance du contrat dont on veut prouver l'existence.

Et si, comme le prétend l'opinion contraire,
l'assurance eût existé, l'État n'y eût-il pas eu recours, de préférence à des moyens aussi éner-
giques, pour ne pas dire désespérés? La République, à coup sûr, obéissait à une nécessité bien
impérieuse en prenant à sa charge des risques
aussi graves. Rien ne ressemble moins, je pense,
à notre paisible contrat d'assurance, où tout est
prévu et assis sur des calculs dont une expérience
déjà longue a démontré la solidité.

Ce n'est pas avec plus de succès que l'on argue
d'un texte de Cicéron (17e lettre, liv. II). Voici
dans quelle circonstance Cicéron écrivait au pro-
questeur Caninius Salluste, à Laodicée. Il avait
remporté en Silicie une victoire qui lui aurait
valu les honneurs du triomphe, si la rupture écla-
tante de César et de Pompée n'avait fait surgir
la guerre civile. Cicéron, dépositaire de deniers
publics qu'il voulait faire transporter à Rome,
écrivait ainsi : *De præda mea præter quæstores
urbanos, id est populum romanum, teruncium
nec attigit, nec tacturus est quisquam. Laodi-
ceæ me prædes accepturum arbitror omnis pe-*

cuniæ ut et mihi et populo cautum sit sine vecturæ periculo (Ad fam., lib. II, lett. 17.)

Que se proposait donc Cicéron, et qu'était-ce que cette opération dont il parle? Il suffit de traduire pour la comprendre : « J'espère trouver à « Laodicée, pour moi et pour le peuple romain, « une caution qui me réponde des deniers publics « et qui prenne à sa charge les dangers du « voyage. »

Quelques personnes ont vu dans cette opération l'origine du contrat de change. Heineccius est de cet avis; et nous admettrions d'autant plus volontiers cette interprétation, que des textes nombreux nous révèlent l'existence de ce contrat chez les Romains (1). Nous ne suivrons pas l'opinion d'Emerigon, qui croit reconnaître dans cette espèce un contrat d'assurance (2).

Dans tous ces cas, nous voyons bien l'intention de soustraire à des dangers probables des valeurs ou des objets précieux. Mais si, de ce qu'une personne a formé une convention tendant à ce but, il fallait en conclure qu'il en résulte un contrat d'assurance, nous serions obligés de reconnaître que ce contrat était un des plus usités.

C'est ainsi qu'au Digeste, au titre *Locati conducti*, loi 13, § 5, nous voyons une stipulation rendant l'ouvrier responsable de la perte par cas

______

(1) Cic., lib. XII, ep. 24, *Ad Atticum.*

(2) M. Troplong, Préface du Traité du contrat de Société. — Emerigon, Préface.

fortuit : *Si gemma includenda aut insculpenda data sit, atque fracta sit, non erit ex locato actio : si imperitia facientis erit, huic sententiæ addendum est nisi periculum quoque in se artifex receperat, tunc enim, etsi vitio materiæ id evenit, erit ex locato actio.*

Faudra-t-il conclure de ce texte et de bien d'autres analogues, que l'ouvrier (1), le mandataire (2), le dépositaire (3), le vendeur à forfait (4) ou à risques et périls, soient des assureurs ? Et si on admet cette opinion pour le passé, comment distinguera-t-on de nos jours ces mêmes opérations de notre contrat moderne ? Et comment expliquer encore qu'un contrat tellement usité soit, sans raison apparente, tombé dans l'oubli pour ne reparaître que longtemps après, au XIVᵉ siècle ; que, dans tous les textes cités à l'appui, les termes employés par les jurisconsultes soient ceux des contrats d'où ces opérations dérivent ?

Comme le fait remarquer M. Alauzet, la prime est de l'essence du contrat d'assurance : « Il chan- « gerait de caractère en cessant d'être intéressé « de part et d'autre, et deviendrait une donation « conditionnelle..... En fait, les Romains pou-

(1) L. 13 , § 5, Dig., *Locati conducti.*

(2) L. 39, Dig., *Mandati vel contra.*

(3) L. 1 , § 35, Dig., *Depositi vel contra.*

(4) L. 1, Dig.; *De periculo et commodo rei venditæ. — De pactis,* fr. 7, § 15.— Code : *Conducti,* fr. 1. — *De pign. act.,* fr. 6. — *Commodati,* fr. 1, etc.

« vaient, par différents moyens, atteindre sans
« doute quelquefois un résultat identique à celui
« que produit une assurance ; mais cela ne suffit
« pas pour que le contrat existe ; ce n'est pas là sa
« théorie, ses principes, ses conditions et ses
« règles, en un mot ce qui le constitue. » (T. I,
p. 23.)

On peut soutenir d'une manière spécieuse que
les lois Rhodiennes et, à leur imitation, les Pan-
dectes et les Basiliques, contiennent une sorte
d'assurance mutuelle établie entre les chargeurs
et le propriétaire du navire. Je ne m'appesantirai
pas longuement sur ce sujet: quoique plusieurs
auteurs l'aient soutenu avec beaucoup de force et
d'autorité, nous ne pouvons nous résoudre à voir
dans cette convention, comme dans les précédentes, qu'une assurance bien rudimentaire (Voir
M. Alauzet, t. I, p. 28).

On sait que de tout temps les lois maritimes
ont distingué deux sortes d'avaries : les grosses
avaries ou avaries communes, et les avaries simples ou particulières. Les premières donnent lieu
à contribution, les secondes restent à la charge
de celui qui les a souffertes. Il est juste qu'une
indemnité répare les dommages éprouvés dans
l'intérêt commun. Cette règle que le jet, en cas
de tempête, donne lieu à contribution, se trouve
au chapitre ix de la compilation connue sous le
nom de Lois Rhodiennes. Il existe à cette règle
une exception qui a attiré l'attention de certains
auteurs et qui leur a semblé présenter les carac-

tères d'une assurance : il s'agit d'une avarie que
ces mêmes lois Rhodiennes, chapitre IX, mettent à
la charge de tous, quoiqu'elle ne soit pas soufferte
dans l'intérêt commun : *Similis quoque ratio
contributionis est observanda, si vel ab hos-
tibus, vel a latronibus vel piratis merces aut
ea quæ ad nautas in commune spectant diri-
piantur.*

Nous croyons que c'est étendre singulièrement
les acceptions du mot « assurance » que de l'appliquer à cette hypothèse. Ne vaut-il pas mieux
la considérer comme un genre de contribution
particulier, inventé par le législateur dans l'espoir d'intéresser les équipages à la conservation
de leur cargaison ?

Nous avons pu voir, par ce qui précède, que les
Anciens n'avaient pas encore découvert le principe de l'assurance; que la loi économique, retrancher sur le revenu pour sauver le capital,
faire la part du hasard et lui payer une prime,
était loin d'être comprise et de recevoir une
application pratique.

Nous croyons avoir suffisamment démontré, par
la lecture des textes sur lesquels certains auteurs
ont cherché à étayer un système contraire, combien cette association des hommes, cette organisation de la lutte contre le Destin, était peu dans
les mœurs et les idées antiques.

Mais à quelle cause attribuer l'impuissance de
ces tentatives, et comment expliquer l'apparition
si tardive de notre contrat ? Dans l'examen de

cette question, je ne pense pas qu'il faille adopter un système absolu et condamner certaines explications. Nous trouverons dans chacun des systèmes qui se sont produits une partie de la vérité.

Une première cause, bien générale sans doute,
mais bien vraie et bien philosophique, résulterait
des mœurs et de l'esprit de la civilisation gréco-
romaine. « Le génie fraternel des races germa-
« niques et slaves les a tout d'abord portées à
« chercher dans les sociétés, dans les nationalités
« qu'elles formaient, une protection plus étroite
« et plus complète que celle des Grecs et des
« Romains. Tandis que ceux-ci, à l'apogée de leur
« puissante civilisation, n'avaient pu trouver cette
« merveilleuse combinaison qui donne à chacun
« la force de tous pour résister aux coups du sort,
« les hordes barbares de l'Europe orientale re-
« liaient leurs membres par un vaste lien de so-
« lidarité qui les unissait dans un système de
« secours à donner et à recevoir lorsque la mau-
« vaise fortune frappait au milieu d'eux. » (G.
Le Hardy, *De l'Assurance.*)

C'est au nord et à l'est de l'Europe qu'il faut
chercher l'esprit d'association et non pas à
Rome. La race saxonne peut revendiquer, à bon
droit, l'honneur des grandes entreprises commerciales et financières. Ainsi, nous voyons qu'en
France l'art. 6 du livre III de l'ordonnance de
1681 interdisait formellement l'assurance sur la
vie, tandis qu'en Angleterre l'*Amiable Society*
s'établissait par les soins de l'évêque d'Oxford et

sous le patronage de la reine Anne. Et si nous descendons en Italie, nous y verrons que, de nos jours, c'est avec les plus grandes peines que six compagnies, dont trois mutuelles, sont parvenues à fonctionner, et que l'assurance assez usitée en Ligurie, dans la vallée du Pô, en Piémont et en Lombardie, ne l'est pas du tout dans l'Italie méridionale (1).

L'esprit de conquête et de domination universelle absorbait toutes les forces du peuple romain: aussi le commerce, n'était-il exercé que par des hommes très-pauvres, recrutés le plus souvent parmi les esclaves et les affranchis, ou par des capitalistes dont les richesses immenses étaient à l'abri des coups du sort et les rendaient leurs propres assureurs. Quant aux autres, sans aucune fortune, bravant les périls et les dangers du commerce, parce qu'il donnait généralement à ceux qui s'y livraient des bénéfices considérables, ils trouvaient dans le prêt à la grosse une bien plus grande utilité (2).

Il faut ajouter, en outre, que la rareté des voyages entrepris pendant l'hiver, et, par suite, la moins grande fréquence des sinistres, rendaient l'assurance moins utile.

Une seconde opinion proposée par M. Alauzet attribuerait l'ignorance de notre contrat au fré-

(1) *Journal des Assurances*, Pouget. Consid. génér. sur les Assur. en Italie, février 1866.

quent emploi du contrat à la grosse. Les mêmes
périls, dit-il, existent pour le donneur à la grosse
comme pour l'assureur ; le prêt exige, de plus,
une mise préalable de fonds ; mais aussi il n'a
pas besoin d'embrasser un cercle aussi vaste,
parce que si le danger de perte est aussi grand,
le bénéfice que l'on en peut recueillir est bien
plus élevé. En admettant même que les chances
de perte se trouvassent augmentées, il ne faut
pas oublier que l'intérêt était plus élevé. L'appât
du gain l'emportait sur la prudence, et le danger
résultant de gros risques disparaissait devant
l'espoir de gros bénéfices.

Une troisième opinion professée par M. Pardessus, dans sa *Collection des lois maritimes*
(t. V, p. 331), explique l'absence de notre
contrat par l'ignorance où l'on était, à Rome et à
Athènes, de la statistique en général et plus particulièrement du calcul des probabilités (1). Sans
la connaissance de ces calculs, il est en effet impossible d'asseoir sur des bases certaines une série
d'opérations de ce genre ; c'est aux immortels
travaux de Halley, Bernouilly, Condorcet, Laplace et Lacroix, que les assurances doivent le rapide accroissement qu'on leur a vu prendre dans
ce siècle.

Le jour où un homme a remarqué que les si-

____

(1) M. Pardessus cite à l'appui de son opinion la loi 68, tit. II,
lib. XXV du Digeste, et l'embarras qu'elle trahit dans le jurisconsulte
Ulpien, pour une question qui serait fort simple de nos jours.

nistres perdaient en gravité ce qu'ils gagnaient en
étendue, le système de l'assurance mutuelle a été
créé, et ce jour-là inaugurait pour la richesse publique une ère de sécurité et d'accroissement in-
faillibles.

« Au milieu des causes variables et inconnues,
« que nous comprenons sous le nom de hasard et
« qui rendent incertaine et irrégulière la marche
« des événements, on voit naître, à mesure qu'ils
« se multiplient, une régularité frappante qui
« semble tenir à un dessein et que l'on a con-
« sidérée comme une preuve de la Providence qui
« gouverne le monde ; mais, en y réfléchissant,
« on reconnaît bientôt que cette régularité n'est
« que le développement des possibilités respec-
« tives des événements qui doivent se présenter
« plus souvent, lorsqu'ils sont plus probables (1). »

A mon sens, ces trois opinions ne me paraissent pas exclusives les unes des autres ; et,
groupées ensemble, elles forment un système qui,
s'il ne contient pas toute la vérité, doit en présenter au moins une grande partie. Ainsi donc, l'iso-
lement de l'individu dans les sociétés antiques, la
passion de l'usure, inhérente à la race romaine,
l'ignorance du calcul des probabilités et de la
statistique, telles sont les trois causes fondamen-
tales du défaut d'assurance chez les anciens.

(1) Laplace, *Essai philosophique sur les probabilités.*

DROIT ROMAIN.

DU NAUTICUM FŒNUS.

CHAPITRE Ier.

DE LA NATURE DU NAUTICUM FŒNUS.

1° Définitions ;
2° Caractères du *nauticum fœnus;*
3° Différences existant entre le *mutuum* et le *nauticum fœnus ;*
4° Le *nauticum fœnus* est-il un contrat innomé ou bien une variété du *mutuum?* Controverse.

§ Ier.

DÉFINITIONS.

Et nunc quid sit trajectitia pecunia videndum est, et deinde quid sibi nauticum fœnus velit, dit Straccha (1), dans un langage qui dénote chez cet auteur une tendance à distinguer deux choses: le *nauticum fœnus* et la *trajectitia pecunia*.

Qu'est-ce donc que la *trajectitia pecunia?* Un fragment de Modestin en donne la définition suivante: « *Trajectitia ea pecunia est quæ trans mare vehitur; cæterum si eodem loci consumatur, non erit trajectitia. Sed videndum an merces ex ea pecunia comparatæ in ea causa habeantur. Et interest utrum etiam ipsæ periculo creditoris navigent, tunc enim trajectitia pecunia fit* » (ff., *De nautico fœnore*, f^r 1er).

L'argent trajectice *trans mare vehitur;* les mots « *nauticum fœnus* » désignent, à proprement parler, la conséquence de l'opération, c'est-à-dire le paiement des intérêts. Nous n'avons pas à nous occuper de cette distinction introduite par les commentateurs. On ne voit pas dans les écrits des jurisconsultes romains qu'ils y aient attaché aucune importance juridique (2).

Le prêt est trajectice, disons-nous, quand l'argent emprunté passe la mer : *si eodem loci consumatur, non erit trajectitia.*

Cependant, il y avait encore prêt trajectice quand, au lieu d'emporter l'argent pour en user dans le cours du voyage, l'emprunteur s'en servait, sur place, pour l'acquisition de marchandises

---

(1) Straccha, Introduction, n° 9.

(2) Ils se servaient indifféremment des expressions *nauticum fœnus, trajectitia pecunia, nautica* ou *maritima pecunia.*

ou la réparation du navire. Les marchandises étaient alors substituées à l'argent prêté. C'est ce que nous dit encore Modestin : *sed videndum an merces ex ea pecunia comparatœ in ea causa habeantur.*

Enfin, l'argent prêté était au risque du créancier.

Voët définit ainsi le contrat de prêt trajectice : « *Nauticum fœnus est, quod ex pecunia vel merce aliave re trajectitia seu trans mare vehenda periculo creditoris, penditur, atque etiam ex pacto peti potest; et, ex rationis parilitate etiam ex pecunia rebusve per loca terrestria, ob incursum hostium aut prædonum periculosa transvehendis.* »

Je ferai remarquer, à propos de cette définition de Voët, que les mots *nauticum fœnus* devinrent une locution admise pour désigner tout prêt à forts intérêts et dans lequel le créancier prenait à sa charge les risques de l'opération. C'est à ce genre de prêt que fait allusion Scævola, dans la loi 5 de notre titre, au Digeste; et l'on conviendra que les exemples qu'il choisit présentent avec notre contrat des analogies complètes (1).

Pothier, dans son *Traité du contrat de prêt à la grosse aventure*, nous donne une définition que je ne crois pas inutile de rapporter ici, tant elle fait ressortir la vérité des principes romains : « Le contrat de prêt à la grosse aventure est un con-

(1) Cujas, *In Afri.*, t. I, p. 1407.

trat par lequel l'un des contractants, qui est le prêteur, prête à l'autre, qui est l'emprunteur, une somme d'argent, à condition qu'en cas de perte des effets pour lesquels cette somme a été prêtée, le prêteur n'en aura aucune répétition que jusqu'à concurrence de ce qui restera; et qu'au cas d'heureuse arrivée ou au cas où elle n'aurait été empêchée que par le vice de l'emprunteur, l'emprunteur sera tenu de rendre au prêteur la somme avec un certain profit convenu, pour le prix du risque desdits effets dont le prêteur s'est chargé » (1).

On peut donc dire qu'il y a *nauticum fœnus* « lorsqu'une personne transfère à un armateur la « propriété d'une somme d'argent pour acheter « un navire ou les marchandises qui doivent lui « servir de cargaison, ou bien encore pour être « transportée au lieu où ces marchandises seront « achetées, à la condition que celui qui a ainsi « donné son argent prend à sa charge les risques « de la navigation qui doit avoir lieu à telle « époque, de tel endroit à tel autre, en sorte que, « si ce navire fait naufrage, il ne lui sera rien dû; « tandis que, dans le cas contraire, on lui devra « et la somme prêtée et une somme en plus, fixée « par les parties comme elles l'entendent, somme « considérée comme le prix du risque *(periculi* « *pretium)* et appelée dans les textes *usuræ ma-* « *ritimæ.* » (Vernet, *Traité des Obligat.*)

---

(1) Pothier, *Du contrat de prêt à la grosse aventure,* art. 1er, n° 1.

§ II.

CARACTÈRES DU NAUTICUM FŒNUS.

Cette définition, fort nette, me paraît comprendre tous les caractères assignés au *nauticum
fœnus* par les jurisconsultes romains.

Il en résulte donc que ce contrat est :

1° Réel, puisqu'il n'est parfait, de même que
le contrat de prêt ordinaire, que par la remise de
la chose ; il est de droit strict comme le *mutuum ;*

2° Unilatéral, puisque l'emprunteur seul est
obligé ;

3° Intéressé de part et d'autre, puisque ce
contrat se pratique pour l'intérêt du prêteur aussi
bien que pour celui de l'emprunteur (1);

4° Enfin, le contrat de prêt maritime est un
contrat aléatoire.

§ III.

DIFFÉRENCES EXISTANT ENTRE LE MUTUUM ET LE NAUTICUM FŒNUS.

Il nous reste à signaler les principales différences existant entre le prêt ordinaire, ou *mutuum*,
et le contrat qui fait l'objet de cette étude.

Ces différences étant trop importantes pour ne
point être traitées séparément, je me bornerai

(1) Une stipulation était nécessaire pour produire des intérêts dans
le cas d'un *mutuum.*

à les énumérer rapidement; elles trouveront plus loin, et alors que le besoin s'en fera sentir, le développement qui leur convient.

1° L'argent prêté est aux risques du prêteur. Dans le *mutuum*, au contraire, les risques sont à la charge de l'emprunteur : *Substantia itaque fœnoris nautici in eo consistit , quod pecunia credita non debitoris seu mutuarii, ut vulgo, sed creditoris seu mutuantis periculo, fit.* (Voët, ff., liv. XXII, tit. II.)

2° Les intérêts de l'argent prêté , les *usuræ maritimæ,* étaient dus en vertu d'un simple pacte, *etiam ex pacto.* Ce principe généralisé s'appliqua à tous les cas où le prêt était aléatoire, de telle sorte qu'il put arriver qu'il ne fût rien dû au prêteur. Scævola (pr., ff., *eod. tit.*) nous cite dans une loi assez obscure et sur laquelle nous aurons à revenir plus loin, deux cas qu'il assimile, quant à ce principe, au *nauticum fœnus.* Cette loi se termine ainsi : *In his autem omnibus et pactum sine stipulatione ad augendam obligationem prodest* (§ 1, *eod. loco*).

Dans le *mutuum* , l'intérêt n'était dû qu'en vertu d'une stipulation expresse : *Si pactum nudum de præstandis usuris interpositum sit, nullius est momenti. Ex nudo enim pacto inter cives romanos actio non nascitur.* (Sent. Paul., II, tit. XIV) (1).

(1) ff., 24, *De præscriptis verbis. Respondit (Africanus), pecuniæ quidem creditæ usuras nisi in stipulationem deductas non deberi.*

3º Dans le *mutuum*, des limites avaient été assignées au taux de l'intérêt.

Dans le *nauticum fœnus*, au contraire, aucune limite n'était d'abord imposée au profit maritime (1). Justinien le premier lui en imposa une, en décidant qu'il ne pourrait dépasser 12 % : *Propter periculum, licet olim nullus fœnori nautico terminus præscriptus fuerit, indeque in infinitum ex conventione partium extendi potuerit quantitas ejus, teste Paulo (Recept. Sent., lib. II, tit. xiv, §3), jure tamen novo ad centesimas restrictum est, ac jure novissimo confirmatum per Nov.* 110. (Voët, *loc. cit.*)

4º Le *mutuum* ordinaire était parfait par le transfert de propriété de la somme prêtée, tandis que le prêt maritime n'acquérait son caractère particulier qu'au moment où le risque commençait. Si la somme empruntée avec la convention de profit maritime n'a point été employée à l'expédition projetée, *non erit trajectitia* (L. 1, ff., *De naut. fœn.*); et, en conséquence, les intérêts ne pourront en être dus qu'au taux légal et en vertu d'une stipulation. Alors même qu'il y a *nauticum fœnus*, les intérêts ne sont dus qu'au taux légal pour le temps qui précède et qui suit l'époque pendant laquelle le prêteur court le risque qu'il a assumé, et encore faut-il qu'il y ait eu sti-

---

(1) *Paul. Sent.*, lib. II, tit. xiv, § 3. *Trajectitia pecunia propter periculum creditoris quàmdiu navigat navis, infinitas usuras recipere potest.*

pulation. Pendant ces intervalles, le *nauticum fœnus* redevient, en effet, un prêt ordinaire et retombe sous l'empire des règles communes. (L. 4 pr., ff., *De naut. fœn.*)

L. 4, pr., D., *De nautico fœnore* (XXII, 2).

Papinianus, lib. III Responsorum.

Nihil interest, trajectitia pecunia sine periculo creditoris accepta sit, an post diem præstitutum et conditionem impletam periculum esse creditoris desierit : utrobique igitur majus legitima usura fœnus non debebitur. Sed in priore quidem specie semper : in altera vero, discusso periculo : nec pignora, vel hypothecæ, titulo majoris usuræ tenebuntur.

Papinien, livre III des Réponses.

Il importe peu que l'argent prêté à la grosse ait été reçu sans faire peser les risques sur le créancier, ou que ces risques aient cessé pour lui après le temps fixé ou l'accomplissement de la condition : dans l'un et l'autre cas, il ne sera pas dû d'intérêts supérieurs au taux légal, et cela jamais dans la première hypothèse, après la cessation des risques dans la seconde ; et ni le gage, ni les hypothèques ne garantissent un intérêt supérieur au taux légal.

L. 1, C., *De nautico fœnore* (IV, 33).

Impp. Dioclet. et Maxim., A. A., Honorato.

Trajectitiam pecuniam, quæ periculo creditoris datur, tamdiu liberam esse ab observatione communium usurarum, quamdiu navis ad portum adpulerit, manifestum est.

Les empereurs Dioclétien et Maximien, Augustes, à Honoratus.

Il est évident que l'argent prêté à la grosse aux risques du créancier échappe à la loi commune, sur les intérêts seulement, tant que le navire navigue vers le port.

A l'exposition de ces principes se rattache nécessairement l'examen d'une question qui a soulevé d'assez vives controverses.

§ IV.

LE NAUTICUM FŒNUS EST-IL UN CONTRAT INNOMÉ OU BIEN UNE VARIÉTÉ DU MUTUUM ? CONTROVERSE.

Si l'on décide que ce contrat est une variété du *mutuum*, l'action dont il sera revêtu sera une *condictio*. Si l'on décide, au contraire, que le contrat est innomé, il ne donnera lieu qu'à l'*actio præscriptis verbis*. La question a donc une certaine importance.

Trois opinions se sont produites.

La première est professée par Cujas, dans son commentaire sur le titre *De nautico fœnore*. Il se demande à quel contrat peut se rapporter le prêt à la grosse ? Est-ce un louage ? Non, puisque la chose louée est ici destinée à se consommer par le premier usage. Ce n'est pas davantage un contrat de société ; car l'argent fourni devient propre à celui qui l'a reçu, et les risques pèsent sur le seul prêteur, tandis que le profit de la navigation appartient à l'emprunteur. Enfin, ce n'est pas un *mutuum*, car le *mutuum* est à titre gratuit.

Le savant jurisconsulte conclut en admettant qu'il y a *mutuum* jusqu'à concurrence seulement de la somme principale.

Les motifs sur lesquels il appuie cette doctrine sont qu'il y a, comme dans le *mutuum*, transfert de propriété de cette somme, et que ce ne sont pas les mêmes écus, mais une pareille somme qui doit être rendue.

De ce que les risques sont à la charge du prêteur, il n'en faudrait pas décider autrement quant à la somme principale. Cette considération ne doit influer en aucune façon sur le caractère du contrat, et il faut reconnaître dans le *nauticum fœnus* une variété du *mutuum*. Les risques sont à la charge du prêteur, ajoute-t-il ; mais cette règle n'est que de la nature du contrat et les parties pouvaient y déroger.

En conséquence, les actions qui appartiennent à ce contrat seront : la *condictio*, jusqu'à concurrence du principal et des intérêts s'il y a eu stipulation ; et l'*actio præscriptis verbis*, s'il n'est intervenu qu'un simple pacte.

M. de Savigny professe la seconde opinion : « Dans ce contrat, dit-il, la forme du prêt n'est « qu'une apparence ; en réalité, on donnait une « somme avec chances de perte, et l'autre partie « promettait une somme supérieure dans le cas « où la perte n'aurait pas lieu ; cette convention « rentrait donc dans la classe des contrats innomés « donnant lieu à l'action *præscriptis verbis*. » (De Savigny, t. VI.)

Cependant la généralité des interprètes repousse ces deux systèmes, et reconnaît avec raison, selon nous, que le *nauticum fœnus* est un *mutuum* donnant lieu à une *condictio* aussi bien pour le capital que pour les intérêts.

Avant tout, la *trajectitia pecunia* était soumise à des règles particulières. Aussi laisserons-nous de côté cet argument, qui consiste à dire que dans le *mutuum* l'emprunteur n'est obligé de rendre que ce qu'il a emprunté (ff., 17 pr., *De pactis*) : *Si tibi decem dem, et paciscar ut viginti mihi debeantur, non nascitur obligatio ultra decem : re enim non potest obligatio contrahi, nisi quatenus datum sit.* Il ne faut pas exagérer les conséquences de cette loi. D'autres textes la contrarient et restreignent son étendue. Telle est, par exemple, la loi 30, ff., *De usuris : Etiam ex nudo pacto debentur civitatibus usuræ creditarum ab eis pecuniarum*, qui rend exigibles en faveur des cités les intérêts des sommes qu'elles ont pu prêter, même en vertu d'un simple pacte. On sait encore que le *mutuum* ordinaire pouvait produire des intérêts, soit en vertu d'un simple pacte, s'il s'agissait de denrées, soit en vertu d'une stipulation, s'il s'agissait d'argent. On voit par ces exemples que ce principe n'était pas tellement absolu qu'il ne pût subir de graves modifications.

Il faut ajouter que, dans aucun de ces cas, il ne s'est élevé de doute sur le caractère de l'opération. Dans les prêts ainsi faits, les jurisconsultes romains ont constamment reconnu les caractères du *mutuum*.

Cujas, lui-même, voulant attribuer au principal le caractère du *mutuum*, ne dit-il pas : *Verum duplex est contractus ; datione pecuniæ mutuum contrahitur ?* Cujas, selon nous, a le tort de scin-

der une opération unique et parfaitement indivisible dans l'esprit des parties.

M. de Savigny, évitant cet écueil, est tombé
dans une autre erreur, en isolant le prêt à la
grosse des nombreux exemples dans lesquels le
mutuum modifié ne cesse pas d'être le *mutuum*.

Enfin, les textes viennent confirmer cette opinion en appliquant au *nauticum fœnus* les expressions d'usage dans le cas d'un *mutuum* proprement dit. C'est ainsi que Paul nous dit : *Fœnerator
pecuniam usuris maritimis mutuam dando* (1),
et les empereurs Dioclétien et Maximien : *Trajectitiæ quidem pecuniæ quæ periculo creditoris
mutuo datur* (2). Et comme il n'est pas possible
de comprendre un prêt maritime sans intérêts,
il faut bien admettre que le capital et les intérêts
étaient réclamés par une même action, et que
cette action c'était la *condictio* dérivant du *mutuum*.

Nous concluons donc en considérant le *nauticum fœnus* comme un *mutuum*, modifié par une
convention d'intérêts et une *alea;* en un mot,
comme un *mutuum* régi par des règles spéciales
que nous allons étudier.

(1) **L.** 6 , ff. , *De naut. fœn.* , XXII , tit. ii.
(2) **L.** 4, C., *De naut. fœn.*, IV, 33. — Adde, L. 4, pr., et l. 7, ff.,
eod. tit. — L. 1 et 2 , C. , *eod. tit.*

CHAPITRE II.

LES RISQUES MARITIMES SONT A LA CHARGE DU PRÊTEUR.

Nous avons vu précédemment qu'un des caractères distinctifs du *mutuum* consistait en ce que les risques de l'argent prêté étaient à la charge de l'emprunteur ; le contraire a lieu dans le prêt à la grosse : *Substantia itaque fœnoris nautici in eo consistit, quod pecunia credita non debitoris seu mutuarii, ut vulgo, sed creditoris seu mutuantis periculo fit* (Voët, liv. XXII, ret. II). Mais, en raison de cette *alea*, le prêteur avait le droit de retirer de son argent des intérêts *usque ad infinitum*. Car l'usure, qui est défendue par les lois civiles et ecclésiastiques, consiste à exiger quelque chose au-delà de la somme prêtée pour la récompense du prêt, *vi mutui ;* mais, dans ce contrat, le profit maritime qui est stipulé outre la somme prêtée n'est pas la récompense du prêt, mais le prix des risques dont le prêteur s'est chargé à la décharge de l'emprunteur (Pothier).

Si les périls de la mer justifiaient l'élévation du taux des intérêts, il fallait au moins que ces périls fussent courus, soit par la somme prêtée, soit par le navire ou les marchandises subrogées à cette somme : *periculo creditoris navigent.* Cette condition était absolue, au point que le preneur à la grosse pouvait résoudre le contrat par son propre fait, sauf le cas de fraude, soit en rompant le voyage, soit de toute autre manière, alors même que le *creditor* serait de bonne foi. Il est donc de l'essence du contrat que le profit maritime ne puisse exister qu'autant que les risques auront été courus.

Le risque maritime commençait *ex ea die ex qua navem navigare conveniat* (3. ff., eod. tit.). Il cessait d'être à la charge du créancier lorsque le navire porteur de l'argent ou des marchandises était arrivé au lieu convenu.

La durée du *nauticum fœnus* était donc en rapport avec la durée des risques ; c'est ce que confirme la loi 4, pr., h. t., D. : si l'argent n'est point aux risques du créancier, lorsqu'il est reçu, ou s'il doit cesser d'être aux risques du créancier par l'événement d'un certain terme ou d'une condition déterminée, on ne pourra, dans ces deux cas, exiger d'intérêts plus forts que les intérêts ordinaires. Dans le premier cas, jamais ; dans le second, quand le péril aura cessé d'être à la charge du prêteur, il ne pourra retenir les gages et hypothèques que jusqu'à concurrence des intérêts ordinaires.

Il résulte de ce texte qu'une convention était nécessaire pour mettre les risques à la charge du créancier ; en l'absence de cette convention, la *trajectitia pecunia* était imparfaite et ne produisait pas d'intérêts au-delà du taux légal. Les textes suivants viennent confirmer cette opinion : *Cum dicas te pecuniam ea lege dedisse, ut in sacra urbe tibi restitueretur, nec incertum periculum, quod ex navigatione maris metui solet, ad te pertinuisse profitearis, non est dubium pecuniæ creditæ ultra licitum [modum] te usuras exigere non posse. (De naut. fœn. 2, au Code.)*

J'ai stipulé qu'on me rendrait à Rome la somme prêtée, et je conviens que cette somme n'a pas couru les chances d'un voyage maritime : il ne serait pas conforme à l'équité et à la justice que je reçusse l'équivalent des risques.

La loi 4, au même titre (au Code), nous dit encore : Les risques de l'argent trajectice, avant que le navire soit arrivé au lieu convenu, n'incombent pas au preneur à la grosse (1). Sans une convention de ce genre, le débiteur ne sera point libéré par un naufrage : *Trajectitiæ quidem pecuniæ, quæ periculo creditoris mutuo datur, casus, antequam ad destinatum locum navis perveniat, ad debitorem non pertinet. [Sine] hujusmodi vero conventione, infortunio naufragii debitor non liberabitur.*

____

(1) Bien que l'objet de cette étude soit le *nauticum fœnus* tel que les jurisconsultes romains l'ont défini, nous avons cru pouvoir nous servir sans inconvénient de l'expression « *prêt à la grosse aventure.* »

CHAPITRE III.

CE QU'IL FAUT ENTENDRE PAR RISQUES.

1º Le prêt maritime n'acquiert son caractère qu'au moment où le risque commence.

2º Temps et lieux des risques.

DES RISQUES.

A Rome, en règle générale, les prêteurs à la grosse aventure répondaient de toute perte et tout dommage provenant *ex discrimine maris*.

Les termes risques, périls, hasard, force majeure et cas fortuit sont des synonymes dont je ne tenterai pas de donner la définition. Disons seulement que, dans cette matière, on entend par risque ou force majeure les événements que la prudence humaine ne saurait prévoir :

Fortuitos casus nullum humanum consilium providere potest. (L. 2, § 7, ff., *De admin. rer. ad civit. L. 6, C. De pigner. act.*). *Vis divina, quæ præcaveri et cui resisti non potest* (L. 15, § 2, ff. *Locati; L. 25, § 6, ff. eod. tit. Vis major, quam Græci* Θεου βιαν, *id est, vim divinam appellant,* etc.)

Enfin, dans tous les cas où le dommage était une conséquence directe du transport par mer, la perte était pour le donneur (1).

Il suit de ces définitions que tout cas qu'on a pu prévoir n'est pas fortuit : aussi, la responsabilité du créancier avait-elle pour limite la négligence ou la faute du débiteur. C'est ce que nous verrons en étudiant la loi 3, au Code, *eod. tit.*, de laquelle il résulte que le créancier *agnoscit damna fatalia non quæ contingunt ex culpa debitoris*.

Ces principes ont été consacrés par l'ordonnance de 1681, laquelle dit : « Ne sera réputé cas « fortuit tout ce qui arrive par le vice propre de « la chose ou par le fait des propriétaires, maîtres « ou marchands-chargeurs, s'il n'est autrement « porté par la convention. »

§ Ier.

LE PRÊT MARITIME N'ACQUIERT SON CARACTÈRE QU'AU MOMENT OU LE RISQUE COMMENCE.

Les prêteurs à la grosse n'étaient, comme de nos jours, chargés des accidents de force majeure que lorsqu'ils arrivaient dans les temps et dans les lieux des risques.

Cette règle est trop importante pour qu'il ne soit pas nécessaire de bien déterminer à quel moment commençaient et finissaient les risques.

___

(1) Cujas, *Sur la rubrique du Code, De locato.* — Casaregis, disc. 23, n° 38. — Straccha, gl. 22.

Le lieu et la durée des risques étaient fixés par la convention ou l'usage : *vel ex conventione, vel etiam ex solemni navigationis lege.*

En l'absence de toute convention, les risques couraient pour le créancier à partir du jour où le vaisseau mettait à la voile et finissaient le jour de l'arrivée au port de destination : *In nautica pecunia ex ea die periculum spectat creditorem, ex qua navem navigare conveniat* (1. 3, Dig., *eod. tit.*, et 1. 4, Cod., *eod. tit.*). En outre, il était admis que l'emprunteur ne devait sortir du port que si son vaisseau était en état de tenir la mer. S'il mettait à la voile avec un temps évidemment mauvais, il répondait des événements : *Culpa reus est, qui navem adverso tempore navigatum misit, si ea naufragio perempta est.* (L. 36, § 1, D., *De rei vind.*; — Straccha, *De nautis*, part. 3, n° 2; — Roccus, *De nautis*, not. 56.)

On sait qu'à Rome, il n'était permis de naviguer que depuis le 1er avril jusqu'au 1er octobre (1). C'est pourquoi tout naufrage survenu durant l'hiver restait à la charge de l'emprunteur : *quoniam tempore hyemis navigatio sœpe periculosa est, et semper incerta* (1. 6, C., *De off. rect. prov.*). Il en était de même si, pouvant prendre un chemin plus sûr, il s'engageait mal-à-propos dans des endroits dangereux : *Si, recta navigatione contempta, littora devia sectatur*

____

(1) Ex kalendis aprilis, in diem kalendarum octobris. (L. 3, C., *De naufragiis.*)

(l. 7, C., *De navicul.*); de même encore si le
vaisseau avait fait un autre voyage que celui pour
lequel le prêt avait été fait (1).

L'emprunteur était également tenu de tous les
dommages qui arrivaient aux marchandises par
sa faute.

En un mot, les prêteurs à la grosse ne répondaient jamais des dommages et des pertes qui
arrivaient directement par le fait ou la faute de
l'emprunteur : il eût été injuste, en effet, de leur
faire supporter les conséquences de la faute et de
l'imprudence d'autrui : *Aliena culpa prægravari
nemo debet.* C'était une règle générale à laquelle
il n'était pas permis de déroger par un pacte
contraire : *Nulla pactione effici potest, ne dolus
præstetur.* (L. 27, § 3, *De pactis.*)

§ II.

TEMPS ET LIEUX DES RISQUES.

Telles étaient les conditions ordinaires du *Nauticum fœnus.* Mais, le plus souvent, les parties y
apportaient de nombreuses et profondes modifications tolérées, en tant qu'elles ne contenaient
rien de contraire à l'équité et aux lois. Ainsi,
l'argent trajectice pouvait être donné pour l'aller
et le retour ou seulement pour l'aller *ou* le retour,

(1) Pothier, *Traité du prêt à la grosse*, art. 2, § 3.

ou bien pour un temps préfixe : *si salva navis intra statuta tempora pervenerit; si navis postea perierit, quam dies præfinitus periculo exactus fuerit* (D., h. t., frag. 6); ou bien jusqu'à l'arrivée d'une condition : *post diem constitutum et conditionem impletam.*

Ces principes trouvent leur application dans la loi 3 au Code, h. t., et dans le fragment 122, § 4, au Dig., *De verborum obligationibus.*

L'hypothèse de la loi 3 au Code est celle-ci : Un prêt à la grosse a été consenti à la condition que le principal et les intérêts seraient remboursés aux créanciers, en cas d'heureuse arrivée au port de Salonite; si le navire se dirige vers Salonite et qu'il périsse, le créancier n'aura rien à réclamer. Mais si le patron, *navicularius*, se dirige vers une autre destination, ou s'il substitue et subroge à l'argent prêté des marchandises prohibées, et qu'un naufrage survienne ou que le fisc s'empare de la cargaison, la perte sera pour l'emprunteur; c'est ce que décide notre constitution, *in fine : Amissarum mercium detrimentum, quod non ex marinæ tempestatis discrimine, sed ex præcipiti avaritia, et incivili debitoris audacia, accidisse adseveratur, adscribi (tibi) juris publici ratio non permittit.*

Quoique le fragment 122, au titre du Digeste, *De verborum obligationibus*, ait donné lieu à quelques controverses, il n'en est pas moins certain qu'il contient une application du principe, que les risques cessent d'être à la charge du

créancier et passent sur la tête de l'emprunteur,
du moment que ce dernier déroge à l'une des conditions sous lesquelles le prêt a été consenti (1).

Callimaque a reçu de Stichus, esclave (*ordi-
narius*) de Seius le Syrien, une somme d'argent
prêtée à la grosse aventure pour le double trajet
de Béryte à Brindes et de Brindes à Béryte ; ce

(1) « Callimachus mutuam pecuniam nauticam accepit a Sticho
« servo Seii in provincia Suria, civitate Beruto usque Brintesium, id-
« que creditum esse in omnes navigii dies ducentos sub pignoribus et
« hypothecis mercibus a Beruto comparatis, et Brintesium perfe-
« rendis, et quas Brintesio empturus esset, et per navem Beruto in-
« vecturus : convenitque inter eos, uti, cum Callimachus Brintesium
« pervenisset, inde intra idus septembres, quæ tunc proximæ futuræ
« essent, aliis mercibus emptis, et in navem missis, ipse in Suriam per
« navigium proficiscatur : aut si intra diem suprascriptam non re-
« parasset merces, nec navigasset de ea civitate, redderet universam
« continuo pecuniam, quasi perfecto navigio, et præstaret sumptûs
« omnes prosequentibus eam pecuniam, ut in urbem Romam eam de-
« portarent : eaque sic recte dari fieri fide roganti Sticho servo Lucii
« Titii promisit Callimachus, et cum ante idus suprascriptas secundum
« conventionem mercibus in navem impositis, cum Herote conservo
« Stichi, quasi in provinciam Suriam perventurus enavigavit : quæ-
« situm est nave submersa, cum secundum cautionem Callimachus
« merces (debito) perferendas in navem misisset eo tempore, quo
« jam pecuniam Brentesio reddere Romæ perferendam deberet : an
« nihil prosit Herotis consensus, qui cum eo missus erat, cuique nihil
« amplius de pecunia suprascripta post diem conventionis permissum
« vel mandatum erat, quam ut eam receptam Romam perferret : et
« nihilominus actione ex stipulatu Callimachus de pecunia domino
« Stichi teneatur ? Respondit, secundum ea quæ proponerentur, teneri.
« Item quæro, si Callimacho post diem suprascriptam navigante, Heros
« suprascriptus servus consenserit, an actionem domino suo semel ad-
« quisitam adimere potuerit ? Respondit non potuisse, sed fore ex-
« ceptioni locum, si servo arbitrium datum esset eam pecuniam quo-
« cunque tempore in quemvis locum reddi. »

prêt a été fait pour la durée de la navigation qui a été fixée à 200 jours. Cette somme a été hypothéquée sur les marchandises achetées à Béryte et sur celles qui seront achetées à Brindes pour être rapportées à Béryte ; il est convenu qu'à son arrivée à Brindes, Callimaque, après avoir acheté et chargé de nouvelles marchandises, reviendra en Syrie avant les ides de septembre ; qu'en cas d'inexécution de cette clause, il rendra à Rome la somme prêtée avec tous ses accessoires.

Callimaque observe les conditions qui lui sont faites et met à la voile pour Béryte avant les ides de septembre ; son vaisseau fait naufrage.

Ici, le texte de Scævola devient obscur. Il semble que l'esclave préposé à la restitution du prêt n'a rien à réclamer ; du moins, telle est la solution qui découle naturellement de l'application des principes. Aussi est-on surpris de voir Scævola déclarer Callimaque responsable du cas fortuit et le condamner à la restitution intégrale de la somme convenue.

Plusieurs auteurs se sont émus de cette contradiction et ont cherché à l'expliquer de différentes manières.

Alciat et, après lui, Accurse, Donneau et Pothier pensent qu'au lieu de *sed cum ante*, il faudrait lire *cum non ante*, et rétablissent ainsi l'harmonie entre les principes et la décision du jurisconsulte romain.

Duarem propose de lire : *merces perferens in navem mansisset eo tempore*, au lieu de : *merces*

Beryto perferendas in navem misisset, ce qui expliquerait la sentence de Scævola par le retard apporté dans le paiement.

Ces interprétations, quoique parfaitement rationnelles et plausibles, ne sont-elles pas un peu désespérées ? C'est, en effet, un moyen bien aisé de sortir d'embarras que de mettreune affirmation à la place d'une négation, et réciproquement. Et, avant de recourir à ces moyens extrêmes, ne vaut-il pas mieux s'en tenir, si cela est raisonnable, au sens que peut offrir l'ordre primitif des mots ? C'est aussi ce que pense Cujas quand il dit que le texte peut s'entendre en comprenant bien le sens des mots : *quasi in provinciam Syriam perventurus enavigavit*. Callimaque a observé les conditions de son prêt : il a quitté Brindes avant les ides de septembre, comme s'il devait aller en Syrie. Une fois en mer, a-t-il pris une autre direction, et, au lieu de naviguer sur Béryte, a-t-il changé la destination de son voyage ? Voilà ce qui est sous-entendu dans ce membre de phrase : *quasi*, etc. ; et telle est, à mon avis, le sens de cette loi. Si le navire a péri pendant le changement de route volontaire, il n'est pas douteux qu'à partir de ce moment Callimaque a assumé sur sa tête la responsabilité des risques de la navigation. Dans ce cas, la décision de Scævola n'est plus que l'application rigoureuse des principes de la matière.

CHAPITRE IV.

DES INTÉRÊTS.

L'intérêt, dans le prêt à la grosse, différait sous trois rapports de l'intérêt des prêts ordinaires :

1° L'intérêt maritime était le prix du risque, *pretium periculi;*

2° Il était dû en vertu d'un simple pacte;

3° Le taux en était fort élevé.

Ce sont là trois différences qu'il importe d'étudier.

§ Ier.

L'INTÉRÊT MARITIME EST LE PRIX DU RISQUE.

Telle était la doctrine des jurisconsultes romains :

Trajectitia pecunia propter periculum creditoris , quamdiu navigat navis , infinitas usuras recipere potest., dit Paul au livre II de ses *Sentences*, tit. xiv, § 3.

Les intérêts peuvent donc se diviser en intérêts ordinaires ou indemnité perçue par le prêteur pour le défaut de jouissance de son capital, et en intérêts maritimes nullement assujettis au taux légal et proportionnés à la grandeur et au nombre des risques courus par le créancier.

Cet aspect de l'intérêt maritime qui, selon l'expression du jurisconsulte romain peut *recipere infinitas usuras,* n'a rien en lui-même qui doive le faire confondre avec l'usure. Il est naturel que les intérêts grandissent avec les chances de perte.

Les mêmes principes sont contenus dans la loi 5 au Digeste, pr. h. t. :

« *Periculi pretium est, etsi conditione quam-vis pœnali non existente, recepturus sis quod dederis, et insuper aliquid prœter pecuniam, si modo in aleœ speciem non cadat : veluti ea, ex quibus conditiones nasci solent, ut si manu-mittas, si non illud facias, si non convaluero, et cœtera. Nec dubitabis, si piscatori erogaturo in apparatum plurimum pecuniœ dederim, ut si cepisset redderet, et athletœ unde se exhiberet exerceretque, ut si vicisset, redderet.* »

Cette loi a donné lieu à diverses interprétations.

La façon dont Donneau l'interprète est exclusive de toute idée de jeu : d'après lui, le sens général de la loi serait celui-ci : je vous prête (*si manumittas*) en vue d'un affranchissement ; si l'affranchissement a lieu, vous ne devrez rien ; dans le cas contraire vous me rembourserez le capital et les intérêts sur le taux du *nauticum fœnus.* Que la clause pénale ait été exprimée ou non, la somme et ses accessoires seront dus, même en vertu d'un simple pacte. Mais, pour cela, il faut, selon Donneau, que la convention ne puisse pas être confondue avec le jeu. C'est ainsi qu'il y aura lieu au *pretium periculi* et que je pourrai réclamer (*aliquid prœter pecuniam*) ; que cette clause pénale ait été exprimée ou non, si j'ai fait un *mutuum* avec un pêcheur et que ce dernier se soit engagé à me rendre le capital et quelque chose en plus s'il fait une pêche heureuse. Il en est de même de l'autre exemple cité par le jurisconsulte romain et des conventions comprises sous ces mots : *si manumittas, si non illud facias.* Selon Donneau, ces conventions essentiellement conditionnelles reposeraient sur des bases exclusives de toute idée de jeu.

Le caractère absolu de cette décision la fait rejeter par la plupart des auteurs. Cujas propose une autre interprétation. D'abord, il est certain que les exemples cités par Scævola ne prouvent pas que l'*alea*, le pur événement fortuit, ne soit pas la base du *nauticum fœnus*. En second lieu, il propose de substituer aux mots : *etsi conditione quamvis pœnali non existente,* le membre de phrase suivant : *etsi conditione non pœnali existente* (1).

---

(1) « Ad primam dubitationem , initio verba legis sunt transposita, « legendum autem, etsi conditione quamvis non pœnali, existente. « Hic est sensus, quamvis quod recipio præter pecuniam, non sit « pœna, id est, quamvis non recipiamus ob moram, nihilominus « tamen id jure recipio, quasi suscepti periculi mercedem. Igitur

Si le changement proposé par Cujas n'est pas
le rétablissement de la pensée première du jurisconsulte, il faut avouer, du moins, qu'il est conforme aux principes et à l'esprit de la loi. La
place originairement occupée par la négation rend,

« pretium suscepti periculi exigitur, etiamsi infligendæ pœnæ nulla causa
« sit. Deinde sequitur : si modo in alcæ speciem, etc. Probanda hic
« potius est communis lectio, si modo non in aliam spéciem non cadat
« contractus, id est, diversam à mutuo. Idem Scævola ait in aliam
« speciem.

« Sequitur : ex quibus conditiones : ibi legendum condictiones.
« Scilicet, ob rem dati. (Cujas donne ensuite plusieurs exemples de
« semblables changements.)

« Finge : ego do tibi pecuniam ea lege, ut si servum manumittas,
« eam tibi retineas; si non manumittas, ut reddas, non est creditum
« sed do ut facias; nullum etiam ipse videor periculum suscepisse :
« ideoque existente conditione, sub qua illa datio resolvitur, id est,
« si non manumittas, ego repetam pecuniam condictione ob rem dati,
« neque quidquam præterea repetere possum; quasi pro pretio peri-
« culi : nam ita conveniendi non fuit causa : nullum enim hic versatur
« periculum. Idem dicendum si tibi dedi pecuniam, ut si quid non
« fecisses, eam retineres, si fecisses redderes, hic non est creditum,
« nullum periculum suscepi. Igitur, existente conditione, id est, si facias,
« mihi tantum datur condictio ob rem dati, nec quidquam potest in
« cautionem deduci quasi pro pretio periculi. Idem dicendum in dona-
« tione causa mortis. Ego tibi dedi, ea lege ut si non convaluero eam
« retineas ; si convaluero reddas, etc.

« At longe aliud est in exemplis propositis de piscatore et athleta ;
« nam in his contrahitur creditum. Et sicut in nautica pecunia est
« periculum maris et dubiæ navigationis : sic est etiam periculum
« dubiæ vel inanis piscationis et certaminis. Id ego in me recipio
« contra quam soleat fieri in pecunia credita. Igitur ob eam rem merito
« rebus secundis usuram reposco. Et ait Scævola : non esse dubitan-
« dum : quod non potest statui in eis casibus, ex quibus condictiones
« nasci solent. »

Cujas, De nautico fœnore.

en effet, le sens de cette loi presque inintelligible ;
la traduction de la phrase ainsi faite serait celle-
ci : On pourra exiger le *pretium periculi*, alors
même que la condition de laquelle dépend l'obligation de restituer n'aura pas eu lieu ; ce qui est
contraire aux principes. Il faudrait lire, selon
Cujas : *etsi conditione non pœnali*. Le sens serait
alors : Quoique ce que je reçois en outre du capital ne soit pas une peine, et bien que je ne le
reçoive pas pour le retard, néanmoins je le reçois
à bon droit; en dehors de toute clause pénale, le
nauticum fœnus est dû par cela seul qu'il est
pretium periculi.

Reste à expliquer le sens de cette autre partie
de la loi : *si modo in aleæ speciem non cadat.*
Cujas n'accepte pas l'interprétation de Donneau :
il s'agit d'un contrat qui, en définitive, repose sur
un événement conditionnel et purement fortuit et
dans lequel l'*alea* est la cause du *pretium periculi*. C'est alors qu'il propose de lire : *si modo
in aliam speciem non cadat (contractus) veluti
ea ex quibus condictiones nasci solent, ut si ea
manumittas, etc.;* les intérêts seront dus sans
qu'il soit besoin d'une clause expresse, pourvu,
dit Cujas, que ce contrat ne se confonde pas avec
une de ces conventions qui donnent lieu aux
condictiones ob rem dati.

Ces opérations, en effet, ne constituent pas un
véritable prêt aléatoire, mais bien plutôt une donation conditionnelle, comme dans l'espèce suivante : je vous donne cent à la condition que vous

affránchirez l'esclave Stichus. Si l'affranchissement n'a pas lieu, je ne pourrai jamais réclamer
que le capital au moyen de la *condictio ob rem
dati*.

Je n'aurai droit à une somme supérieure, à un
pretium periculi, que dans le cas où cela aura été
stipulé dans une clause pénale.

Quelle que soit l'opinion que l'on adopte, il
faut reconnaître, avec la généralité des auteurs,
que les intérêts maritimes sont le prix des risques,
qu'il est inutile de stipuler une clause pénale dans
le prêt maritime pour en assurer le paiement, et
qu'ils sont dus par le seul fait de l'existence d'un
simple pacte joint au contrat de prêt à la grosse
aventure.

§ II.

LES INTÉRÊTS SONT DUS EN VERTU D'UN SIMPLE PACTE.

*In his autem omnibus et pactum sine stipu-
latione ad augendam obligationem prodest,* § 1,
l. 5, h. t., D. Combiné avec la loi 7, h. t., au
Digeste, ce texte domine toute la matière. Il nous
dit clairement qu'un simple pacte suffisait à faire
produire des intérêts au *nauticum fœnus.* Cette
dérogation aux principes généraux du *mutuum*
est assez importante pour que l'on doive s'y
arrêter un instant.

4

Pour éclaircir cette matière, rappelons brièvement quelles étaient en Droit romain les théories du pacte nu et du contrat innomé.

A Rome, la plupart des obligations se contractaient verbalement; il était donc nécessaire d'établir certaines formes, et d'exiger certaines conditions pour bien constater la volonté des parties.

Ainsi : les contrats réels ne se formaient que par la remise de la chose, *re;* tels étaient : le prêt, le commodat, le gage et le dépôt.

Le contrat verbal, ou stipulation, ne résultait que de la prononciation de certaines paroles ;

Le contrat littéral, de la rédaction de certaines écritures.

Les contrats consensuels, la vente, le louage, la société et le mandat étaient seuls parfaits par le simple consentement.

En dehors de ces divers cas, et dans l'hypothèse où elles étaient transformées en contrats innomés par l'exécution qu'elles avaient reçue de l'une des parties, les conventions n'étaient que des pactes nus, et ne produisaient, *jure civili,* ni obligation ni action. Il n'y avait pas là de *vinculum juris,* de lien de droit. La *causa* faisait défaut: *Sed cum nulla subest causa propter conventionem, hic constat non posse constitui obligationem. Igitur nuda pactio obligationem non parit.* D., l. 7, § 4, *De pactis* (1).

---

(1) La glose sur le mot *causa* dit : *Id est datio vel factum ex quo*

On supposait que de pareilles conventions avaient été faites sans mûre réflexion : *Ex nudo pacto actionem dari jus civile prohibuit, ne homines facile verbis leviter prolatis caperentur et illaquearentur.* Perezius, *Inst., De verb. oblig.*, page 343.

Pour qu'une semblable convention produisît un lien de droit obligatoire, il fallait qu'elle fût revêtue de la stipulation dont la formule est rappelée dans le § 1er des Instituts de Justinien, au titre *De verborum obligationibus : spondes? spondeo ; promittis? promitto*, etc. (1).

Le rôle de la stipulation était donc d'appeler tout particulièrement sur l'objet de la convention l'attention des parties, et de revêtir d'une sanction juridique un pacte jusqu'alors civilement dénué de tout effet.

Le *mutuum* était régi par les principes que nous venons d'exposer : la stipulation était nécessaire pour lui faire produire des intérêts.

Comme on le voit par ce qui précède, la dérogation à ces principes, en faveur du prêt maritime, était donc bien grande, puisqu'elle attribuait au pacte nu une efficacité juridique égale à celle de la stipulation : *In quibusdam contrac-*

---

vestiatur contractus innominatus. Cette interprétation est adoptée par Cujas : *Accursius recte causam accipit pro datione vel facto.* Emerigon, *Traité des assurances*, ch. 1er, sect. 2.

(1)   Ca. Dabisne argenti mihi hodie viginti minas ?
     Ps. Dabo, molestus nunc jam ne sis mihi.
Plaute, Pseudolus, act. 1, sc. 1.

tibus etiam usuræ debentur, quemadmodum per stipulationem. Nam, si dedero decem trajectitia, ut salva nave sortem cum certis usuris recipiam, dicendum est, posse me sortem cum usuris reci-pere. 7, h. t. D. Dans certains contrats, dit cette loi, les intérêts sont dus comme par l'effet d'une stipulation. Si je prête dix à la grosse aventure, à la condition que l'on me rendra, en cas d'heu-reuse arrivée, le capital et les intérêts, il faut reconnaître qu'à l'événement de la condition on me devra le capital et les intérêts convenus, ou profits maritimes.

§ III.

L'INTÉRÊT DU NAUTICUM FŒNUS ÉTAIT PLUS ÉLEVÉ QUE LE TAUX LÉGAL.

On peut dire philosophiquement que tout ca-pital fixe ou circulant, immeuble ou monnaie, est productif d'intérêts. Ces intérêts sont la re-présentation de la privation de jouissance ou des chances de non-remboursement. Ce sont là les éléments dont il faut tenir compte dans la fixa-tion de ces intérêts.

Mais, ces éléments sont essentiellement va-riables : et, comme le taux de l'intérêt doit né-cessairement subir le contre-coup des événe-ments au milieu desquels il se fixe, « on a de la « peine à légitimer à ce point de vue les lois qui « tracent longtemps à l'avance une limite que

« l'on ne saurait dépasser, sans tomber sous
« l'application d'une sanction pénale (1). »

Quoi qu'il en soit de la multiplicité des causes
qui, à divers titres, peuvent exercer une plus
ou moins grande influence sur la fixation des
intérêts, nous voyons les législations anciennes
en tenir peu ou point de compte, et tracer à
l'usure des limites qu'elle ne devait pas franchir.
Aussi ces limites furent-elles rarement observées,
et nous voyons sans cesse, édictées à côté de ces
déterminations légales, des peines fort graves
contre ceux qui, abusant de l'inexpérience de
certains emprunteurs, faisaient de l'argent un
trafic immoral et honteux (2). Il est inutile de
rappeler les moyens détournés par lesquels on
parvenait à éluder les dispositions de la loi.

Toutes les civilisations ont vu se reproduire
ce même phénomène : des lois inspirées par un

(1) M. Caillemer, *Des Intérêts*, p. 18.

(2) *Vir si fuerit justus et ad usuram non commodaverit et amplius
non acceperit, hic justus est, vita vivet. Quod si fecerit unum de
istis, uxorem proximi sui polluentem, egenum et pauperem contris-
tantem, rapientem rapinas, abominationem facientem, ad usuram
dantem et amplius accipientem, numquid vivet ? Non vivet ; cum
hæc detestanda fecerit, morte morietur, sanguis ejus in ipso erit.* —
Prophetia Ezechielis, cap. XVIII.

*Prohibemus ut nemo usuram facere præsumat, post episcopi sui
constitutionem.* — *Capitulaires* de Charlemagne en 789, 6, 5 et 33.
Les Capitulaires de Charlemagne défendaient aux clercs et aux laïques
de prêter à intérêt ; ceux qui ne tenaient pas compte de l'avertisse-
ment de l'évêque tombaient sous la juridiction du comte : *Quod si
quis post ejus interdictum facere præsumpserit, a comitibus præ-
ceptum est, ut distringatur.* — *Capitulaire* de Lothaire en 840.

sentiment de bienveillance pour les emprunteurs, violées par les emprunteurs eux-mêmes ;
l'appât du gain ou le besoin d'argent abaissant
les barrières élevées par le législateur. *Multis
plebiscitis obviam itum fraudibus, quæ, toties
repressæ, miras per artes rursum oriebantur.*
Il ne pouvait en être autrement : « Le législateur
« est inhabile à désigner un taux fixe dans les
« innombrables transactions particulières d'où
« doit ressortir un intérêt. » C'est au juge qu'il
faut laisser le soin de distinguer si l'intérêt perçu
est légitime (1).

Mais laissons de côté l'examen de cette grande
et belle question de la liberté du crédit qu'un
avenir peu éloigné semble nous réserver (2), et
envisageons-la seulement au point de vue de la
question qui nous intéresse. Disons que l'étude
du contrat de prêt à la grosse aventure présente
un argument historique très-frappant à l'appui de
cette thèse et que les principes dont on réclame,
avec raison, selon nous, l'introduction dans nos
lois civiles, à l'occasion des prêts terrestres, ont
reçu dans le prêt maritime une application écla-
tante.

De tous temps, en effet, le prêt maritime a
vécu de liberté : il rentre dans la catégorie de
ces innombrables transactions privées d'où peut

---

(1) L'Usure, sa définition. Guillaumin, 1859, p. 359.

(2) L'Angleterre, l'Espagne, le Piémont et les États-Unis d'Amé-
rique ont adopté le principe du libre taux de l'intérêt.

ressortir un intérêt exceptionnel, et dans lesquelles le législateur est inhabile à établir un taux fixe, suivant l'heureuse expression de l'éminent économiste que nous citions à l'instant. A Athènes et à Rome, dans le principe, on ne fixa point de limites aux demandes des prêteurs. Les intérêts étaient débattus entre les parties ; il n'existait point de taux légal. Aussi Paul nous dit que le taux des intérêts maritimes fut illimité : *Trajectitia pecunia propter periculum creditoris, quamdiu navigat navis infinitas usuras recipere potest* (Paul. *Sent.*, lib. II, tit. XIV, § 3). Juvénal et Horace nous font mention d'intérêts trois et cinq fois plus élevés que l'intérêt légal :

> Pollioque triplicem usuram præstare paratus
> Circuit, et fatuos non invenit.
>
> (JUVÉNAL, sat. 9. v. 7.)

> Quinas hic capitis mercedes exsecat.
> (HORACE, liv. I, sat. 2, v. 14.)

Cet état de choses dura jusqu'au moment où Justinien eut la pensée de transformer sur ce point la législation antérieure, et voulut tenir compte, dans la fixation des intérêts, de la qualité des personnes et des opérations qu'on se proposait de faire (L. 26, C. *De usuris*).

Les *illustres personæ* et les personnes qui les précèdent dans la hiérarchie de l'Empire ne pourront, aux termes de la loi 26 au Code *De usuris*, franchir la limite de 4 % ; les commerçants, 8 % ; toutes les autres personnes, 6 %. Dans les contrats maritimes et les prêts de denrées, les prêteurs ne pourront réclamer plus de 12 %: *In trajectitiis autem contractibus usque ad centesimam tantummodo licere stipulari, nec eam excedere; licet veteribus legibus hoc erat concessum.*

Ici nous rencontrons une question qui a vivement préoccupé les interprètes et les commentateurs. Nous avons dit, d'une façon générale, que les emprunteurs à la grosse ne pourraient rien réclamer au-delà du taux de 12 %, et c'est ainsi que nous avons interprété les mots *centesima usura*. En cela nous avons suivi l'opinion la plus accréditée de nos jours; il ne faut pourtant pas ignorer que ce n'est pas sans peine qu'elle est parvenue à s'établir.

Une première opinion soutenue par Coquille, le savant annotateur de la Coutume du Nivernais, voyait dans ces mots : *centesima usura, unciarium fœnus,* le taux de 100 % par an.

Saumaise et Pothier pensent qu'il s'agissait uniquement de l'un % par an. Ces deux doctrines sont si manifestement contraires aux notions de l'économie politique, que l'on nous permettra de ne pas nous y arrêter.

Une autre opinion, qui compte parmi ses défenseurs quelques-unes des plus graves autorités de la science (1), reconnaît dans le système monétaire des Romains un capital par excellence,

____

(1) MM. Niébuhr, Troplong, *Préface du Commentaire du prêt,* p. 24 et su v. — Ortolan, *Explication historique des Instituts,* 5e édit., p. 322, t. II. — De Fresquet, *Traité élémentaire de Droit romain,* t. II, p. 90.

l'*as*, se divisant en douze parties dont chacune porte le nom d'*uncia, once*. L'*unciarium fœnus* serait une de ces douze parties, et le créancier, recevant une once pour douze, percevait, d'après Niébuhr, l'intérêt au denier douze, soit 8 1/3 %.

Enfin, un quatrième système professé par Donneau, Cujas, Gravina (1), Montesquieu (2), et MM. Pellat (3) et Laferrière, considère l'expression de *centesima usura* comme répondant à un intérêt de 12 % par an ou d'un centième du capital à payer par mois aux calendes.

En effet, il est bien certain que ce mot *centesima* exprime un intérêt du centième du capital, et comme les intérêts se payaient tous les mois, il faut en conclure que le taux était de 12 % par an. Des textes nombreux établissent la vérité de cette assertion. C'était au moment des calendes que tombaient les échéances : c'est même de cette coutume qu'est venu le mot de *calendarium* appliqué au livre sur lequel on inscrivait les échéances, et l'épithète de *calendario præpositus* à l'esclave chargé de la perception des intérêts (l. 41, *De rebus creditis* D. ; — Cicéron, *Oratio in Catilinam*, etc.). En outre, les poètes nous

---

(1) Gravina, *Esprit des Lois romaines*, édit. de 1821, p. 79.

(2) Montesquieu, *Esprit des Lois*, l. XXII, ch. XXII.

(3) Pellat, *Textes sur la Dot*, 1847, p. 32. Je suis convaincu que l'intérêt fixé par la Loi des XII Tables n'est autre que l'intérêt de 1 % par mois ou de 12 % par an (*centesima usura*), qui, dans tous les textes des jurisconsultes romains, est constamment appelé *legitima usura*.

parlent sans cesse de ces tristes calendes qui inspirent aux malheureux débiteurs un effroi légitime.

Niébuhr, dans son système, ne tient aucun compte de la signification importante de ces faits. Il ne reconnaît pas de paiement mensuel : chaque année, on paie seulement au créancier un douzième du capital.

Nous sommes porté à croire que l'intérêt de l'année représentait une unité, *as* ; cet *assarium fœnus* se subdivisait en douze parties, dont chacune se payait par mois comme à Athènes , *unciarium fœnus*. Telle est, selon nous, la véritable explication du mot *unciarium fœnus :* elle se concilie parfaitement avec le sens de *centesima usura*, et nous confirme dans cette opinion, qu'à Rome l'intérêt était de 12 % (1).

Dans la loi 26, Justinien méconnaissait ce principe, que plus les risques sont grands, plus les intérêts sont élevés. Le commerce vit de liberté, et les lois dites de protection sont souvent une entrave à son développement. Celui qui s'adonne au commerce est présumé posséder assez d'intelligence pour défendre lui-même ses intérêts ; et, s'il emprunte à 15 %, on doit supposer qu'il a la certitude ou tout au moins l'espérance de retirer 20 % de l'argent emprunté à ces conditions.

Les conséquences désastreuses de l'innovation

_____

(1) Caillemer, *Des Intérêts* , p. 48.

de Justinien contiennent une véritable justification de ces doctrines. La loi 26 fut funeste au commerce de mer ; dans bien des circonstances, en effet, le taux de 12 % n'offrait pas une compensation suffisante à la grandeur des risques courus par les prêteurs. En voyage, par exemple, le prêteur ayant rarement le moyen de connaître la solvabilité des emprunteurs, qui, le plus souvent, étaient des esclaves *navicularii* préposés à la conduite des navires, exigeait des intérêts fort élevés. Il fallait donc subir la loi du prêteur ou rompre le voyage. On sent de quelle importance il était pour les *navicularii* de se procurer des capitaux, même à des conditions onéreuses.

Les entreprises lointaines, présentant de nombreuses chances de perte, devinrent plus rares ; le maximum d'intérêt établi par Justinien étant insuffisant, les banquiers ou *argentarii* retirèrent leurs capitaux, et l'argent fit défaut sur les marchés maritimes.

Alors, on convint d'un intérêt supérieur à la *centesima*, et la violation de la loi devint si générale que Justinien se vit obligé de publier la novelle 106, consacrant les usages en vigueur au moment de sa promulgation. En voici la substance : Dans la préface, Justinien prévient que les dispositions contenues dans la novelle 106 ont été rédigées sur les avis des hommes les plus compétents et de ceux qui avaient l'habitude de ces sortes de transactions. Ces hommes, choisis parmi les *argentarii* les plus en renom, *Petrus*

et *Eulogius*, ont prêté serment et déclaré que
le plus souvent les prêts maritimes avaient lieu
de la manière suivante : les prêteurs avaient
coutume de recevoir 10 solides pour 100 solides,
*pro decem aureis unum percipere solidum pro
usuris*. En outre, ils chargeaient le navire d'autant de *modia* d'orge ou de froment qu'ils avaient
prêté de solides; et l'emprunteur, marchand ou
navicularius, devait payer au fisc les droits établis sur cette marchandise. D'après Cujas, jointe
à l'intérêt de 10 %, cette charge élevait le profit
maritime bien au-dessus de la *centesima*.

Lorsque le prêt n'avait pas lieu dans ces conditions, *si vero non erumpant hanc viam creditores*, les créanciers percevaient un huitième de
chaque solide, c'est-à-dire 3 siliques par solide
ou 12 1/2 % (chaque solide contenant 24 siliques).
Il est important de remarquer que ces prêts
n'étaient pas consentis pour un temps fixe, mais
bien en cas d'heureux retour, *sed donec naves revertantur salvæ*. D'après ce principe, il arrivait
souvent que l'intérêt était le même pour un an,
six mois ou quinze jours. Les parties modifiaient
cette règle à leur gré: elles pouvaient convenir
des mêmes conditions pour deux voyages différents, ou rédiger un nouvel acte pour chaque
voyage. Si le navire, rentré au port, ne pouvait
reprendre la mer à cause du mauvais temps, il
était souvent accordé à l'emprunteur trente jours
de délai; les intérêts ne couraient pas tant que
la cargaison n'avait pu être vendue.

Il paraît que certaines dispositions de cette novelle furent l'objet d'attaques et de critiques si vives que Justinien fut obligé de l'abolir. Il la remplaça bientôt par la novelle 110, qui fit revivre les dispositions de la loi 26 au Code *De usuris*. L'intérêt maritime fut de nouveau fixé au taux de 12 %. Du moins, c'est là ce qui semble résulter de la constitution, qui ne distingue pas le *nauticum fœnus* des autres genres de prêt.

§ IV.

DES INTÉRÊTS QUI POUVAIENT ÊTRE DUS EN DEHORS DU
PRIX DES RISQUES.

Outre le capital et le change maritime, il arrivait fréquemment que l'emprunteur était exposé à payer des dommages-intérêts, soit :

a. Pour le simple retard dans le paiement de la somme prêtée et du *nauticum fœnus* ;

b. Soit à raison des services de l'esclave obligé d'attendre le paiement après la cessation des risques ;

c. Soit pour le retard du paiement et les services de l'esclave tout à la fois.

I. Nous trouvons au titre *De verborum obligationibus*, l. 122, les traces d'un usage fort usité à Rome. Après avoir exposé les faits qui ont donné lieu au commencement d'exécution d'un *nauticum fœnus* contracté par Callimaque et Séius, le jurisconsulte Scævola continue ainsi :

« Avant les ides de septembre, ainsi que le
« voulait la convention, Callimaque ayant em-
« barqué les marchandises, se mit en mer avec
« Héros, compagnon d'esclavage de Stichus. Le
« navire submergé avec les marchandises expé-
« diées au moment où, selon la convention,
« Callimaque aurait dû rendre à Brindes l'ar-
« gent, pour le faire parvenir à Rome, on de-
« mande si Callimaque ne pourra pas invoquer
« le consentement d'Héros, qui avait bien pour
« mission de l'accompagner, mais qui, relative-
« ment à la somme prêtée, n'avait pas d'autre
« mandat que celui de la recevoir et de la trans-
« porter à Rome. Callimaque sera-t-il tenu par
« l'action *ex stipulatu* de l'argent prêté, envers
« le maître de Stichus ? *Respondit, secundum ea*
« *quæ proponerentur, teneri.* Le jurisconsulte ré-
« pondit qu'il était tenu par l'action *ex stipulatu.* »

A cette époque, où la navigation était fort difficile, les voyages lointains très-périlleux, on comprend sans peine que les créanciers aient cherché un moyen d'assurer la restitution de leurs capitaux engagés dans ces sortes d'entre- prises. L'emprunteur pouvait être retenu par des causes diverses et pendant des espaces de temps indéterminés loin de son créancier; et, si le prêt n'avait été contracté que pour l'aller seulement, ce qui arrivait fréquemment, le donneur était privé de la jouissance du capital prêté et du profit qui lui était dû.

Pour obvier à cet inconvénient, au moment du départ, le créancier embarquait sur le navire de son débiteur un esclave chargé de surveiller l'exécution du contrat et d'exiger le remboursement des fonds prêtés.

Les pouvoirs de cet esclave étaient assez étendus. Dès que les risques cessaient d'être à la charge du créancier, il interpellait l'emprunteur et le sommait d'opérer la restitution du *nauticum fœnus*. Sur le refus de ce dernier, on convenait généralement qu'il paierait une somme à titre d'indemnité et comme peine de sa mise en demeure. Souvent aussi il était obligé de payer tant par chaque jour de retard, pour dédommager le prêteur des services que lui aurait rendus son esclave : *Si trajectitiæ pecuniæ pœna, uti solet, promissa est: quamvis eo die, qui primus solvendæ pecuniæ fuerit, nemo vixerit, qui (eam) pecuniam deberet, tamen perinde committi pœna potest, ac si fuisset heres debitoris* (9, *De nautico fœnore*, D., et loi 23, *De oblig. et act.*, D.).

Les pouvoirs de l'esclave ne s'arrêtaient pas toujours là : il résulte *a contrario* de la loi 122, D. *De verb. oblig.*, que l'esclave avait quelquefois un mandat général de faire ce que les circonstances exigeaient. Dans ce cas, tout ce qu'il avait fait dans la limite de ses pouvoirs devait être respecté par son maître : *Consensus servi domino non nocet, nisi temporis et navigationis*

proferendæ potestatem a domino habuit. (Gode-
froid , sur la loi 122.)

II. Il est important de remarquer que, dans
aucun des cas que nous avons signalés, il n'était
permis de stipuler un intérêt supérieur à l'intérêt
légal. C'est ce que dit en propres termes le § 1 de
la loi 4 au Digeste : *Pro operis servi trajectitiæ
pecuniæ gratia secuti, quod in singulos dies in
stipulatum deductum est, ad finem centesimæ non
ultra duplum debetur. In stipulatione fœnoris
post diem periculi separatim interposita quod
(in ea) legitimæ usuræ deerit, per alteram stipulationem operarum supplebitur.* C'est ce que
nous disent encore la loi 1 au Code, à notre titre,
et tous les commentateurs : *Usuræ autem illæ le-
gitimis graviores, in hoc contractu permittuntur
in hoc solum tempus quo navis navigat seu quo
periculum respicit creditorem.* Ainsi, j'ai embarqué à bord du navire de mon débiteur un esclave que j'ai chargé du recouvrement de mes
capitaux : la somme que j'ai stipulée par chaque
jour de retard à raison de la privation des services de mon esclave, ne pourra pas dépasser,
du moins avant la loi 26 du Code *De usuris*, le
taux de 12 %. En effet, elle a été stipulée pour
un temps où, les risques ayant cessé d'être à la
charge du créancier, les intérêts ne peuvent
plus excéder le taux légal, qui était alors de
12 %. A l'instant de la cessation des risques, le
prêt redevenait un *mutuum* ordinaire, et, dès

lors, on ne pouvait exiger d'intérêts supérieurs aux intérêts ordinaires.

III. Voyons maintenant comment ces intérêts moratoires étaient dus : la stipulation était-elle nécessaire, ou bien un simple pacte les rendait-il exigibles? Nous avons vu que le profit maritime pouvait naître d'un simple pacte: en était-il de même des intérêts à titre de peine dus *ex mora? In his omnibus et pactum sine stipulatione ad augendam obligationem prodest* (D., l. 5, § 1, *eod. tit.*). Malgré ce texte, nous pensons que la promesse devait revêtir la forme solennelle de la stipulation. Nous l'avons déjà dit, ces intérêts moratoires ne peuvent jamais courir qu'après la cessation des risques: or, à ce même moment, le *nauticum fœnus* redevient un *mutuum,* et, comme tel, doit être régi par les règles ordinaires du *mutuum.* Dans le prêt d'argent ordinaire, il était de principe que les intérêts ne pouvaient être dus qu'en vertu d'une stipulation. Nous nous sommes appesanti longuement déjà sur ce sujet; et nous avons fait remarquer que le § 1er de la loi 5, déjà cité, contenait une dérogation, sinon unique dans l'histoire du Droit romain, tout au moins très-grave, et que rien n'autorise à l'étendre en dehors du prêt maritime et du *periculi pretium.* Il paraît très-singulier peut-être que, dans une opération juridique où il suffit d'un simple pacte pour faire naître des intérêts maritimes, une stipulation soit nécessaire pour produire une indemnité , soit à raison du retard mis au remboursement du prêt , soit à raison de la perte de temps éprouvée par l'esclave chargé de recevoir le paiement. Cette considération, si plausible qu'elle soit, ne nous semble pas décisive : la disposition qui permet au *nauticum fœnus* de produire des intérêts maritimes étant une exception, nous pensons qu'en l'absence d'une dérogation formelle, et dans le silence absolu de la loi, on doit revenir aux principes généraux de la matière. D'ailleurs, dans tous les textes relatifs à cette question, on ne rencontre jamais que le mot de stipulation : *Pro operis servi..... quod..... stipulatum deductum est..... non ultra duplum debetur. In stipulatione fœnoris post diem periculi separatim interposita quod in ea legitimœ usurœ deerit, per alteram stipulationem operarum supplebitur* (1). Enfin, s'il en eût été autrement, et si un simple pacte eût été suffisant pour faire courir les intérêts moratoires , le jurisconsulte, qui a pris soin de déclarer expressément qu'il en était ainsi du *nauticum fœnus* , n'aurait pas manqué de signaler cette dérogation au droit commun.

Si donc les intérêts à titre de peine n'ont pas été, comme ils doivent l'être dans le *mutuum* ordinaire, expressément stipulés, le créancier n'y aura aucun droit, soit à partir de la mise en demeure, *ex mora* , soit à partir de la *litis con-*

______

(1) **L.** 4 , D , *De nautico fœnore.*

testatio (1). Nous savons, en effet, que dans les contrats de droit strict, la *mora* et la *litis contestatio* ne pouvaient avoir pour effet de faire courir les intérêts (2).

IV. Doit-on distinguer ce qui a été stipulé à titre de peine pour le retard, de ce qui l'a été pour le service de l'esclave? Cette distinction se conçoit, dit Cujas, si l'on suppose qu'on est convenu d'une somme déterminée pour tout le temps des services de l'esclave ; et il en serait encore de même, si l'on était convenu d'une somme pour *chaque jour de retard;* car cette somme ne serait pas due de la même manière que les intérêts, ceux-ci se devant à la fin de chaque mois, ceux-là jour par jour. Nous n'admettons pas cette distinction : les intérêts dus *ex mora* sont dus à titre de peine, exactement comme les intérêts représentant la privation de jouissance des services de l'esclave. Les textes confondent ces deux causes productives d'intérêts (D., Frag. 4, § 1). Ces deux indemnités, qui ont du reste le même point de départ, seront dues, selon nous, à partir du moment où l'on en aura fait la demande, ou bien à partir de la mise en demeure.

(1) Le *nauticum fœnus* étant un *mutuum*, il faut lui appliquer les règles propres au *mutuum* et auxquelles il n'aura pas été dérogé.

(2) L'action qui naît du *mutuum* est une *condictio certi* : or, dans la *condictio certi*, la *condemnatio* est toujours en rapport avec l'*intentio;* la *litis contestatio* n'avait pas non plus pour effet de faire courir les intérêts, puisque le juge ne pouvait pas condamner au-delà de l'objet de la demande.

Les deux peines stipulées se confondent en une peine unique à laquelle s'appliquera la règle : *Pœnam pro usuris stipulari nemo supra modum usurarum licitum potest* (Modestin, 1. 44 au Digeste, lib. XXII, tit. Ier); à laquelle il faut joindre le § 1er de la loi 4 de notre titre au Digeste.

V. Ce même paragraphe contient cette règle, que les intérêts stipulés à titre de peine ne pouvaient jamais dépasser le double du capital : *Non ultra duplum debetur;* ils cessaient de courir dès l'instant où ils avaient atteint ce maximum. Cependant, aux termes de la loi 10 au Code *De usuris,* les intérêts payés aux échéances ne s'imputaient pas sur les intérêts dus, pour doubler le capital. *Usuræ per tempora solutæ non proficiunt reo ad dupli computationem. Tunc enim ultra sortis summam usuræ non exiguntur, quoties tempore solutionis summa usurarum excedit eam computationem.* Cependant, par une nouvelle constitution de Justinien (loi 29 au Code *De usuris*), les intérêts payés aux échéances sont imputables dans le calcul du double : *Usuræ minutim et per intervallum solutæ cum duplo compensantur, etiam si non universæ simul solutæ fuerint.*

VI. Comment l'intérêt stipulé à titre de peine se calculait-il? Était-ce sur la *pecunia trajectitia* seulement, ou sur la *pecunia* augmentée du *nauticum fœnus?*

Pothier conclut, selon toute apparence de

raison, que, le profit maritime étant un accessoire et une espèce d'intérêt de la somme prêtée, *nautica usura,* ce serait violer les lois qui prohibaient l'anatocisme, que de calculer la peine sur la *trajectitia pecunia* augmentée du *nauticum fœnus.* Cette opinion est généralement suivie : *Hac apertissima lege definimus, nullo modo licere cuiquam usuras præteriti temporis, vel futuri in sortem redigere, et earum iterum usuras stipulari* (28, Code *De usuris*). Cependant, un système réunit le profit maritime au capital pour établir le montant des intérêts stipulés à titre de peine. Le *nauticum* était plus qu'un simple intérêt, dit-on, c'était aussi une sorte de profit; profit qui, une fois réalisé, devait se confondre avec le capital prêté, et ce total devenu indivisible devait, sans distinction, produire des intérêts. Le prêteur a dû compter en même temps sur la *pecunia* et l'*usura nautica.* Que demande l'esclave? Le capital et l'intérêt; si on lui refuse l'un ou l'autre ou tous les deux, la peine est encourue, et elle doit être proportionnée au dommage souffert. Ces arguments sont spécieux. Nous pensons qu'ils ne sont pas suffisants pour créer une exception à la loi dont nous venons de citer un fragment, que c'est exiger l'intérêt des intérêts, *usuræ usurarum,* et par conséquent enfreindre le droit commun sur l'anatocisme.

VII. Après l'examen de ces différentes questions,

on doit se demander à partir de quel moment la peine était encourue, et quand y avait-il *mora*, mise en demeure?

Si l'obligation n'est pas exécutée au temps où elle devrait l'être, il y a inexécution par rapport au temps, retard ou demeure, *mora*. Les deux grandes écoles de jurisconsultes romains, les Proculéiens et les Sabiniens, étaient divisées sur la question de savoir si, dans les obligations, la seule expiration du terme suffit pour constituer le débiteur en demeure, *dies interpellat pro homine*, ou si le créancier doit encore faire une sommation pour obtenir ce résultat. Les Proculéiens pensaient qu'il fallait toujours une interpellation pour que la peine fût encourue ; les Sabiniens, au contraire, étaient partisans de l'adage: *Dies interpellat pro homine* (1).

Il résulte de la loi 2 de notre titre (au Digeste) que si le débiteur est absent et, par conséquent, ne peut être interpellé par le créancier, celui-ci peut suppléer à cette interpellation en faisant constater sa demande par devant témoins : *Labeo ait : si nemo sit, qui a parte promissoris interpellari trajectitiæ pecuniæ possit, idipsum testatione complecti debere, ut pro petitione id cederet.* D'après Labéon, le débiteur n'était donc pas en demeure par la

____

(1) *Consultus respondit, ejus quoque temporis quo interpellatus non esset, pœnam peti posse, amplius etiam si omnino non interpellatus esset* (23, *De oblig. et act.*, D.).

simple échéance du terme : il fallait , en outre ,
qu'il eût été interpellé (1). Cette opinion reposait
sur la présomption que le prêteur souffre du non-
paiement à l'époque convenue ; si, à cette époque,
il n'interpelle pas le débiteur, čette présomption
tombe pour faire place à une présomption contraire. Le créancier est censé n'avoir pas besoin
de son argent, puisqu'il le laisse entre les mains
de l'emprunteur. Cependant, jusqu'à Justinien ,
la règle n'était pas tellement établie en jurisprudence qu'elle ne donnât lieu à de nombreuses
contestations. Africain pensait que la peine était
encourue par la seule arrivée du jour convenu :
etiamsi omnino interpellatus non esset ; autrement, dit-il, l'indemnité ne sera point due
lorsque le créancier, retenu par la maladie,
n'aura pu interpeller son débiteur. Ce jurisconsulte se demande encore, dans la même loi 23,
au Digeste *De oblig. et act.*, s'il y a peine lorsque
le débiteur interpellé, ayant refusé de payer, offre
ensuite le paiement. La peine sera également
encourue, dit-il, et il n'en pourrait être autrement
que dans le cas où le créancier, repoussant les

______

(1) Cette décision constituait, au temps de la jurisprudence clas-
sique, une exception à ce principe, généralement adopté, que l'échéance
du terme suppléait à la sommation toutes les fois que la dette était à
terme fixe. Il en était encore ainsi pour le détenteur tenu de restituer
par suite d'un délit ou d'une possession de mauvaise foi. Dans ce c_s,
les jurisconsultes romains disaient que le terme avait lieu *ex re* ou *in
rem, in re ,* c'est-à-dire par suite du fait lui-même. (13. 3. *De condict.
trit.* 4. f. Gaïus, D. — 19. 1. *De act empti et vend.* 47. f. Paul, etc.)

offres de payer faites par son débiteur, se serait constitué lui-même *in mora*.

Justinien mit fin à cette controverse par sa constitution de la loi 12, au Code *De contrahenda et committenda stipulatione*, et dont voici la substance : voulant dissiper l'obscurité des lois sur une matière qui, jusqu'à présent, a été la cause d'innombrables procès, nous avons décidé que si quelqu'un a stipulé qu'il ferait ou donnerait une chose à une certaine époque et qu'en outre, il encourrait une peine pour le cas où il n'aurait point exécuté sa promesse, il ne sera point nécessaire de l'interpeller : *Cum ea quæ promisit, ipse in memoria sua servare, non ab aliis sibi manifestari debeat poscere.*

Dans la loi 8 de notre titre au Digeste, nous voyons que le créancier ne pouvait point exiger d'indemnité, quand c'était par sa faute que le paiement n'avait pas eu lieu : *Pecuniæ trajectitiæ pœnam peti non posse, si per creditorem stetisset, quominus eam intra certum tempus præstitutum accipiat* (Ulpien et Servius). La loi 23, au Digeste *De oblig. et act.*, dont nous avons déjà donné l'explication, contient la même règle. C'était l'application du principe: *Si per debitorem mora non esset, quominus id, quod debebat, solveret, continuo eum debito liberari* (105, *De verb. obligat.*, D.). Le créancier qui aura apporté à la restitution ou au paiement convenu un retard contraire aux règles du droit, devra en supporter les conséquences. Telle est encore la décision de Papinien dans la loi 9, § 1er, au Digeste *De usuris :* si l'échéance du terme fixé pour le paiement arrive après la mort du créancier, et qu'un certain laps de temps s'écoule entre cet événement et l'époque où l'indemnité sera exigée par les héritiers du défunt, ces derniers seront repoussés par l'exception de dol, s'ils réclament des intérêts moratoires.

CHAPITRE V.

DES GARANTIES AFFECTÉES PAR LE CRÉANCIER A LA SURETÉ DE LA CRÉANCE.

A Rome, les prêteurs à la grosse usaient de différents moyens pour assurer le paiement de ce qui leur était dû en cas d'heureuse navigation.

Ils pouvaient, en premier lieu, exiger un cautionnement. Nous voyons, par des textes nombreux, que la fidéjussion jouait un grand rôle dans ce genre d'opérations. Les règles que l'on devait suivre étaient tracées par le droit commun. Le fidéjusseur était tenu de payer le capital et le *pretium periculi* en cas d'heureuse arrivée ; les intérêts terrestres couraient à son détriment dès l'instant de la mise en demeure ; en un mot, il était tenu, vis-à-vis du créancier, de la même manière que l'emprunteur.

I. Cependant, il est permis de penser que ces moyens n'étaient pas ceux dont on se servait le plus dans la pratique. Les droits de gage et d'hypothèque présentaient, en effet, des garanties plus sérieuses, en même temps qu'ils simplifiaient les formalités du contrat et dispensaient

les parties de l'exécution des rites sacramentels
de la fidéjussion. Les emprunteurs convenaient
généralement d'une hypothèque qui portait soit
sur les marchandises, soit sur le navire, soit
simultanément sur ces objets réunis. A chaque
instant, nos textes font mention de conventions
semblables (1). Il est probable que, dans ce
cas, la valeur des objets soumis aux droits de
gage ou d'hypothèque dépassait de beaucoup le
montant de la dette. Il en était ainsi, du moins
à Athènes, et un passage de Démosthènes (2)
nous apprend qu'en général, le prêteur stipulait
que la valeur des choses hypothéquées serait du
double du capital prêté. On comprend sans peine
le but de cette stipulation : elle arrêtait le débiteur enclin à des entreprises hasardeuses, le
contraignait à débattre avec soin les conditions
de son emprunt, à ne pas contracter d'obligation
pour une somme supérieure à ses moyens, et
l'intéressait directement à la réussite de son
voyage. Écrasé par une dette trop considérable,
l'emprunteur, au contraire, aurait été intéressé
à la perte de son vaisseau et de sa cargaison
et aurait peut-être cherché une chance de libération dans un naufrage.

Nous avons dit que la convention d'hypothèque
était sans contredit la combinaison la plus simple
et la plus efficace. Nous pouvons citer, au Di-

(1) L. 122. D. *De verborum obligationibus*, l. 6 et 4. D., *De naut.
fœn.*

(2) M. Pardessus, *Lois maritimes*, t. I, p. 45.

geste, la loi 6 de notre titre : *Fœnerator pecuniam usuris maritimis mutuam dando, quasdam merces in nave pignori accepit : ex quibus (mercibus) si non potuisset totum debitum exsolvi, aliarum mercium aliis navibus impositarum, propriisque fœneratoribus obligatarum, si quid superfuisset pignori accepit.*

Il résulte de cette loi, que l'hypothèque pouvait être donnée non-seulement sur la cargaison du vaisseau débiteur, mais encore sur d'autres marchandises chargées sur d'autres vaisseaux et obligées à d'autres prêteurs.

II. Il ne faudrait pas croire que l'hypothèque qui grevait ces marchandises fût un obstacle à leur vente. Si le *nauticum fœnus* avait été fait pour l'aller seulement, le prêteur exerçait ses droits au lieu de destination, par l'entremise de l'esclave embarqué sur le navire et chargé de réclamer le paiement à l'époque de la cessation des risques. Si, au contraire, le prêt avait été consenti pour l'aller et le retour, les marchandises de retour étaient substituées aux marchandises vendues, et c'était sur elles que le créancier avait désormais son hypothèque. Au commencement de cette étude, nous avons rencontré un exemple de cette subrogation dans la loi 122, *De verborum obligationibus*, où il est question d'un emprunteur qui avait engagé et hypothéqué à la garantie du prêt les marchandises achetées à Bérite pour être transportées à Brindes, et celles achetées à Brindes pour être transportées à Bérite (1).

Il n'est pas douteux que l'hypothèque ne fût accordée au créancier pour le principal, l'intérêt et autres accessoires : *non tantum sortis, sed etiam usurarum potior est.* — L. 18, *Qui potiores.* D. (2).

III. Avant de terminer l'examen de notre titre et pour en donner une idée aussi complète que possible, il est nécessaire de reproduire ici l'hypothèse exposée dans la loi 6 et la petite controverse à laquelle elle a donné lieu. Elle n'offre pas en elle-même de bien grandes difficultés, et la decision du jurisconsulte Paul n'est que l'application des règles relatives au contrat, dont l'existence est soumise à l'événement d'une condition.

Un emprunteur, en contractant un *nauticum fœnus,* a donné en gage des marchandises embarquées sur son propre vaisseau ; prévoyant le cas où elles pourraient être insuffisantes au paiement intégral de sa créance, le prêteur s'est fait donner en gage d'autres marchandises chargées sur d'autres vaisseaux et déjà obligées à d'autres prêteurs : le navire, dont la cargaison aurait suffi

---

(1) L. 122, *De verb. oblig. D. Idque creditum esse in omnes navigii dies ducentos sub pignoribus et hypothecis mercibus a Beruto comparatis, et Brintesium perferendis, et quas Brintesio empturus esset, et per navem Beruto invecturus,* etc.

(2) Cujas, lib. I Resp. Scævolæ.

au paiement de la dette, ayant péri, on pourrait demander si la perte survenue dans les dé-
lais fixés par la convention était à la charge
du créancier, ou bien s'il avait un recours sur
les autres vaisseaux? J'ai répondu, dit Paul,
que la diminution du gage était supportée par
le débiteur et non par le créancier; mais seulement lorsque l'argent trajectice est donné à la
condition que le paiement n'en sera demandé
par le créancier qu'autant que le navire sera
heureusement arrivé à sa destination, dans le
temps donné : si la condition ne s'accomplit pas,
l'obligation du débiteur sera éteinte, et par conséquent l'action sur les gages sera périmée,
même par rapport à ceux qui n'auront point péri.
Ainsi donc, si le navire a péri dans le temps
donné, et que la condition de la stipulation ne
se soit point accomplie, toute poursuite exercée
sur les gages déposés sur d'autres navires sera
repoussée. Quand donc la poursuite sur les gages
supplémentaires pourra-t-elle avoir lieu? Elle
aura lieu, soit par l'accomplissement de la condition, soit par la destruction du premier gage,
soit par la dépréciation résultant d'une vente
faite à vil prix, soit enfin par la perte du vaisseau, survenue après le temps pendant lequel les
risques étaient à la charge du créancier.

La décision du jurisconsulte contient l'application
des principes que nous avons exposés. Il affirme
que l'on pouvait convenir d'une hypothèque frap-
pant non-seulement les marchandises et le navire

qui porte l'argent, mais encore d'autres marchandises chargées sur d'autres navires ; que le prêteur ne peut réclamer l'argent qu'après l'arrivée à bon port du vaisseau débiteur ; que si le navire périt pendant que les risques sont à la charge du créancier (*intra statuta tempora*), il ne pourra réclamer ni son argent, ni les gages de sa créance. L'*aléa* maritime à la charge du créancier s'étant réalisé contre lui, l'emprunteur est libéré, et l'obligation principale se trouvant éteinte, les gages ou l'hypothèque, qui n'en sont que les accessoires, s'évanouissent également.

IV. Il nous reste maintenant à examiner une question des plus délicates : lorsque le prêteur, créancier hypothécaire, se trouve en présence de son débiteur, il n'éprouve pas d'obstacles au libre exercice de ses droits ; mais s'il se trouve en concurrence avec d'autres créanciers hypothécaires, il y aura concours, et alors surgiront les questions de préférence et de privilége.

En Droit romain, le rang entre les divers créanciers hypothécaires se réglait par la date du contrat d'hypothèque : *potior tempore, potior jure*. Cependant, celui des créanciers qui aura conservé le gage de ses cointéressés doit être préféré. Ce privilége tient à la nature des choses ; il est logique que le prêt auquel on doit de n'avoir pas perdu tout, soit privilégié. Ulpien, dans la loi 5, au Digeste, au titre *Qui potiores in pignore habeantur*, cite comme exception à la règle *Potior tempore, potior jure,* un exemple qui se rapporte précisément au contrat qui fait l'objet de cette Étude. Voici la traduction de cette loi : quelquefois le second créancier est préférable au premier ; par exemple, si l'argent-prêté par le second créancier a été dépensé pour conserver la chose : ainsi, un navire étant hypothéqué, j'ai prêté pour l'armer ou le radouber. De même, dans le § 1er de la loi 6 au même titre, Ulpien nous dit encore : c'est l'argent du dernier prêteur qui a sauvé le gage de tous. On pourrait étendre cette décision au cas où un emprunt a été fait pour nourrir les matelots, sans lesquels le navire ne pouvait pas arriver à bon port. De même, si un créancier prête sur des marchandises hypothéquées, soit pour les sauver, soit pour payer le nolis, il sera préférable, quoique postérieur en date, car le nolis lui-même est préféré. Ainsi, les prêts faits pendant le voyage et hypothéqués sur les mêmes objets que ceux qui l'ont été au port de départ, modifieront la position des premiers prêteurs. Les hypothèques consenties pour les besoins de l'expédition seront des hypothèques privilégiées (1).

(1) Ulp., lib. III *Disputationum.* 5. ff. *Qui potiores in pignore habeantur.* « *Interdum posterior potior est priori ; utputa, si in rem istam conservandam impensum est, quod sequens credidit : veluti si navis fuit obligata, et armandam eam (rem), vel reficiendam ego credidero.* »

6. H. t. « *Hujus enim pecunia salvam fecit totius pignoris causam : quod poterit quis admittere, et si in cibaria nautarum fuerit*

Citons encore les lois 26 et 34 au titre *De rebus auctoritate judicis possidendis seu vendundis* D :
« Celui-là est privilégié qui a prêté pour la construction, la réparation ou l'achat d'un vaisseau (1). » En l'absence de toute convention, le prêteur avait une sorte de droit de préférence résultant de la destination de l'argent prêté. Ce fait exceptionnel à Rome, où l'on ne connaissait pas de *tacitum pignus,* devait favoriser et faciliter l'expédition des navires et les armements lointains : tel était, du moins, le but que s'était proposé le législateur : *ad summam rempublicam navium exercitio pertinet.* (1, § 20, *De Exercitoria actione.* D.)

Cependant, si le privilége existait en dehors de toute convention, il ne pouvait être opposé qu'aux créanciers chirographaires, si le prêteur était créancier chirographaire. Il faut bien se garder de croire que le privilége fût, en Droit romain, ce qu'il est chez nous, c'est-à-dire un véritable droit réel donnant naissance à un droit

creditum, sine quibus navis salva pervenire non poterat. — § 1. Item si quis in merces (sibi) obligatas crediderit, vel ut salvæ fiant, vel ut naulum exsolvatur, potentior est licet posterior sit: nam et ipsum naulum potentius est. § 2. Tantumdem dicetur et si merces horreorum, vel areæ, vel vecturæ jumentorum debetur : nam et hic potentior erit. »

(1) 26. « *De reb. auct. jud. Qui in navem exstruendam, vel instruendum credidit, vel etiam emendam : privilegium habet.* »

34. *Eod. tit.* « *Quod quis navis fabricandæ (vel emendæ vel armandæ), vel instruendæ causa, vel quoquo modo crediderit, vel ob navem venditam petat, habet privilegium post fiscum.* »

de suite. Il fallait une convention pour conférer au créancier une hypothèque privilégiée, même dans le cas d'un prêt employé à l'achat, la construction ou l'équipement d'un navire. La créance privilégiée ne changeait point de nature : si elle était chirographaire, elle restait chirographaire ; elle primait seulement les créances de même nature et était primée à son tour par les créances hypothécaires.

Le privilége créait donc un droit de préférence entre les créanciers d'une même classe mais il ne faisait jamais sortir un créancier de sa classe (1). Ainsi, le donneur à la grosse, dont l'argent a été employé à acheter, construire ou gréer un navire, sera préféré à tous créanciers hypothécaires antérieurs à lui, s'il a eu soin de

(1) « Eos, qui acceperunt pignora, cum in rem actionem habeant, privilegiis omnibus quæ personalibus actionibus competunt, præferri constat. » 9. C. *Qui potiores in pignore habeantur.* Un créancier ayant une cause de préférence ne peut primer un créancier hypothécaire qu'autant qu'il a lui-même une hypothèque. C'est ce qui résulte encore de la loi 7 au Code, eod. tit. : « Licet iisdem pignoribus multis creditoribus diversis temporibus datis priores habeantur potiores, tamen eum, cujus pecunia prædium comparatum probatur, quod ei pignori esse specialiter (obligatum) statim convenit, omnibus anteferri juris auctoritate declaratur. »

La loi 17, *De pign. et hyp.*, au Code, déclare expressément qu'il n'existe pas d'hypothèque tacite : « Quamvis ea pecunia, quam a te mutuo frater tuus accepit, comparaverit prædium : tamen nisi specialiter vel generaliter hoc tibi obligaverit, tuæ pecuniæ numeratio in causam pignoris non deduxit : sane personali actione debitum apud præsidem petere non prohibueris. » L'hypothèque ne résulte pas du simple fait d'avoir fourni les deniers destinés à l'achat.

se faire donner par son débiteur une hypothèque
sur le navire. Au contraire, en l'absence de toute
convention à cet égard, son privilége ne sera
opposable qu'aux créanciers chirographaires seulement, et il sera primé par des créanciers
hypothécaires moins favorables que lui.

Bien que le sens des textes que nous avons
indiqués soit parfaitement clair et précis, il
est repoussé néanmoins par une opinion qui a
trouvé pour défenseur un des grands interprètes
du Digeste. Accurse et son école, raisonnant par
analogie de la loi 1, *In quibus caus. pign. vel
hyp.* au Digeste, ont professé que celui qui a
prêté de l'argent pour réparer un navire possède
une hypothèque et un privilége ; en d'autres termes,
que le donneur à la grosse, *qui in navem exstruendam vel instruendam credidit*, doit, en
vertu de son *privilegium*, primer les créanciers
hypothécaires. Cette loi, rapportée par Papinien,
contient la substance d'un sénatus-consulte de
Marc-Aurèle : *Senatus-consulto, quod sub Marco
imperatore factum est, pignus insulæ creditori
datum, qui pecuniam ob restitutionem ædificii ex-
struendi mutuam dedit, ad eum quoque pertine-
bit, qui redemptori, domino mandante, nummos
ministravit.* Ce sénatus-consulte accorde à celui
qui a prêté de l'argent pour réparer une maison,
une hypothèque tacite privilégiée sur cette maison, et Accurse, assimilant un navire à un édifice,
donne le même *privilegium* aux deniers qui ont
servi à réparer l'un ou l'autre. Donneau repousse

cette opinion. Selon lui, le sénatus-consulte consacre une exception : on peut avoir accordé une hypothèque privilégiée au prêt fait pour réparation d'une maison , sans que pour cela on ait voulu en accorder une au prêt fait pour la réparation d'un navire. Il fait remarquer encore que les lois romaines favorisaient puissamment la construction ou la réparation des édifices ; que, dans l'hypothèse du sénatus-consulte, l'empereur Marc-Aurèle avait à réglementer une question d'intérêt public dont la sauve-garde apparaissait aux Romains d'un ordre plus élevé et d'une nécessité plus impérieuse que la construction des vaisseaux. Nous savons que l'action *ab exhibendum* était souvent refusée *ne ruinis urbs deformetur*.

Les raisons alléguées par Donneau ne nous semblent pas très-satisfaisantes. Nous reconnaîtrons, avec lui, que le sénatus-consulte consacre une exception qui ne peut être appliquée à un cas autre que celui pour lequel elle a été créée. Mais nous pensons que l'analogie établie par Accurse entre la construction , l'achat et la réparation des navires et la construction , l'achat et la réparation des maisons, est parfaitement rationnelle, et une hypothèque privilégiée nous paraît aussi nécessaire dans l'un que dans l'autre cas. Nous laisserons donc subsister cette analogie, mais nous nous garderons bien de croire à l'existence d'une hypothèque privilégiée.

Les motifs que nous invoquerons à l'appui de cette opinion sont autres que ceux émis par

Donneau. Nous ne croyons pas que le sénatus-consulte de Marc-Aurèle confère une hypothèque privilégiée à celui dont les deniers ont été employés à la restauration d'édifices. Ulpien (1) ne reconnaît à ce prêteur qu'un simple *privilegium exigendi : creditor qui ob restitutionem œdificiorum crediderit, in pecuniam quam crediderit, privilegium exigendi habebit* (l. 25, ff., *De reb. creditis*). — Tous les textes sont unanimes, sauf le fragment de Papinien, pour ne donner au prêteur de deniers qu'un privilége. Enfin la loi 24, § 1, *De rebus auct. jud.* D., qui reproduit les termes mêmes de l'édit, nous fournit les éléments d'une appréciation presque certaine : DIVUS MARCUS ITA EDIXIT : CREDITOR QUI OB RESTITUTIONEM ÆDIFICIORUM CREDIDERIT, IN PECUNIA, QUÆ CREDITA ERIT, PRIVILEGIUM EXIGENDI HABEBIT. Comme on le voit par la lecture de ce fragment, l'édit impérial ne créait point une hypothèque, mais bien seulement un privilége ; et il est permis de penser que le fragment de Papinien, dont les termes ont donné lieu à tant d'interprétations, n'est qu'une reproduction maladroite de notre sénatus-consulte, et que c'est par erreur que le mot *pignus* y a été inséré. Emerigon pense également que le donneur à la grosse dont les deniers ont été employés à construire, gréer ou radouber un navire, n'avait à Rome qu'un simple privilége.

(1) *Creditori, qui ob restitutionem œdificiorum crediderit, privilegium exigendi datur.* L. 1. *De cessione bonorum.* D.

CHAPITRE VI.

DES ACTIONS QUI DÉRIVENT DU NAUTICUM FŒNUS.

Nous avons vu précédemment (chapitre Ier) que la question de savoir si le *nauticum fœnus* est un *mutuum*, ou bien un contrat innomé, a été l'objet de controverses assez vives.

Dans son commentaire *De nautico fœnore*, Cujas se demande à quel contrat peut se rapporter le prêt à la grosse, et il conclut à l'existence du *mutuum*, jusqu'à concurrence du capital prêté. Une stipulation ou un pacte sera nécessaire pour faire naître l'obligation de payer les intérêts. Par conséquent, la remise de la somme à l'emprunteur donnera lieu à une *condictio ;* mais cette *condictio* sera limitée au recouvrement de la somme, à l'exclusion de tout profit. Quant à la somme due en sus du capital, Cujas n'accorde la *condictio* que s'il y a eu stipulation. Si au contraire il y a eu simple pacte, il accorde l'action *præscriptis verbis*.

Nous avons également rapporté dans ce même chapitre Ier l'opinion de M. de Savigny : « Dans ce contrat, la forme du prêt n'est qu'apparente. En réalité, on donnait une somme avec chance de perte, tandis que le débiteur s'obligeait à rendre une somme supérieure, dans le cas où la perte n'aurait pas lieu. Cette convention présente donc les formes d'un contrat innomé, et donne lieu à l'*actio præscriptis verbis*.

Nous avons repoussé ces deux opinions, et nos motifs pour le faire peuvent être résumés de la manière suivante : le *nauticum fœnus* n'est pas l'unique exemple d'un *mutuum* produisant des intérêts (1. 17 pr. *De pactis*. D. — 30. D. *De usuris*). Par conséquent, le fait de stipuler des intérêts modifie sans les détruire les caractères du *mutuum*. En outre, Cujas a, selon nous, le tort de scinder une opération unique et parfaitement indivisible dans l'esprit des parties. De plus, le contrat à la grosse n'est pas un contrat innomé. Si sa dénomination n'est pas aussi nette et aussi précise que celle des contrats de dépôt et de commodat, il n'en est pas moins certain que les expressions de *nauticum fœnus,* de *trajectitia pecunia* indiquaient un contrat fort usité à Rome. Enfin, nous avons cru prouver, par différentes citations, que notre contrat est une variété du *mutuum* (1), et nous dirons, avec la généralité des interprètes, que la *condictio certi* était accordée tant pour le capital que pour le profit maritime, si ce profit était une somme déterminée; la *condictio certi,*

---

(1) L. 4, C. *De nautico fœnore* (IV, 33). — L. 4 pr. et L. 7, D., *De nautico fœnore.* — L. 1 et 2, C., eod. tit.

pour le capital seulement, avec la *condictio in-
certi* pour les intérêts, si, le prêt ayant été fait à
raison du temps, la quotité du *nauticum fœnus*
était indéterminée.

Mais il arrivait souvent que la *condictio* était
comme paralysée entre les mains du créancier ;
et qu'il ne pouvait l'exercer, par exemple, lorsque le débiteur était *alieni juris* (1) (l. 14, *De
oblig. et act.*; l. 7, eod. tit.). Cette remarque nous
amène à dire quelques mots de l'action exercitoire, *actio exercitoria*.

Les Romains regardaient comme humiliant de
se livrer au commerce ; et comme pour donner à
ce préjugé une sanction légale, les lois interdi-
saient le négoce aux sénateurs. Tite-Live nous
parle d'une loi qui leur faisait défense d'avoir
une « barque contenant plus de 300 septiers. On
« trouvait que c'était assez pour transporter à
« Rome les fruits qu'ils recueillaient dans leurs
« terres, et qu'il était indigne de leur rang de
« faire servir leurs vaisseaux de charge à trans-
« porter la récolte des autres citoyens pour de
« l'argent » (Emerigon, p. 102, chap. IV, sect. 4) :
*Ne quis senator maritimam navem, quæ plus
quam trecentarum amphorarum esset, haberet.
Id satis habitum ad fructus ex agris vectandos.*

---

(1) L. 14, D., *De oblig. et act.*, Ulpianus. *Servi ex delictis quidem
obligantur ; et si manumittantur obligati remanent : ex contractibus
autem civiliter quidem non obligantur, sed naturaliter et obligantur,
et obligant. Denique si servo, qui mihi mutuam pecuniam dederat,
manumisso solvam, liberor.*

Quæstus omnis patribus indecorum visus (Tite-Live, lib. XXI, nº 63).

Plus tard, la loi Julia interdit complètement aux sénateurs de posséder des vaisseaux, sous peine d'être exclus du Sénat : *quod nec habere illis navem ex lege Julia repetundarum licet* (3. D., *De vacat. et excusat.*). Enfin, les constitutions impériales prohibèrent tout trafic aux gouverneurs des provinces, de peur que le peuple ne devînt la proie de leurs rapines. *De contract. jud.*, l. 1. C. — L. 33, *De reb. cred.* D. — 46, § 2. *De jure fisci.* D.

Cependant, le nombre de questions soulevées à l'occasion de la *pecunia trajectitia* nous fait voir combien ce contrat était fréquent ; si les Romains dédaignaient le commerce, ils ne montraient point d'indifférence aux profits qu'on en peut retirer. Ils s'y livraient par l'intermédiaire de leurs esclaves, et les plus illustres représentants du patriciat ne reculaient point devant la concurrence des banquiers, *trapezitæ, mensarii,* usuriers et prêteurs sur gages. Plutarque nous apprend que Caton s'y livrait avec ardeur et souvent à un taux excessif.

Ainsi donc, les citoyens propriétaires, usufruitiers ou locateurs de navires préposaient à la conduite de ces navires des *magistri naviculārii*, dont nous avons déjà souvent parlé ; ces préposés étaient considérés comme fondés de pouvoirs de leurs mandants, et, quoique esclaves ou fils de familles *alieni juris*, ils pouvaient obliger et être obligés. C'est ce que nous explique Ulpien au Digeste, loi 1, *De exercitoria actione:*

Utilitatem hujus edicti patere, nemo est, qui ignoret : nam cum interdum ignari, cujus sint conditionis vel quales, cum magistris propter navigandi necessitatem contrahamus, æquum fuit, eum, qui magistrum navi imposuit, teneri : ut tenetur, qui institorem tabernæ vel negotio præposuit : cum sit major necessitas contrahendi cum magistro, quam institore : quippe res patitur, ut de conditione quis institoris dispiciat, et sic contrahat : in navis magistro non ita : nam interdum locus, tempus non patitur plenius deliberandi consilium.

Personne n'ignore l'utilité de cet édit ; car, si la nécessité d'un voyage oblige à contracter avec un maître de navire dont on ignore la condition, il est juste que celui qui l'a préposé à la direction de son navire soit tenu, comme celui qui a préposé un *institor tabernæ:* cela est encore plus nécessaire lorsqu'il s'agit d'un *magister navis,* que d'un *institor tabernæ;* il est possible de rechercher la condition de ce dernier ; les temps et les lieux, au contraire, ne permettent pas cet examen dans le cas d'un maître de navire.

L'action exercitoire était donc une action indirecte que l'on exerçait contre le *paterfamilias,* garant des obligations contractées par son préposé. C'était, en quelque sorte, une forme nouvelle de l'action existant en droit civil, la *condictio,* qui ne pouvait être exercée que contre les personnes libres. Le principe, que dans certains cas les personnes *alieni juris* pouvaient obliger les personnes sous la puissance desquelles elles se trouvaient, n'aurait pu servir de cause à la *condictio* (1).

(1) *Magistrum navis accipere debemus, cui totius navis cura mandata est* (I, § 1, *De exercitoria actione.* D.).

Le *magister navis* pouvait contracter un emprunt à la grosse toutes les fois que cet emprunt était fait pour les besoins de la branche d'administration à laquelle il avait été préposé et qu'il rentrait dans l'étendue de ses attributions : *Non autem ex omni causa Prætor dat in exercitorem actionem, sed ejus rei nomine cujus ibi præpositus fuerit* (l. 1, § 7, *De exercitoria actione*). Il pouvait également emprunter pour nourrir les matelots, équiper ou réparer le navire, et acheter des marchandises : *aut aliquas res emerit utiles naviganti, vel si quid reficiendæ navis causa contractum vel impensum est, vel si quid nautæ operarum nomine petent.*

Lorsque le contrat d'emprunt contenait cette mention que l'argent avait été emprunté *ad reficiendam navem, ad navis causam*, le prêteur avait l'action exercitoire même dans le cas où l'argent aurait été mal employé : l'armateur était tenu de remplir les engagements de son préposé ; ceux qui contractaient avec un *magister navis* étaient présumés avoir suivi la foi de l'*exercitor ;* ce dernier pouvait choisir l'homme auquel il donnait sa confiance : c'était donc à lui de supporter les conséquences de la mauvaise gestion de son préposé (1).

Mais qu'arrivera-t-il si l'esclave a contracté

____

(1) S'il y avait plusieurs *exercitores*, l'action appartenait au prêteur *in solidum* contre chacun d'eux (I, § 25, *De exercitoria actione. Si plures navem exerceant, cum quolibet eorum in solidum agi potest*).

contre la volonté de son maître avec les ressources de son pécule ? Il est évident que l'armateur ne sera pas tenu de remplir ces engagements. Dans ce cas, le prêteur aura recours à l'action *de peculio ;* mais, il faut le dire, jusqu'à concurrence seulement du pécule. Il avait encore l'action *de in rem verso*, s'il était résulté un certain profit pour le *dominus* de l'opération engagée, sans son consentement, par son esclave ou la personne *alieni juris* chargée de conduire son navire.

Rien n'obligeait les tiers à employer l'action exercitoire ; en leur accordant ce moyen, le prêteur n'avait eu d'autre but que de favoriser les emprunts faits dans ces conditions, d'activer le commerce de mer et de créer pour les prêteurs une garantie plus sérieuse que celle des *navicularii*. La loi I, § 17, à notre titre *De exercitoria actione,* nous apprend que le donneur à la grosse avait le choix entre deux actions (*est autem nobis electio, utrum exercitorem an magistrum convenire velimus.* S'il le préférait, le créancier pouvait donc exercer la *condictio*, si le préposé était un homme libre. Si c'était un esclave ou un fils de famille *alieni juris*, il avait, en outre, l'action *de peculio* ou bien *de in rem verso*. Si le pécule était suffisant, ou si l'homme libre était d'une solvabilité certaine, le créancier avait intérêt à agir directement contre son débiteur, et laissait de côté l'action exercitoire.

Nous avons déjà vu que, par une dérogation

aux règles rigoureuses du Droit romain, lorsque le débiteur était absent, ou se cachait afin d'éviter une interpellation qui l'aurait mis en demeure vis-à-vis de son créancier, ce dernier était autorisé à suppléer à cette interpellation, en faisant constater sa demande par devant témoins : et le débiteur était constitué *in mora: Si nemo sit qui a parte promissoris interpellari trajectitiæ pecuniæ possit, id ipsum testatione complecti debere, ut pro petitione id cederet.* (2. Pomponius, lib. III, ex Plautio, *De nautico fœnore.* D.)

Il nous reste à signaler une action introduite dans un but analogue. Lorsque le débiteur se cachait, ou bien évitait de se rendre au lieu convenu pour le paiement, dans la rigueur du droit, il aurait été impossible au créancier d'agir en remboursement. Au moyen de l'action *De eo quod certo loco dari oportet* (1), le créancier pouvait

---

(1) Dans la loi 2, § 8, D., *De eo quod certo loco* (XIII, 4), nous trouvons l'action *De eo quod certo loco* appliquée à un cas de *nauticum fœnus* fait avec la clause que la somme prêtée serait rendue dans un lieu déterminé. En supposant, hors de toute controverse, que l'*actio præscriptis verbis* était toujours de bonne foi (et c'est là ce qui est le plus généralement admis), le texte que nous venons de citer établirait clairement que le *nauticum fœnus* n'était autre chose qu'un *mutuum* régi par des règles spéciales. En effet, il ne peut être qu'un *mutuum* ou un contrat innomé, engendrant l'*actio præscriptis verbis*. Or, il n'engendre pas l'*actio præscriptis verbis*, puisque lorsque la somme doit être payée dans un lieu déterminé on a recours à l'action arbitraire *De eo quod certo loco*, pour donner au juge le pouvoir de tenir compte de l'intérêt qu'avaient les parties soit à payer, soit à recevoir dans le lieu fixé par la convention, pouvoir que le juge avait dans

poursuivre partout son débiteur et le faire condamner à lui rembourser le capital prêté, les intérêts maritimes, et de plus des dommages-intérêts excédant le taux légal et quelquefois fort considérables. Dans cette action, le juge devait avoir égard à l'intérêt que pouvait avoir le demandeur à être payé dans tel lieu plutôt que dans tel autre : *Julianus Labeonis opinionem secutus, etiam actoris habuit rationem: cujus interdum potuit interesse, Ephesi recipere* (2. § 8. *De eo quod certo loco*. D.). En effet, si le prêteur a consenti le prêt sous la condition que l'argent trajectice lui serait rendu à Éphèse, où lui-même il est débiteur, et que, par suite de l'inexécution de cette condition, n'ayant pu rembourser son propre créancier, il ait encouru une peine et ait été obligé de laisser vendre son gage à vil prix, l'action *De eo quod certo loco* devra comprendre ces diverses causes de dommages-intérêts : *In hanc arbitrariam (actionem) quod interfuit, veniet: et quidem ultra legitimum modum usurarum*. (Eod. tit. 2. § 8.)

toutes les actions de bonne foi. (Vernet, *Textes choisis sur la théorie des obligations*.)

Voir encore l. 7 pr., D., *De eo quod certo loco*. Cette remarque vient à l'appui de l'opinion que nous avons émise, précédemment, sur la question de savoir si le *nauticum fœnus* est un *mutuum* ou bien un contrat innomé.

APPENDICE.

Après avoir analysé le contrat de prêt à la grosse aventure, ou *nauticum fœnus*, défini sa nature et ses différents caractères, fait ressortir son utilité relativement aux facilités qu'il donnait au commerce, il nous reste à étudier ses analogies avec un autre contrat, à prouver cette proposition qu'à Rome il suppléait, au besoin, l'assurance maritime, et que l'on peut y reconnaître les éléments et vraisemblablement l'origine de notre contrat moderne.

Le contrat d'assurance, nous dit Pothier, est un contrat par lequel l'un des contractants se charge des cas fortuits auxquels une chose est exposée, et s'oblige envers l'autre contractant de l'indemniser de la perte que lui causeraient ces cas s'ils arrivaient, moyennant une somme que l'autre contractant lui donne ou s'oblige de lui donner pour les risques dont il le charge. Rapprochons de cette définition celle du contrat de prêt à la grosse aventure du même auteur, afin d'établir un parallèle entre ces deux contrats, et de pouvoir nous rendre compte de leurs différences, qui sont assez légères.

Le contrat de prêt à la grosse aventure est un contrat par lequel l'un des contractants prête à l'autre une certaine somme d'argent, à condition qu'en cas de perte des effets pour lesquels cette somme a été prêtée, le prêteur n'en aura aucune répétition, si ce n'est jusqu'à concurrence de ce qui en restera ; et qu'au cas d'heureuse arrivée ,... l'emprunteur sera tenu de rendre au prêteur la somme avec un certain profit convenu pour le prix du risque desdits effets dont le prêteur s'est chargé.

Pothier signale plusieurs différences entre ces deux contrats : 1° Dans le contrat à la grosse, dit-il, le prêteur fournit à l'emprunteur la somme de deniers qui sert à l'achat des effets du risque desquels le prêteur se charge. Au contraire, dans le contrat d'assurance, les assureurs ne fournissent rien à celui qui fait assurer ses effets. 2° Dans le contrat à la grosse, le prêteur, en se chargeant des risques des effets sur lesquels le prêt est fait, ne contracte aucune obligation envers l'emprunteur. La perte arrivée par force majeure des effets du risque desquels le prêteur s'est chargé, ne rend pas l'emprunteur créancier du prêteur, elle anéantit seulement la dette. Au contraire, dans le contrat d'assurance, les assureurs contractent envers l'assuré l'obligation de l'indemniser jusqu'à concurrence de la somme assurée, de toutes les pertes et dommages soufferts par accident de force majeure. Enfin, le contrat à la grosse est, comme nous l'avons vu, un contrat réel et unilatéral ; celui d'assurance est un contrat consensuel et synallagmatique.

Le Guidon de la mer nous fournit encore une distinction très-juste : « Assurance est distinguée d'avec *bomerie*, qui « est argent à profit ou grosse aventure, parce que tel argent « se paie profit et principal quand le navire est arrivé à port « de salut ; en l'assurance, rien n'est advancé, que la pro-« messe de l'indemnité susdite. » (*Guidon de la mer*, A. 4, ch. 3.)

En réalité, la différence la plus importante consiste en ce que, dans l'assurance, le *pretium periculi*, le prix des risques, en un mot, la prime, appartiendra toujours à celui qui prend ces risques à sa charge, tandis que cette même prime ne sera due au prêteur à la grosse que dans le cas où le sinistre prévu ne sera pas accompli. Il y a interversion dans l'ordre du paiement des indemnités : l'emprunteur à la grosse reçoit l'indemnité avant le sinistre ; en cas de perte, l'indemnité lui est acquise ; dans le cas d'heureuse navigation, le prêteur sera remboursé et recevra en plus une prime en compensation des risques qu'il aura courus. En d'autres termes, la somme promise par l'assurance est préalablement avancée par le prêteur à la grosse.

A part ces différences théoriques, les résultats obtenus par l'assuré et l'emprunteur à la grosse ne sont-ils pas analogues ? Ne sont-ils pas arrivés l'un et l'autre à se décharger de certains risques au moyen d'une prime dont les éléments sont pareils ? Quelle différence trouvera-t-on, par exemple, entre les deux opérations suivantes ? Je possède un vaisseau dont la construction m'a coûté environ 50,000 fr. ; j'y fais embarquer une cargaison estimée 50,000 fr. ; je le fais assurer moyennant une prime de 6,000 fr. ; si le vaisseau périt, je recevrai une somme de 100,000 fr. — Un autre armateur possède un navire et une cargaison également estimée 100,000 fr. Seulement, au lieu de l'assurer, il emprunte sur ce navire et ses marchandises une somme de 100,000 fr. et s'engage à payer au retour une prime de 6,000 fr. Je me demande si le résultat obtenu par cet armateur ne sera pas identiquement pareil à celui que je me suis proposé. Et cette ressemblance sera d'autant plus frappante si, comme cela peut avoir lieu, je suis convenu avec mon assureur de ne lui verser la prime de 6,000 fr. qu'après le retour du navire (1).

(1) Valin, art. 6, h. t., pag. 44, dit qu'à « La Rochelle et en « beaucoup d'autres places, la prime ne se paie qu'après la cessation « des risques, c'est-à-dire après qu'elle est acquise sans retour, et « cela, ajoute-t-il, est tellement d'usage, qu'il n'est pas nécessaire « de l'exprimer dans la police. »

Pothier, nos 163, 178 et 191, parle du pacte par lequel on est

Si le navire fait un heureux voyage, il importera peu, je pense, que ce soit à titre de prime ou de profit maritime que les 6,000 fr. soient payés. Dans l'une comme dans l'autre des deux opérations indiquées, cette somme sera toujours l'équivalent et la compensation des risques assumés par le prêteur à la grosse ou par l'assureur.

Au contraire, si le navire périt, que se passera-t-il ? Emprunteur à la grosse, les 100,000 fr. qui m'auront été préalablement remis deviendront ma propriété, à titre d'indemnité. Assuré, la même somme me sera versée au même titre par la Compagnie d'assurances à laquelle je me serai adressé.

Néanmoins, il serait imprudent de pousser cette assimilation plus loin ; et, après avoir constaté ces points de contact ainsi que l'identité des résultats obtenus dans les deux cas, il faut reconnaître la supériorité du système des assurances.

Quest-ce, en effet, que de prêter à la grosse aventure, sinon parier, comme dans l'espèce que nous venons d'exposer, 100,000 fr. contre 6,000 que tel vaisseau ne fera pas naufrage, ou que telle maison ne sera pas incendiée? C'est jouer sa fortune, dans l'espérance d'un avantage qui ne peut compenser la chance d'une ruine complète.

Nous avons supposé, en outre, que l'assureur et le prêteur à la grosse exigeaient une prime égale. Mais nous ne l'avons fait que pour rendre l'hypothèse plus claire, et ne pas la surcharger de chiffres inutiles. Personne n'ignore, en effet, que les risques étant beaucoup plus grands pour le donneur à la grosse que pour l'assureur, le premier exigera des intérêts beaucoup plus élevés que le second : « La base générale de

convenu « qu'en cas de perte la somme assurée sera payée en entier « sans déduction de prime, *laquelle ne sera due qu'en cas d'heu-* « *reuse arrivée du vaisseau.* » (Marquardus, lib. II, cap. xiii, n° 12. — Émerigon, *Traité des assurances,* chap. iii, sect. 6.)

tout contrat d'assurance, au contraire, est un calcul de probabilités qui, par la supputation des sinistres arrivés dans une période de temps déterminée, permet d'apprécier approximativement le nombre de ceux qui arriveront à l'avenir dans une période de temps semblable » (Bravard-Veyrières). Par conséquent, les Compagnies d'assurances opérant sur une vaste échelle, diminuent considérablement leurs chances de perte, en vertu de cet axiôme que les sinistres perdent en gravité ce qu'ils gagnent en étendue. Elles trouvent donc, dans la connaissance approfondie des risques et dans les liens de solidarité qu'elles établissent entre leurs assurés, des garanties de stabilité et de solvabilité certaines. Aussi il résulte de ces différentes causes, jointes à la diminution des chances de perte et à la perception uniforme et préalable des contributions sociales, que les Sociétés d'assurances ont pu abaisser leurs tarifs et garantir le paiement d'indemnités considérables, moyennant des primes presque insignifiantes eu égard à la valeur des choses assurées.

DROIT INTERMÉDIAIRE.

HISTOIRE

DE LA

LÉGISLATION DU CONTRAT D'ASSURANCE.

(Lois rendues de 1435 jusqu'à nos jours.)

Le *nauticum fœnus* ne cessa pas d'être en vigueur parmi les populations de race latine, au midi de l'Europe et sur les bords de la Méditerranée.

En l'an 867, après Justinien, Basile le Macédonien s'occupait d'un recueil de lois connu sous le nom de Basiliques, et qui ne parut que sous son fils. Le Droit maritime, contenu dans ce recueil, ne fait pas mention des assurances (1). Peu à peu, du moins quant aux négociations commerciales, le Droit romain perd son autorité légale : des

---

(1) Loccenius, *De jure maritimo*, lib. II, cap. i. — Puffendorf, *Droit de la nature et des gens*, liv. V, chap. xiv.

statuts dont il est difficile de préciser la date et l'origine, et des coutumes adoptées d'un commun accord devinrent la loi générale.

Le consulat de la mer, qui, d'après Grotius, *De jure belli*, lib. III, cap. 1, § 5, et Marquardus, serait un recueil d'anciennes ordonnances nautiques des empereurs grecs et allemands, des rois de France, d'Espagne, de Syrie, de Chypre, de Majorque et Minorque, et des républiques de Venise et de Gênes, fut composé par ordre des anciens rois d'Aragon, et devint la règle à laquelle presque tous les peuples chrétiens qui s'adonnaient au commerce maritime se soumirent volontairement (Targa, cap. xcvi, p. 395). On ne saurait préciser à quelle époque il fut publié; nous savons seulement qu'en 1075 il était adopté à Rome, et qu'il ne tarda pas à être d'un usage général dans presque toutes les places de commerce du Midi.

Les rôles d'Oléron, rédigés en France, et dont les décisions étaient suivies sur l'Océan, passèrent de France en Angleterre et dans les Pays-Bas, où ils devinrent les jugements de *Damnès* ou lois de Westcapelle et de Wisby (1).

---

(1) M. Pardessus n'a pu déterminer l'époque à laquelle ont paru les Rôles d'Oléron : suivant l'opinion la plus probable, leur existence daterait du XIe siècle. — Cleirac nous apprend « qu'au même temps « que les Coutumes de la mer, insérées au livre du Consulat, furent « en vogue et en crédit par tout l'Orient, la reine Éléonore, duchesse « de Guyenne, fit dresser le premier projet des jugements intitulés : « *Rôles d'Oléron*, du nom de son île bien-aimée, pour servir de loi « en la mer du Ponant. »

Les Rôles d'Oléron ne nous fournissent que quelques dispositions relatives aux contributions imposées en cas de pillage, comme pour les avaries communes. Le statut maritime de Venise, de 1256, le *Capitulare nauticum*, contient une disposition analogue, que l'on retrouve encore dans la loi de Trani, intitulée : *Ordo et consuetudo maris*. M. Pardessus (*Lois maritimes*, t. Ier, p. 222) compare ce genre de contribution à un pacte d'assurance mutuelle. Nous ne reviendrons pas sur cette opinion, que nous avons déjà repoussée à l'occasion des lois rhodiennes (1).

Parmi les événements qui durent donner un

---

(1) Il n'est pas difficile de trouver entre ces conventions et les assurances mutuelles certaines analogies. Il faut se prémunir néanmoins contre ce genre d'entraînement, qui conduirait à considérer le cautionnement, par exemple, comme une assurance de solvabilité. Nous l'avons déjà dit et nous le répétons : de ce que certains contrats produisent un résultat analogue à celui d'une convention d'assurance, il ne faut pas les confondre avec ce dernier contrat. Nous ne verrons donc pas d'assurance mutuelle dans ces associations qui, sous le nom de *germinamento*, devinrent très-fréquentes, en Italie, entre les divers chargeurs, ou entre eux et le navire. Il ne faut pas s'arrêter à de semblables suppositions, et dire avec M. Pardessus que « cette convention est « l'aurore de l'assurance à prime, et qu'elle a dû être d'un grand « secours jusqu'au moment où ce dernier contrat, si étonnant dans « ses théories et dans le résultat, a fait disparaître et presque oublier « celui qui en était le précurseur. » (*Lois maritimes*, t. Ier, p. 122.)

Cette convention de *germinamento* n'a pas plus produit l'assurance mutuelle que l'assurance à prime. L'une et l'autre sont régies par les mêmes principes, soumises aux mêmes règles ; mais l'assurance mutuelle est un progrès sur l'assurance à prime. (Alauzet, *Traité des assurances*, t. Ier, p. 45.)

Targa, *Ponderazioni sopra le contrattazioni marilime*, cap. LXXVI.

grand élan aux transactions commerciales, nous signalerons la naissance du mahométisme, plus tard les croisades, la propagande et le développement extraordinaire que prit la ligue anséatique. Cependant les *Recès* sont absolument muets sur le contrat d'assurance. « Peut-« être, dit M. Pardessus, t. II, p. 450, le « caractère hasardeux du contrat d'assurance « s'accommodait-il peu avec l'esprit positif, « j'oserais dire routinier de la Ligue (1) ; « peut-être aussi empruntait-on aux étrangers « les règles dont on sentait le besoin, dans tous « les cas où la législation anséatique était muette ; « on doit reconnaître qu'à cet égard les Codes « de Norwège, d'Irlande, de Danemark et de « Suède étaient plus riches que les *Recès* de la « Ligue. »

Le premier document législatif qui fasse mention de l'assurance est une ordonnance de Barcelone, en date du 20 novembre 1435. Il semble résulter du préambule de cette ordonnance, qu'elle avait été précédée de plusieurs autres qui avaient été perdues (2) : *Come che in tempo state fatte piu ordinazioni sopra le sicurta maritime*, etc.

----

(1) *Conditores juris hanseatici materiam assecurationis sicco plane pede prœterierunt.* Kuricke, diatrib., *De assecuratione*, p. 829.

(2) *Ordinazione sopra le sicurta maritime, apud Casaregis.*

En 1484, les prudhommes de Barcelone firent publier divers réglements sur les assurances maritimes. Ces réglements se trouvent dans l'édition française du Consulat de la mer, à la suite du chap. cccxxxix, et dans l'édition de Venise, p. 210. Emerigon, Préf.

Les assurances maritimes apparurent les premières : on a attribué les causes de leur formation et de leur développement à différents événements historiques.

C'est d'une manière divinatoire que l'on a cherché l'origine de notre contrat dans l'histoire de l'émigration des Guelfes et des Gibelins. Ruinés par les secousses de la lutte entre les peuples et les empereurs, et forcés de chercher des ressources dans le travail et le commerce, beaucoup de Guelfes se réfugièrent en France : là ils se firent banquiers : et « ils se mêlèrent de faire « obtenir les grâces et les expéditions de la Cour « de Rome, ce qui fit grand mal de cœur et grand « déplaisir aux Juifs, qui avaient jusque-là la « charge et les bénéfices de ces sortes d'affaires » (Cleirac, sur l'art. 1 du *Guidon*). C'est en voulant soustraire leurs biens à l'avidité de leurs persécuteurs, qu'ils auraient pratiqué notre contrat. Rien ne justifie ces allégations : ce sont là de pures hypothèses qui ne sont corroborées par la présence d'aucun document officiel.

Une tradition veut encore que la gloire de cette découverte appartienne aux Juifs bannis en 1182 par Philippe-le-Bel. « Quand ces abominables re- « taillés furent, pour leurs méfaits et leurs crimes « exécrables, bannis de France, et leurs biens « confisqués sous les règnes des rois Dagobert, « Philippe-Auguste et Philippe-le-Long..... pour « retirer leurs meubles et leurs effets, toujours à « la juive, la méfiance leur suggéra quelques

« rudes commencements des brevets d'assurance.»
(Cleirac, eod.) Cette tradition ne nous paraît rien
moins que certaine ; en effet, pour avoir été in-
ventée par des Juifs, la formule des anciennes polices d'assurances contient une singulière invoca-
tion. La police que Straccha nous a rapportée dans
son excellent traité *De assecurationibus*, contient cette formule : *Jesus. Maria. A di 20 d'ot-
tobre 1567, al nome d'iddio*, etc. Et, plus loin, il
examine la question de savoir : *an omissio invo-
cationis Domini nostri in instrumentis nostris
vitiat instrumentum. — Nomen Domini quo-
cumque invocandum.* (Straccha, *De assecuratione,*
pr. ; *Le Guidon*, art. 2.)

D'après M. Alauzet, et suivant l'opinion la plus
généralement adoptée de nos jours, il faudrait
attribuer l'apparition des assurances à la Décrétale publiée par Grégoire IX sur le contrat de prêt
maritime (1).

Jusqu'au XIIIe siècle, on ne connaissait que le
contrat à la grosse, lorsque Grégoire IX en pros-
crivit complètement l'usage. Il y avait longtemps
déjà que l'Église avait prohibé toute espèce de
profit dérivant d'un prêt d'argent : c'était prendre
à la lettre ces paroles du Christ : « *Mutuum
dantes, nihil inde sperantes* (2). »

---

(1) Grégoire IX monta sur le trône pontifical en l'année 1227. La
Décrétale *Naviganti vel eunti ad nundinas* fut insérée au chap. xix
De usuris, de la collection rassemblée par les soins du Pape, et parut
en 1234.

(2) Evarg. secund. Lucam, cap. iv, vers. 35. « Les théologiens n'ont

Mais si le contrat de prêt était formellement prohibé, il n'était cependant pas défendu de retirer un profit quelconque de tout autre contrat,

« pas fait attention que Jésus-Christ s'élève ici bien au-dessus des ré-
« gions politiques et humaines, que c'est l'idéal de la perfection mo-
« rale qu'il promulgue, que c'est le sacrifice de soi-même qu'il demande
« à l'homme régénéré, et le renoncement à tous les intérêts temporels
« qui détournent le cœur de la pensée du Très-Haut. Non-seulement
« les intérêts et les passions doivent se taire ; mais il faut qu'ils soient
« immolés avec une joie héroïque dans un martyre intérieur. Si donc
« un chrétien prête à l'autre, que ce ne soit pas avec l'espérance d'une
« restitution ou d'une réciprocité de services. Il n'y a qu'un mérite
« vulgaire à faire le bien sous l'influence de telles sollicitudes. Mais
« une âme chrétienne va bien au-delà. Le chrétien doit être prêt à tout
« perdre, même son capital, comme il sacrifiera son bien sans regret,
« quand un autre l'emportera. » M. Troplong, *Commentaire sur le
prêt*, p. 247 et 248.

Ces paroles, en effet : *mutuum dantes, nihil inde sperantes*, se trouvent au milieu de beaucoup de dispositions de simple conseil, et qui
n'ont jamais été considérées comme ayant force de loi. Cependant,
telle était leur interprétation au moyen-âge, et les auteurs chrétiens
ne trouvaient pas d'épithètes assez fortes pour caractériser tout ce
qu'il y a d'odieux dans l'usure : *latrocinium, furtum, rapina , ablatio
rei alienæ, injusta acceptatio ,* etc.

La prohibition absolue du contrat de prêt maritime ne fut que la
conséquence de ces doctrines.

Il n'est pas inutile, je pense, de rapporter ici le texte même
de la Décrétale : « *Naviganti vel eunti ad nundinas certam mutuans
« pecuniæ quantitatem pro eo quod suscipit in se periculum, recep-
« turus aliquid ultra sortem usurarius est censendus. Ille quoque qui
« dat decem solidos ut alio tempore totidem sibi, grani, vini, vel olei
« mensuræ reddantur ; quæ licet tunc plus valeant, utrum plus, vel minus
« solutionis tempore fuerunt valituræ, verisimiliter dubitatur : non
« debet ex hoc usurarius reputari. Ratione hujus dubii etiam excu-
« satur, qui pannos, granum, vinum oleum, vel alias merces vendit
« ut amplius quam tunc valeant in certo termino recipiat pro eisdem :
« si tamen ea tempore contractus non fuerat venditurus.* »

tel que d'un contrat de vente ou de société. Cette réflexion fournit un moyen d'éluder la rigueur des prohibitions canoniques ; et, pour légitimer ce contrat, on le décomposa en deux parties : le prêt d'une somme d'argent consenti, *mera caritate*, pour lequel il n'était pas permis de stipuler d'intérêt, et le prix de la chance aléatoire, qui restait à la charge du prêteur, qu'il était permis de proportionner aux risques. Cette seconde convention fut distinguée du prêt sous le nom de *susceptio periculi* (1).

On ne devait pas s'arrêter dans cette voie. Les commentateurs établirent d'autres distinctions et découvrirent dans le prêt à la grosse un contrat de société, de vente et d'assurance. Ce dernier contrat resta longtemps confondu avec le *nauticum fœnus*. Mais, dans un moment où le développement commercial prenait un essor considérable, où les excursions maritimes devenaient de jour en jour plus fréquentes, cette convention devait être adoptée avec un grand empressement, surtout par les esprits religieux qui avaient abandonné le prêt maritime (2).

Nous avons déjà parlé de l'ordonnance de

(1) Santerna, *Tractatus perutilis et quotidianus de assecurationibus*, etc., 1ᵉ pars, nᵒˢ 5 à 28. — Straccha, *De assecurationibus*, Introd. Les œuvres complètes de Straccha furent imprimées à Lyon en 1556. — Sur la Décrétale, voir les nᵒˢ 51 à 55.

(2) Stypmannus, part. IV, ch. vii, nᵒ 9 ; — Casaregis, Disc. 2, nᵒ 3 ; — Cleirac, p. 161 ; — Boulay-Paty sur Émerigon, Préf., p. 11 ; — Grün et Joliat, p. 2 ; — Pardessus, *Lois maritimes*, t. IV, p. 534 ; —

Barcelone de 1435. A cette époque, la théorie de notre contrat était connue, comme les abus qu'il peut engendrer. C'est à l'effet de remédier à plusieurs de ces inconvénients que fut rendue cette ordonnance. Elle fut modifiée en 1436, 1452, 1461, et remplacée définitivement en 1484 (1).

M. Alauzet doute, avec raison, de l'authenticité d'un passage d'une chronique, d'après lequel le comte de Flandre aurait établi à Bruges, en 1310, une chambre d'assurance ; le fait ne semble *pas exact*. M. Pardessus, t. Ier, p. 356, fait remarquer avec raison que le chroniqueur flamand n'était pas contemporain du fait qu'il cite, et que l'on ne rencontre, soit dans les archives de Bruges, soit dans une publication quelconque, aucune trace de ce fait.

Le préambule d'une ordonnance de Philippe, duc de Bourgogne, du 15 février 1458, traite de notre contrat. Nous pouvons citer, comme documents relatifs à cette matière, des édits de Charles-Quint du 25 mars 1537, de 1549 et de

Lemonnier, t. Ier, Préf., p. 43 ; — en 1330, un auteur espagnol, Pegolotti, parle des assurances ; — Utzano les mentionne en 1400 ; il nomme les courtiers employés à ce genre de transactions.

(1) C'est à tort que l'on a contesté la date de cette ordonnance : comme le démontre le savant antiquaire espagnol don Antonio de Capmany, dans son ouvrage sur la marine de Barcelone, cette ordonnance parut bien pour la première fois en 1435 (*Memorias historicas sobre la marina de Barcelona*, t. II, p. 383). D'autres ordonnances furent encore rendues en Espagne : on peut citer celles de Burgos, de Séville, en 1543 et 1556, de Bilbao, en 1560. etc.

1551 (1). Cette législation devait se compléter et se perfectionner dans les Pays-Bas. Il est facile de s'en rendre compte par la fréquence des édits qui y furent rendus : ces édits portent les dates de 1551, 1563, 1568 et 1570 ; le second contient la formule d'une police à laquelle on était contraint de se conformer.

De graves abus donnèrent lieu à une mesure extrême : Philippe II, en 1568, prohiba les assurances d'une manière absolue ; ce fait ne peut être contesté : l'art. 1er de l'ordonnance de 1570, à laquelle M. Pardessus a donné place dans sa belle collection des lois maritimes, ne peut laisser subsister aucun doute à cet égard. Cette ordonnance fut promulguée, au nom du roi, par le duc d'Albe, peu de temps avant que les Provinces-Unies se constituassent en état indépendant.

Ce fait ne devait pas arrêter le développement de la législation sur ce point. A Amsterdam et dans les Provinces-Unies, quatorze ordonnances se succèdent de 1598 à 1699 : les plus célèbres sont : l'ordonnance de Midelbourg, en 1660 ; l'ordonnance de Rotterdam, 1604, revue en 1635 (2).

En Italie, la marche des assurances est moins

<hr>

(1) Emérigon, Préf.

(2) « En 1609, dit Beckman, dans son *Histoire des inventions et découvertes*, on présenta au comte Antony Gunter d'Oldembourg un plan d'après lequel les seigneurs des terres devaient assurer les maisons de leurs tenanciers contre l'incendie. Ceux-ci devaient estimer leurs

rapide : « Dans ce pays, où elles prirent naissance,
« dit M. Alauzet, t. Ier, p. 74, nous ne trouverons
« rien de comparable aux ordonnances de 1570
« et de 1598. Les seules lois qui nous restent,
« appartenant aux diverses villes de cette con-
« trée, offrent peu d'intérêt, soit que les usages
« et les formules fussent suffisants, aidés par
« la doctrine et la jurisprudence, soit que les
« ordonnances de Barcelone ou des Pays-Bas
« fussent suivies. »

Une loi de Venise, qui porte la date de 1585,
est la première qui fasse mention des assurances.
Elle fut suivie des lois du 26 septembre 1586,
31 août 1602 et 12 mars 1624; elles sont très-
imparfaites, et prouvent, par leurs dispositions,
que le contrat n'était pas usité. Tout porte à
croire que le contrat de prêt maritime tenait
toujours le premier rang sur les places d'Italie.

Le premier réglement qui, à Florence, ait été

maisons, soit séparément, soit collectivement, et lui payer annuellement un dollar par chaque cent dollars d'estimation. En retour de
cette condition, le seigneur ou propriétaire s'engageait, dans le cas où,
par la volonté de Dieu, leurs maisons viendraient à être détruites par
tout incendie qui n'aurait pas les malheurs de la guerre pour cause,
s'engageait, disons-nous, à prendre les pertes pour son compte, et à
remettre à ceux qui en auraient souffert tout l'argent nécessaire pour
rétablir leurs demeures. »

Le comte d'Oldembourg considéra ce projet comme bon et susceptible d'être mis à exécution par une compagnie de simples particuliers ;
mais il ne voulut pas y prendre part, sous prétexte, dit-il, que la
Providence pourrait se laisser tenter ; que ses sujets pourraient en être
mécontents et lui-même être accusé d'avarice.

rendu sur cette matière, porte la date de 1523. Des formules de police, consacrées par l'usage, existaient déjà ; le statut de 1523 les rappelle et les confirme.

A Gênes, nous trouvons une loi, datée de 1588, le statut d'Albinga, dont la rédaction remonte, dit-on, à 1210, mais qui ne fut imprimé qu'en 1519.

Dans les états du Nord, au XVIIIe siècle, le sénat de Hambourg rend une ordonnance qui est suivie en Allemagne et en Prusse. Elle remplaça plusieurs réglements antérieurs datés de 1677, 1693 et 1697.

En Suède, le Code de Charles IX, publié en 1667, contient un chapitre sur les assurances. Ces dispositions furent reproduites par le Code Chrétien V de Danemark, 1683.

Malgré les défenses de l'Église, le prêt à la grosse, qui était à Rome d'un usage si fréquent, continue à être en honneur chez les peuples d'origine latine. L'assurance maritime, application nouvelle, transformation récente du *nauticum fœnus*, se développe lentement, et ne paraît pas éveiller la sollicitude du législateur. Dans le Nord, au contraire, ce même contrat fait de rapides progrès ; il reçoit une existence juridique ; des ordonnances, des réglements nombreux dont il serait fastidieux de continuer l'énumération, prouvent le désir constant des jurisconsultes de donner une sanction aux besoins nouveaux du contrat, et de constater ses développements par des dispositions légales.

Un statut de la quarante-troisième année du règne d'Élisabeth ne nous permet de conserver aucun doute sur l'antiquité des assurances en Angleterre : « Considérant, dit ce statut, que depuis un temps
« immémorial il a été d'usage, entre les marchands de ce royaume et
« des autres nations, lorsqu'ils font quelque grande entreprise, surtout
« dans les pays éloignés, de donner quelque somme d'argent à d'autres
« qui, ordinairement, ne sont pas en petit nombre, pour faire assurer
« leurs biens, marchandises, navires et choses qui doivent courir un
« risque, sinon en entier, du moins en partie, et en telle proportion et
« en telle manière, que les assureurs et les assurés peuvent convenir,
« laquelle convention est ordinairement appelée police d'assurances,
« laquelle police d'assurance fait que la perte d'un navire n'est suivie
« de la déconfiture de personne, cette perte pesant beaucoup moins
« sur plusieurs que sur un petit nombre, et beaucoup moins encore sur
« ceux qui ne font pas d'entreprises que sur ceux qui en font ; d'où
« il résulte que tous les marchands et surtout ceux qui commencent
« cette profession, forment plus volontiers et plus hardiment des en-
« treprises. »

Ce considérant démontre que les assurances étaient connues en Angleterre bien avant 1560.

En France, elles nous apparaissent pour la première fois dans l'édit de 1556, portant réglement pour l'établissement d'une place commune et jurisdiction des prieurs et consulz des marchands en la ville de Rouen, enregistré le 20 juillet 1563 (1).

(1) « ... Et comme ainsi sommes advertiz, que le trafficq des asseurances est puis naguères en ça mis grandement en avant par les marchands dudict Rouen, négoce fort honorable et qui décore et anoblit grandement le trafficq et commerce d'icelle ville, et que pour faire les polices d'icelles asseurances et deppendances qui s'y offrent ;

« Nous avons permis et permettons audicts marchands fréquentans la-

Le chapitre III de l'édit de novembre 1563,
créant la juridiction des juges et consuls de Paris,
contient des dispositions relatives aux assurances.
Mais, on ne peut passer sous silence l'édit de mai
1686, qui accorda un privilége à une compagnie
d'assurances maritimes et de prêts à la grosse
aventure.

Enfin, il nous reste à parler d'un document fort
précieux, quoique dépourvu de tout caractère
officiel : le *Guidon de la mer* (1). Cet ouvrage pa-

dicte place, présens et advenir de se pouvoir assembler toutes les fois
que besoing sera, ester et eslire à la pluralité des voix des eslisans, un
marchand d'entre eux, tel qu'ils verront que bien soit, personne fidelle,
experte et cognoissant ledict trafficq d'asseurances, lequel fera et ac-
cordera et fera signer par les asseureurs toutes et chacune les polices
d'asseurances qui s'y feront dorénavant en ladicte place, ville et ban-
lieue de Rouen, tout le temps qu'il plaira auxdicts marchands, et dres-
sera le compte des grosses avaries, quand ils adviendront, parties ap-
pelées ; et aura pour ses peines et vacations desdictes affaires d'asseurances, ce qui leur sera ordonné par iceux marchands. Et sera tenu
et subject de tenir bon et vray registre d'icelles asseurances, auquel
registre et aux coppies ou extraits d'icelui et autres actes du fait
d'icelles asseurances par lui signées, voulons et ordonnons foy estre ad-
joustée devant tous juges et autres qu'il appartiendra, sans que nulle
autre personne ou personnes se puissent immiscuer auxdictes affaires
d'asseurances et deppendances, s'il n'est premier et avant créé, esleu,
receu et admis à ce faire, par lesdicts prieur et consulz et par iceulx
dicts marchands, comme dit est. » — Il m'a semblé que ce document
était trop à l'honneur des compagnies d'assurances pour ne pas être
reproduit en entier.

(1) « Ce traité, dit Cleirac, est *pièce françoise*, et fut ci-devant
« dressé en faveur des marchands trafiquans en la noble cité de
« Rouen : et ce avec tant d'adresse et de subtilité tant déliée, que
« l'auteur d'icelui en expliquant les contrats ou polices d'asseurance, a
« insinué et fait entendre avec grande facilité tout ce qui est des autres

raît être l'œuvre d'un négociant inconnu. M. Pardessus pense que la rédaction de cet écrit peut être placée entre 1556 et 1584 (1). Il offre un système complet de la législation du contrat d'assurance. L'autorité qu'il avait en France se conserva jusqu'à l'ordonnance de la marine, préparée par Colbert et qui fut promulguée par Louis XIV au mois d'août 1681.

A partir de cette époque, nous entrons dans une ère nouvelle, celle de l'application du contrat d'assurance aux risques d'incendie, et en général aux risques terrestres (2). La réhabilitation des

« contrats maritimes, et tout le général du commerce naval : de sorte
« qu'il n'a rien obmis, si ce n'est seulement d'y mettre son nom, pour
« en conserver la mémoire et l'honneur qu'il mérite d'avoir obligé sa
« patrie, et toutes les autres nations de l'Europe : lesquelles peuvent
« trouver en son ouvrage le complément de ce qui manque, ou la cor-
« rection de ce qui est mal ordonné aux Réglements que chacune a
« fait en particulier sur semblable sujet. Mais comme c'est l'ordinaire
« des meilleures pièces de contracter des fautes et des *souillures* avec
« le temps, et ce principalement par l'*incurie*, ou par le peu d'intelli-
« gence des copistes et des correcteurs des impressions, cet ouvrage
« était devenu tant *maculé* d'erreurs, de fautes, d'omissions et de
« transpositions, qu'il *gisoit* dans le mépris comme un *diamant brut*
« tout-à-fait obscur et méconnaissable. »

Malgré les souillures dont cette pièce est maculée, on y trouve les vrais principes du droit nautique. Si le style en est suranné, le *Guidon* n'en est pas moins très-précieux, par la sagesse et le grand nombre des décisions qu'il renferme. Émerigon, Préf.

(1) La plus ancienne édition que l'on connaisse du *Guidon de la mer* est de 1607.

(2) « Qu'on ne s'étonne pas si, pendant plusieurs siècles, ce contrat est demeuré concentré dans le cercle des affaires commerciales maritimes, et ne servit pas d'auxiliaire et de soutien à la propriété immo-

assurances sur la vie des hommes s'opère peu à peu. « C'est à l'Angleterre que revient la gloire « de ces deux applications nouvelles. » Alauzet, t. Ier, p. 101. La première société d'assurances mutuelles contre l'incendie s'établit à Londres en 1684, sous le nom de *Friendly Society Fire Office;* la masse des cotisations annuelles payées par les assurés était-elle insuffisante à couvrir des pertes, les associés étaient tenus de contribuer proportionnellement jusqu'à concurrence de l'entière réparation des dommages. Au contraire, si les dommages n'absorbaient pas les primes, les associés avaient droit à un dividende. Cette création réalisait donc un double progrès : l'application de l'assurance au risque du feu, et la mutualité.

Nous avons dit plus haut que, sous le nom de *Amiable Society* et par les soins de l'évêque d'Oxford, Thomas Allen, et quelques autres per-

bilière. Lorsque le contrat d'assurance maritime prit naissance, la féodalité pesait sur l'Europe entière, et tant que subsista cette fatale institution, la violence assurant seule la possession comme la conquête, le sentiment de la propriété ne put prendre aucune force. Les guerres continuelles étaient le plus terrible fléau, et c'est par les armes qu'on cherchait à en prévenir les désastreux effets. » MM. Grün et Joliot, *Traité des assurances terrestres*, p. 3.

En 1681, les liens de la féodalité sont complètement relâchés; la liberté du commerce s'étend de tous côtés, et la propriété, en se divisant, devient matière assurable. C'est à partir de ce moment que se font sentir les progrès de l'assurance terrestre proprement dite; car, si l'on en croit le génois Straccha (*De assecurat. int.*, n° 44), le système aurait été appliqué aux voyages de terre comme aux excursions maritimes. L'assurance terrestre serait donc, du moins en ce qui concerne ce risque, aussi ancienne que l'assurance maritime.

sonnes dirigées par un sentiment de bienfaisance, il s'était fondé une Société d'assurances sur la vie.

Ces Sociétés ne tardèrent pas à se multiplier dans le royaume. En 1720, les Compagnies de *Royal-Exchange* et de *London Assurance*, qui assuraient contre l'incendie, obtinrent la permission d'étendre leurs opérations aux assurances sur la vie ; en 1762, la Société des Équitables Assurances sur la vie et la survie commença à recueillir de nombreuses adhésions. Cette Compagnie existe encore, et elle est sans contredit la plus considérable pour l'étendue des opérations et la masse des capitaux.

La Hollande, l'Allemagne et enfin la France suivirent l'impulsion donnée par l'Angleterre. Pothier est le premier, en France, qui ait parlé des assurances contre l'incendie :

> « Il peut y avoir, dit-il, une infinité d'espèces de contrats d'assu-
> « rances ; tel était celui que se proposait en 1754 une Compagnie
> « établie à Paris, de garantir les propriétaires des maisons, du danger
> « du feu, moyennant une certaine somme que les propriétaires qui
> « voudraient faire assurer leurs maisons, paieraient par chacun an à
> « cette Compagnie. J'apprends que ce projet a eu son exécution, et
> « que de deux Compagnies d'assureurs qu'il y a à Paris, il y en a
> « une qui ne se borne pas aux assurances maritimes, et qui assure
> « aussi du danger du feu les propriétaires des maisons, qui veulent
> « les faire assurer pour une certaine somme. L'acte de leur Société
> « a été enregistré au Châtelet de Paris. »
>
> POTHIER, *Traité des assurances*, ch. I, sect. I, n° 3.

Cette Compagnie s'était formée à Paris par acte d'association du 29 janvier 1750. Les premiers fonds de cette chambre étaient de 4 millions

500 mille francs ; ils furent portés ensuite à 12 millions, dont 2 destinés aux prêts à la grosse et 10 pour répondre des sommes assurées. Elle fut renouvelée en 1753, et elle fixa son fonds par réduction à 9 millions. Elle ne se borna plus aux assurances maritimes, et Valin (*Commentaire sur l'art. 68*) nous apprend qu'elle assura, *comme en Angleterre, les maisons et les autres bâtiments, suivant son résultat de l'année 1754.*

Plus tard, les arrêts du Conseil, du 20 août et du 6 novembre 1786, autorisèrent, avec privilége, deux compagnies d'assurances contre le feu ; elles furent astreintes, la première, à un dépôt de 4 millions, et la seconde, de 8 millions ; cette dernière avait offert le quart de ses bénéfices pour établir un corps de sapeurs-pompiers à Paris. Ces deux compagnies ne prirent jamais une grande extension. Elles furent dissoutes toutes les deux à la Révolution, comme privilégiées ; et Merlin put dire : « On peut faire plusieurs sortes de « contrats d'assurances, mais celui qui est le plus « usité est le contrat d'assurances maritimes. » (*Répertoire*, v° POLICE ET CONTRAT D'ASSURANCE.)

En 1801, un homme peu connu, Barrau, de Toulouse, comprenant l'importance de ce principe, qu'un mal dont les effets sont répartis sur plusieurs individus perd en intensité ce qu'il gagne en étendue, arriva à l'idée d'une vaste confédération de tous les propriétaires contre les fléaux dont ils sont menacés. En 1802, il fonda une société d'assurance mutuelle contre la grêle ;

en 1805, il en fonda une autre contre l'incendie, qui tout d'abord reçut des assurances pour une valeur de 3,323,300 fr. ; et enfin une troisième contre la mortalité des bestiaux, qui en assura pour une valeur de 91,734 fr. (1). Ces diverses sociétés furent supprimées par Napoléon, qui n'aimait pas les innovations, sur un avis du Conseil d'État, à Schœnbrunn, le 18 octobre 1809.

Cependant, l'impulsion donnée ne devait se ralentir qu'un instant : en 1816, une compagnie d'assurances mutuelles contre le feu s'établissait à Paris. Cet exemple ne manqua pas d'être suivi, et des autorisations furent accordées pour Paris ; les départements du Haut-Rhin, de la Seine-Inférieure et de l'Eure ; de la Seine, Seine-et-Oise, Seine-et-Marne et Oise ; de Seine-et-Marne ; de Seine et Seine-et-Oise et du Nord, dans l'espace de deux années, en 1818 et 1819.

En 1819, le *Phénix*, fondé à l'imitation des compagnies d'assurances maritimes, assura à forfait et pour des primes fixes. Les 22 octobre-8 novembre 1819, et 11 février-26 avril 1820, la Compagnie d'assurances générales et la Compagnie Royale furent autorisées à embrasser dans leurs opérations les assurances contre l'incendie et celles sur la vie des hommes.

Les assurances sur la vie avaient été formellement prohibées en France par l'ordonnance de 1681 ; elles sont maintenant assez populaires, et

(1) *Manuel des propriétaires*, de Barrau. Toulouse, 1808.

bien qu'aucune loi n'ait été rendue en France sur cette matière, la légalité de leur existence n'est pas contestée. En Belgique, en Hollande, en Italie, en Allemagne et en Espagne, elles n'ont que peu ou point prospéré ; nulle part elles n'ont acquis l'importance et la faveur dont elles jouissent en Angleterre et aux États-Unis.

Après l'ordonnance de Louis XIV sur la marine, nous ne rencontrons d'autre document législatif important à signaler que la Déclaration de 1779. Le titre X de notre Code de commerce ne fait que répéter les décisions de l'ordonnance de 1681. « Tel est le contrat d'assurance, disait M. Corvetto, dans l'exposé des motifs ; en traçant les dispositions qui le concernent, avec combien de plaisir les auteurs du Code se sont renfermés dans le beau système de l'ordonnance ! Elle forme presque, sous ce rapport, le droit commun des nations (1). »

Les dangers de la mer, de l'incendie et de la vie des hommes ne sont pas les seuls risques auxquels ait été appliqué le contrat d'assurance. On l'a appliqué, ou tenté de l'appliquer, aux revenus, fruits naturels, industriels ou civils d'un immeuble ou d'une somme d'argent. On a voulu garantir les propriétaires contre les ravages de la grêle et la mortalité des bestiaux, contre les accidents

---

(1) Le Code hollandais, d'une promulgation récente, a consacré le titre X aux assurances contre l'incendie, contre les risques auxquels les produits de l'agriculture sont exposés, et à celles sur la vie.

causés par les voitures et les chevaux, contre les chances de recrutement. Nous mentionnons, sans nous y arrêter, ces tentatives plus ou moins heureuses, en formant le souhait de les voir réussir, quand elles seront soutenues par une philanthropie éclairée et guidées par l'amour du bien.

DROIT FRANÇAIS.

ASSURANCES TERRESTRES.

CHAPITRE Ier.

1. Du contrat d'assurance.
2. Divers systèmes d'assurance.
3. Les Sociétés d'assurances mutuelles sont-elles soumises à l'autorisation du Gouvernement? L'art. 37 du Code de commerce leur est-il applicable? Patente.

§ Ier.

DU CONTRAT D'ASSURANCE.

L'assurance est un contrat par lequel l'un des contractants, qu'on nomme assureur, prend à sa charge, moyennant un prix convenu, les risques d'accidents fortuits auxquels est exposé l'autre contractant, qu'on nomme assuré, et s'oblige à l'indemniser des pertes qu'il pourra faire par l'effet de ces risques : « *Assecuratio est* « *contractus quo quis alienæ rei periculum in se* « *suscipit, obligando se, sub certo pretio, ad eam* « *compensandam si illa perierit* (1). »

Un principe général qui domine toute la matière des assurances, c'est que l'assurance ne peut pas être, pour l'assuré, l'occasion d'un jeu ou d'un pari, ni la source d'un profit; l'assurance n'est pas un moyen d'acquérir, mais seulement un moyen de s'indemniser de la perte réelle des objets mis en risque, s'ils viennent à périr ou à souffrir un dommage.

L'assurance est un contrat synallagmatique, aléatoire, consensuel, intéressé de part et d'autre, conditionnel, de forme distincte, de droit étroit, et du droit des gens.

---

(1) Roccus, *Resp. leg.*, *De assecur.*, not. 1. — Le mot *Assecuratio* appartient à la langue des commentateurs du moyen-âge : « *Assecuratio quidem vox latina non est, nec tale verbum reperitur quod securum facere significat* » (Stypmannus, p. 3, c. 7, n° 267). Targa, *De assecurationibus*, § 8, s'excuse en ces termes du barbarisme qu'il introduit dans la langue latine en traduisant assurance par *assecuratio* : « *Non me latet veteres jurisconsultos me imitari potuisse, et inscribere : De nautico fœnore, ut legitur in Digestis et Codice, aut : De nauticis seu maritimis usuris, ut in Authenticis.* » Et plus loin : « *Quod si de pretio periculi titulus huic tractatui fuisset, non male quidem, et generali ac houestiore locutione, sic enim appellat jurisconsultus in lege Digesti De nautico fœnore.* » *Risicum, viaggium*, qu'on trouve à chaque page dans les doteurs italiens, sont également barbares.

L'assurance est un contrat *synallagmatique*, puisqu'il fait naître des obligations réciproques. L'assureur s'oblige envers l'assuré de le garantir et indemniser de ses pertes, et l'assuré s'oblige réciproquement envers l'assureur de lui payer le prix des risques ou la prime convenue (1). Les parties contractantes sont, dans les assurances à prime, l'assuré et la Compagnie, association commerciale constituant une personne morale. Quand il s'agit d'une Compagnie mutuelle, société purement civile, l'assuré contracte avec la Société représentée par son directeur. Chacun des sociétaires ne peut, évidemment, venir contracter individuellement avec le nouvel assuré. Ce dernier s'engage à payer chaque année une certaine somme. La collection des sociétaires promet, par l'entremise du directeur, de lui compter une indemnité en cas de sinistre. Toute Société mutuelle a donc le droit d'exiger de chacun de ses membres le versement d'une cotisation annuelle, et le devoir d'indemniser ceux qui ont été victimes d'un sinistre.

Aléatoire, puisque le principal effet du contrat, l'avantage ou la perte pour l'une ou l'autre des parties dépendent du sinistre, qui est un événement incertain, art. 1964 C. N. (2).

---

(1) Émerigon, ch. I, sect. 2. — Pothier, *Contrat d'assurance*, n° 6.

(2) Émerigon, ch. I, sect. 3. — Pothier, *Contrat d'assurance*, n° 8. — Dans son *Traité des assurances sur la vie*, M. Eugène Reboul s'exprime ainsi sur le caractère aléatoire du contrat : « Il faut que toute confusion disparaisse. L'assurance n'est ni un jeu, ni une loterie :

Consensuel, puisqu'il reçoit sa perfection par le seul consentement des parties. Telle était, du moins, l'opinion des anciens auteurs, qui prétendaient que le contrat d'assurance se constatait par écrit, seulement *ad probationem*, *ad tollendas fraudes*, et non pour la formation du contrat : *Scriptura necessaria non est, nisi lex eam expresse requirat* (1). Nous verrons un peu plus loin que la loi du 4 juin 1850, relative au timbre

c'est précisément le contraire. Le jeu opère sur le hasard, l'assurance opère contre le hasard. On voit la différence et quelle déplorable erreur on a commise à l'origine en assimilant les assurances à des gageures ! Malheureusement, beaucoup de gens sont dupes des mots et très-peu approfondissent les choses ; le nom de contrat aléatoire a tout gâté ; on n'a vu dans l'assurance qu'une espèce de spéculation, une variété du jeu, et l'on a condamné sous le même nom le mal et le remède, le poison et le contre-poison. Étrange confusion ! etc. Et plus loin, p. 46 : Le jeu et l'assurance sont l'objet d'une seule théorie analytique : celle du marché aléatoire, dont l'importance et l'étendue sont faciles à saisir, si l'on ne perd pas de vue que dans toute espèce d'affaires les chances s'achètent et se vendent sans cesse ; les données et les formules sont les mêmes pour le jeu et l'assurance, seulement les conclusions sont renversées.

L'assurance n'est pas une convention aléatoire, c'est une convention anti-aléatoire.....

Tant que l'élimination du hasard n'est pas complète, tant qu'il reste quelque chose d'aléatoire, il n'y a pas, à proprement parler, assurance. C'est là un des points essentiels de notre thèse ; de très-bons auteurs l'ont méconnu en donnant le nom d'assurances à des contrats où l'une des parties se borne à prendre à sa charge les risques de l'autre.

L'art. 1965 du C. N.. met ce contrat au nombre des contrats aléatoires légitimes.

(1) Corvinus, C. *De fide instr.*, p. 193. — Ord. de 1681, art. 3, h. t.

des effets de commerce, a profondément modifié
ces doctrines. En effet : « à compter du 1er octobre
1850, tout contrat d'assurance, ainsi que toute
convention postérieure contenant une promulgation de l'assurance, augmentation dans la prime,
ou le capital assuré, sera rédigé sur papier d'un
timbre de dimension, sous peine de 50 francs
d'amende, etc., art. 33. »

Intéressé de part et d'autre, car chacun des
contractants se propose son intérêt propre, et la
convention peut être ramenée à ces termes :
« *Do ut des* (1). »

Conditionnel, car l'exécution du contrat est
subordonnée à la condition que la chose assurée
sera mise en risque ; et le contrat se trouve résolu, si le risque disparaît (2).

Le contrat d'assurance est un *contrat de forme
distincte,* ayant un caractère et une nature à lui
propres. Il est évident que l'assurance n'est ni
une vente, ni un louage, ni une société, ni une
gageure, ni une fidéjussion, ni rien de ce que
certains docteurs ont imaginé. C'est un contrat
tel qu'il a été créé par la nature des choses,
nous dit Émerigon, ch. I, sect. II (3).

---

(1) Pothier, *Contrat d'ass.,* n° 7. — Boudousquié, p. 35.

(2) Pothier, n° 5. — Émerigon, ch. I, sect. III.

(3) *Nos dicimus, cum Stypmanno, assecurationem esse contractum
nominatum, pactis suis, a reliquorum contractuum natura discretis,
constantem.* Corvinus, au Code, *De naufragiis,* p. 92. — Marquardus,
liv. II, chap. XIII, n° 9. — Straccha, Introd., n° 47.

De droit étroit ; bien que l'ancienne distinction de contrats de droit étroit, *stricti juris,* et de contrats de bonne foi, n'existe pas sous l'empire de l'art. 1134 du Code civil, nous pensons cependant que l'assurance est un contrat de droit étroit, en ce sens que, la plus légère circonstance pouvant agir sur le consentement de l'assureur, et déterminer l'acceptation ou le refus des risques, l'assuré ne doit lui laisser ignorer rien de ce qui peut influer sur l'opinion de ces risques, et que la garantie promise doit être rigoureusement précisée dans les termes du contrat (1).

Enfin, l'assurance est un *Contrat du droit des gens,* quoique quelques-unes de ses dispositions appartiennent au Droit civil. Son existence et sa validité sont intrinsèques, selon Boudousquié ; c'est-à-dire qu'elles prennent leur source dans la seule volonté des parties, qu'elles n'ont pas besoin de s'appuyer sur les dispositions arbitraires de la loi, et ne dépendent que de ces lois générales que la raison a données à tous les hommes comme règles de leur intérêt commun. Boudousquié, n° 2. — Pothier, *Contrat d'assurance,* n° 9. —

(1) C'est par les termes du contrat qu'on doit juger l'étendue des obligations de l'assureur; tout y est de droit rigoureux, et sous aucun prétexte d'équité ou d'analogie, on ne peut étendre un risque d'un cas à un autre. Pardessus, *Droit commerc.,* t. II, n° 593. *Verba contractus assecurationis intelligenda sunt propriè, strictè et ut jacent.* Rote, de Gênes. Dec. 129, n° 5. — Émerigon, chap. i, sect. v. — Pothier, *Contr. d'ass.,* n° 68. — *L'obligo del assicuratore e stricti juris ; non si puo estendere da un corpo, al altro realmente distinto.* Targa, chap. 52, n° 8.

Ordonnance de 1681, tit. des *Assurances*, art. 1.— Émerigon, ch. I, sect. 6. — Blackstone, *Code criminel*, ch. V.

§ II.

DIVERS SYSTÈMES D'ASSURANCES.

Quel que soit l'objet auquel s'appliquent les assurances, elles se divisent en assurances à prime fixe et en assurances mutuelles.

Les opérations le plus souvent pratiquées par les Compagnies d'assurances à prime fixe sont les assurances maritimes, contre l'incendie et sur la vie. L'assurance mutuelle peut s'appliquer également à la vie des hommes; elle se rapproche alors des *tontines*. Elle s'applique encore, mais sur une échelle beaucoup plus vaste, aux risques d'incendie; à l'assurance des meubles et des immeubles, elle joint ordinairement les risques locatifs et les risques du voisinage.

L'assurance à prime est une opération à forfait, une véritable gageure : l'assureur s'engage, moyennant le paiement de la prime, à indemniser intégralement l'assuré des sinistres qui peuvent atteindre la chose assurée. Ce contrat repose essentiellement sur le calcul des probabilités. On sait que la probabilité est le rapport du nombre de tous les cas possibles à celui d'un cas particulier, et ce calcul se rapproche d'autant plus de

9

la certitude, que le nombre des cas particuliers auquel on les applique est plus considérable.

L'assureur à prime fixe calcule donc quelle est la perte probable, et il prend les risques à sa charge, moyennant un prix déterminé à forfait, qui se compose de la part contributive de chaque assuré dans la perte commune, augmentée de la somme nécessaire pour faire face aux frais d'administration et au bénéfice que l'assureur a droit de prétendre pour prix des avances qu'il fait et des chances qu'il court. Ainsi, quand vous placez vos biens sous la protection d'une compagnie de capitalistes, armés contre les coups du sort, vous êtes dûment averti que votre prime servira à trois choses :

1° A couvrir les sinistres qui tomberont sur vous et sur les autres assurés. C'est la solidarité pure ;

2° A couvrir les frais d'une administration assez complexe ;

3° A enrichir très-probablement les personnes qui ont fait l'avance des capitaux de garantie. (Edmond About, *De l'assurance,* p. 79.)

Ainsi, l'ensemble des primes perçues devra représenter la valeur des sinistres probables, les frais d'administration et l'intérêt des capitaux engagés dans l'entreprise. On comprend aisément que, l'opération étant toute commerciale, et les sinistres pouvant dépasser les prévisions, l'assureur doit offrir des garanties de solvabilité ; or, rien n'est plus propre à assurer ces garanties qu'un capital social exclusivement affecté aux opérations de la Compagnie, et qui, au besoin, peut être réalisé intégralement (Block., *Dict. de l'adm.*, p. 153).

Le plus ordinairement, ce sont des compagnies soit anonymes, soit en commandite, qui pratiquent ce genre d'opérations. Conformément à l'art. 37 du Code de commerce, les sociétés anonymes à prime fixe doivent être soumises à l'autorisation du Gouvernement; cette autorisation est accordée par un décret rendu dans la forme des réglements d'administration publique, c'est-à-dire le Conseil d'État entendu.

Les assurances mutuelles diffèrent essentiellement des assurances à prime. La mutualité est une forme applicable à toutes les assurances, et qui a pour effet de constituer une société à laquelle adhèrent également assureurs et assurés, que rien ne distingue plus les uns des autres (1). Il n'y a pas, comme dans la prime, un assureur qui spécule et répond à forfait des sinistres éventuels; c'est simplement une réunion de personnes exposées à des risques identiques, qui s'associent pour se donner une garantie réciproque et qui jouent en même temps le rôle d'assureurs et d'assurés. Cette société n'est pas formée dans la vue d'un bénéfice ou d'une spéculation, mais simplement afin de mettre les pertes en commun et de les rendre par là plus légères. Chacun des associés

(1) Alauzet, n° 569.

se trouve assureur en même temps qu'assuré ; il donne pour prix de la garantie que la Société lui accorde, l'engagement de contribuer à la réparation des pertes souffertes par les autres.

Comme assureur, le sociétaire contribue à la réparation des dommages en versant, chaque année, une cotisation proportionnelle à la somme des valeurs qu'il a lui-même assurées ; comme assuré, le même sociétaire prend, dans la masse des contributions, le montant des sinistres ou dommages qu'il a éprouvés.

Nous avons vu de quels éléments se compose la prime fixe : dans l'assurance mutuelle, la prime est bien moins complexe et, par conséquent, beaucoup moins élevée. En dehors des frais d'administration et des indemnités à payer, la masse des contributions sociales ne doit rien. Le but exclusif de ce système est uniquement de protéger contre certains accidents nos propriétés ou nos personnes, et de préserver la société du danger que lui fait courir le renversement subit des fortunes privées.

L'association reste complètement étrangère à l'esprit de spéculation. A mesure qu'elle prend plus d'extension, que le nombre des associés augmente, la charge des frais d'administration, l'importance des sinistres deviennent moins sensibles et permettent d'abaisser le chiffre des contributions. Au contraire, dans les assurances à prime, l'assuré doit toujours la même somme, et l'excédant des recettes forme un dividende applicable aux capitalistes qui ont avancé les fonds de garantie (1).

Pour nous, l'avenir des assurances terrestres nous semble placé dans les assurances mutuelles; les assurances à prime sont fort chères ; le propriétaire peut trouver qu'il n'y a pas avantage pour lui à payer pendant de longues années une prime qui, ainsi répétée, finit par atteindre un chiffre assez élevé, et cela pour un danger qu'il a deux mille chances contre une d'éviter. L'inconvénient d'une fluctuation de quelques centimes dans la fixation de la prime me paraît, à coup sûr, bien moins sensible que l'obligation d'avoir à en payer une beaucoup plus considérable. Appliqué avec discernement et sur une vaste échelle, le système de la mutualité peut conduire aux meilleurs résultats.

Nous ne parlerons pas des assurances *mixtes*, qui participent de l'assurance à prime et de l'assurance mutuelle. Elle ne sont presque plus en usage.

§ III.

DE L'APPLICATION DE L'ART. 37 DU CODE DE COMMERCE.

Nous savons que, dans les sociétés d'assurances mutuelles, chaque associé est à la fois assureur et assuré. Cette position particulière,

(1) Moreau de Saint-Plaisir, *Statistiques des assurances.*

nous dit M. Alauzet, et le caractère double de l'assurance, acte de commerce de la part de l'assureur proprement dit, acte civil de la part de l'assuré, a rendu douteuse la question de savoir si les sociétés mutuelles étaient commerciales ou civiles (1).

Les ressemblances qu'elles peuvent avoir avec les sociétés anonymes sont loin de constituer une identité et ne suffisent pas pour leur donner un caractère commercial.

En premier lieu, elles n'ont pas été prévues par le Code de commerce. Elles existent, pour ainsi dire, en vertu du droit commun.

En second lieu, elles sont anonymes, en ce sens qu'elles ne sont pas désignées par le nom des associés, mais seulement par la désignation

______

(1) Un arrêt de la Cour de Douai, du 4 décembre 1829, les déclare civiles : « Attendu que la société d'assurances mutuelles du département du Nord n'est point une société commerciale, en ce que de l'objet de son institution ni de ses actes ne peut résulter, pour ceux qui la composent, qu'une diminution des pertes qu'éventuellement ils peuvent éprouver ; que, jamais, aucun bénéfice ne peut balancer, compenser, excéder, ni même atteindre ces pertes; que, de sa nature, le commerce doit offrir des chances différentes, et qu'il est impossible de dire qu'il existe là où ne se trouve qu'une perte plus ou moins considérable. » (*Journal du Palais*, 3ᵉ édit., t. XVI, p. 220.)

Le pourvoi fut rejeté par la Cour de cassation pour les mêmes motifs (*Journal du Palais*, Cassat., 15 juillet 1827, 5ᵉ édit., t. XXII, p. 1216). Il est certain que les sociétés mutuelles, disait le conseiller rapporteur, ne se forment pas dans la vue d'un bénéfice quelconque; que l'objet qu'elles se proposent est une communauté de risques, dans laquelle chacun des associés consent à faire un sacrifice pour diminuer autant que possible, en cas d'incendie, le dommage qu'il éprouverait.

de l'objet de l'entreprise. Quoique anonymes, ces opérations sont donc essentiellement civiles et *sui generis*.

On peut ajouter que les sociétés anonymes, telles que le Code de commerce les entend, ont un fonds social divisé en actions et destiné à soutenir les opérations de la société. Les compagnies d'assurances mutuelles n'ont point d'actions et ne font aucune entreprise. Ce serait donc abuser de la dénomination de société anonyme, que de ranger ces sociétés parmi les sociétés de commerce (1). M. Troplong (*Traité du contrat de société*, n° 14) soutient la même opinion. Puisqu'il est de l'essence de toute société, que les parties se proposent des bénéfices à faire en commun, pourra-t-on donner le nom de société aux associations qui ont pour but, non de faire un bénéfice, mais de réparer simplement un dommage? Les assurances mutuelles, continue le savant jurisconsulte, sont exclusives de toute pensée de bénéfice ; elles sont constituées sur des bases autres que celles des compagnies à prime, lesquelles sont toujours formées dans la vue d'un bénéfice. L'assuré ne peut jamais faire servir l'assurance de moyen d'acquérir. Il suit de là que les assurances mutuelles, n'ayant de commun avec les sociétés anonymes commerciales qu'une dénomination peu juste et ne participant pas aux

______

(1) MM. Lehir, Alauzet et Block, *Dict. de l'adm.*, v° ASSURANCES, se rangent à cette opinion.

caractères commerciaux des compagnies à prime,
ne devraient pas être soumises à la nécessité de
l'autorisation (1).

(1) Un arrêt de la Cour de Douai (Douai, 15 novembre 1851) a
consacré ces principes : « Attendu que l'avis du Conseil d'État du 30
« septembre 1809, approuvé par l'Empereur le 15 octobre suivant,
« qui soumet les assurances mutuelles... à la nécessité de l'approbation
« du Gouvernement, n'est pas obligatoire, et que son application doit
« être écartée par le double motif qu'il est inconstitutionnel et qu'il
« n'a pas été promulgué légalement en temps utile; — que son in-
« constitutionnalité résulte de ce qu'émané du pouvoir exécutif seul,
« il empiète sur le domaine de la loi, en subordonnant la validité et
« l'efficacité de certains contrats à l'accomplissement d'une condition
« et d'une formalité non exigées par la loi existante au moment de son
« émission ; — attendu, quant au défaut de promulgation, que si, par
« de graves considérations d'ordre et d'intérêt publics, il a été admis
« par la doctrine et par la jurisprudence que, malgré leur inconstitu-
« tionnalité, les décrets impériaux conservaient leur force obligatoire,
« nonobstant la chute de l'Empire et l'avènement d'un gouvernement
« nouveau, il n'en est ainsi que pour ceux de ces décrets qui ont été
« légalement publiés et exécutés antérieurement à la charte de 1814;
« — attendu que ce qui est vrai pour les décrets proprement dits,
« c'est-à-dire pour les actes du pouvoir exécutif, auxquels cette forme
« explicite a été donnée, est vrai, à plus forte raison, pour les simples
« avis du Conseil d'État, alors même qu'ils ont été revêtus de l'appro-
« bation de l'Empereur ; — qu'il serait contraire à tous les principes
« de considérer ces actes comme obligatoires par eux-mêmes, quand
« les lois ne deviennent exécutoires que par suite et en vertu de leur
« promulgation ; — attendu que, d'après les lois de la matière, et
« spécialement aux termes des dispositions combinées de la loi du
« 12 frimaire an II, de celle du 12 vendémiaire an IV, et de la consti-
« tution de l'an VIII, la promulgation des lois résulte de leur insertion
« au Bulletin officiel ; — qu'à l'égard des décrets, l'avis du Conseil
« d'État du 25 prairial an XIII, dûment inséré au *Bulletin des Lois*,
« distingue entre les décrets d'un intérêt général et ceux qui n'inté-
« ressent que certaines personnes ; — que s'il prescrit un mode parti-
« culier pour porter ces derniers à la connaissance des personnes qu'ils

Cependant, la Cour de cassation s'est refusée à admettre ces doctrines et les a rejetées par un arrêt dont voici les principaux considérants :

« Considérant qu'il est de l'essence des contrats commutatifs à titre onéreux que chacun des contractants s'engage personnellement à les exécuter ; — que ce principe, sur lequel repose la foi publique, s'applique aux êtres collectifs comme aux individus ; — qu'ainsi, dans la société civile, la part de chaque associé dans les pertes est en proportion de sa mise ; — que

« concernent, et pour les rendre obligatoires à leur égard, il en est
« autrement des premiers, qui restent soumis à la nécessité de la pro-
« mulgation par leur insertion au *Bulletin des Lois ;* — attendu, en
« fait, que l'avis du Conseil d'État du 30 septembre 1809, relatif aux
« assurances mutuelles, a pour objet une mesure d'intérêt général, et
« qu'il n'a pas été inséré au *Bulletin des Lois* avant la Charte consti-
« tutionnelle de 1814 ; — qu'il est, dès lors, dépourvu de toute force
« obligatoire, et que les conventions d'assurance mutuelle n'ont pas
« été légalement assujetties, pour leur validité, à la nécessité de l'au-
« torisation préalable du Gouvernement ; — attendu que l'envoi, fait
« par le Ministre de l'intérieur au Préfet du Nord, de l'avis dont il
« s'agit, et la connaissance que celui-ci en a donnée, par sa circulaire
« du 17 février 1810, aux sous-préfets et aux maires du département,
« ne peut tenir lieu de la promulgation légale, à laquelle, à raison de
« son caractère de généralité, cet acte devait être soumis ; — qu'il en
« est de même de son insertion au *Bulletin des Lois,* opérée en 1821, à
« l'occasion et en exécution d'une ordonnance royale du 14 novembre
« de la même année, relative aux entreprises ayant pour objet le rem-
« placement des jeunes gens appelés à l'armée ; — que cette promul-
« gation accidentelle et tardive, œuvre d'un pouvoir exécutif nouveau,
« n'a pu le purger du vice d'inconstitutionnalité qu'il affectait, et lui
« imprimer, sans le concours des autres pouvoirs dont la réunion con-
« stituait alors la puissance législative, le caractère de légalité qui lui
« manquait ; — qu'il suit de ces considérations, que la convention
« d'association dont il s'agit dans l'instance est régulière et valable,
« quoique non autorisée par le Gouvernement. »

dans la société commerciale, si elle est en nom collectif, tous les intéressés sont tenus solidairement, corps et biens, des engagements sociaux ; — que la situation légale du représentant de la société en commandite est la même ; — que, dans les associations commerciales en participation, les tiers ont, contre le participant avec lequel ils ont traité, une action directe et personnelle.

« Considérant qu'une seule exception a été faite à la règle pour les sociétés anonymes ; qu'aux termes de l'art. 33 du Code de commerce, les intéressés dans les sociétés ne sont passibles que de la perte de leur apport, et que, selon l'article précédent, les administrateurs, réputés simples mandataires, ne sont responsables que de l'exécution du mandat qu'ils ont reçu et ne contractent, à raison de leur gestion, aucune obligation personnelle ni solidaire relativement aux engagements sociaux ; mais que cette exception, déterminée par des raisons d'intérêt général, est subordonnée à la condition expresse que les statuts de la société auront été contrôlés par le gouvernement, approuvés et publiés dans le *Bulletin des Lois ;*

« Qu'il suit de là que la convention de société n'existe légalement qu'autant que l'acte qui la constate consacre la responsabilité personnelle des associés, ou qu'à défaut de cette garantie cet acte ait été, après examen de l'objet, du but, du résultat probable de l'entreprise, revêtu d'une autorisation solennelle.

« Considérant qu'il est reconnu que la Société d'assurances mutuelles à primes fixes contre les faillites ne satisfait à aucune de ces conditions, quoique cependant elle réunisse tous les éléments essentiels et caractéristiques de la société anonyme, tels que la loi les a prévus et définis ; — considérant, en effet, qu'elle n'a pas de raison sociale ; qu'elle n'est désignée par le nom d'aucun des associés ; qu'elle est simplement qualifiée par la désignation de l'objet de son entreprise ; qu'aux termes de la stipulation, elle est administrée par un directeur, dont la responsabilité se restreint à l'exécution de son mandat ; — que, dès lors, une autorisation était nécessaire à son existence ;

« Que vainement on oppose qu'une telle société était purement civile, et que, ne se livrant à aucune spéculation, elle ne pouvait tomber sous la prescription de la loi commerciale ; — considérant, en effet, que la loi civile ne connaît pas de société de capitaux ; — qu'elle attache expressément à celles qui se forment sous son autorité la responsabilité personnelle des associés ; — qu'évidemment donc, si l'on admet qu'en empruntant au Code de commerce le mode spécial d'organisation qu'il institue pour les sociétés anonymes, les contractants puissent éluder l'effet légal de la convention, ce ne peut être qu'à charge d'accomplir les prescriptions d'ordre public qui sont la condition même d'existence de ce genre de société ;

« Qu'il est contraire à la saine raison, comme au droit, qu'en formant un des contrats que la loi civile a définis, les parties puissent, de leur autorité propre, supprimer les garanties stipulées au profit des tiers, et, par une confusion de règles écrites dans le Code civil et dans le Code de commerce, se soustraire à la fois aux dispositions de la loi civile et de la loi commerciale ; — qu'avec un tel système, la société civile anonyme, affranchie de l'autorisation préalable du Gouvernement et de la responsabilité personnelle des associés, aurait pour résultat inévitable de ramener et de consacrer les abus et les désordres que les lois de la matière ont eu pour but de prévenir ; — que quel que soit donc l'objet de ces sociétés, qu'elles se proposent de réaliser un lucre et de partager des bénéfices ou simplement de réparer des pertes, l'autorisation préalable est nécessaire pour prémunir le public contre les combinaisons imprévoyantes ou artificieuses des statuts non approuvés.

« Considérant que ces principes ont été ainsi entendus et consacrés dans l'application qui en a été faite aux sociétés civiles présentant les caractères de la société anonyme, tels que les établissements de la nature des tontines et les assurances mutuelles contre l'incendie, la grêle et autres intéressant au même titre l'ordre public. » (Décrets des 1er avril 1809 et 18 novembre 1810 ; avis du Conseil d'État du 15 octobre 1809.)

En résumé, dans la société en nom collectif,

tous les intéressés sont tenus solidairement, corps et biens, des engagements sociaux ; la situation légale du représentant de la société en commandite est la même, et, dans les associations commerciales en participation, les tiers ont contre le participant avec lequel ils ont traité une action directe et personnelle. — Une seule exception a été introduite en faveur des sociétés anonymes, mais à la condition expresse que les statuts de la Société auront été contrôlés par le Gouvernement, approuvés et publiés dans le *Bulletin des Lois*.

En second lieu, bien que les sociétés mutuelles n'aient pas de raison sociale et qu'elles ne soient pas désignées par le nom d'un des associés, qu'elles soient purement civiles et que, ne se livrant à aucune spéculation, elles ne puissent être rangées dans la catégorie des sociétés commerciales, la loi civile n'en attache pas moins expressément, aux sociétés qui se forment sous son autorité, la responsabilité personnelle des associés. Il est donc évident qu'en adoptant le mode spécial et la forme des sociétés anonymes, les contractants ne pourront éluder l'effet légal de la convention qu'à la charge d'accomplir les prescriptions d'ordre public qui sont la condition même d'existence des sociétés anonymes.

Les parties ne peuvent, de leur autorité propre, supprimer les garanties stipulées au profit des tiers et se soustraire aux dispositions de la loi civile et de la loi commerciale, relativement à un contrat qu'elles ont défini.

La société *civile anonyme*, qu'elle se propose de réaliser un lucre ou simplement de réparer des pertes, doit être soumise à l'autorisation préalable pour éviter les désordres qui pourraient résulter de statuts non approuvés.

Nous adoptons pleinement les conséquences des principes exposés dans l'arrêt précité. Du reste, la jurisprudence paraît devoir être désormais fixée dans ce sens, et il ne se forme pas une seule société sans l'autorisation préalable du Gouvernement. Il faut ajouter que la demande en autorisation, loin d'être un obstacle au développement d'une société, peut être pour elle un élément de succès. La plupart des sociétés importantes n'ont pas attendu l'arrêt de la Cour de cassation pour former leur demande : elles ont supposé, avec raison, que l'autorité n'accorde son approbation qu'à une société utile et réunissant toutes les chances possibles de succès. Dans ce cas, le projet des statuts doit être transmis au Ministre de l'agriculture, du commerce et des travaux publics, par l'entremise du préfet du département où la société se propose d'établir son siége, et à Paris par l'entremise du préfet de police. Les fondateurs doivent, en même temps, justifier d'une somme d'adhésions provisoires recueillies dans l'ensemble des départements formant la circonscription sociale, qui soit égale au quart, au moins, du minimum fixé par les statuts pour la mise en activité de la société.

Patente. — Comme il n'est pas douteux aujourd'hui que les compagnies à prime fixe ne soient des sociétés commerciales, elles sont soumises au droit de patente. En est-il de même des assurances mutuelles, qui ne constituent pas un acte de commerce? Évidemment non. Dans notre opinion, les opérations de ces Sociétés étant essentiellement civiles, l'impôt de la patente ne leur est pas applicable (1).

(1) La loi du 25 avril 1844 sur les patentes, en affranchit les assurances mutuelles régulièrement organisées (art. 13), et y soumet (art. 16 et 17) toutes les compagnies d'assurances à prime.

CHAPITRE II.

DES CONDITIONS ESSENTIELLES A LA VALIDITÉ DU CONTRAT D'ASSURANCE.

Les conditions essentielles à la validité du contrat d'assurance sont celles exigées par l'art. 1108 :

1º Le consentement de la partie qui s'oblige ;

2º La capacité de contracter ;

3º Un objet certain qui forme la matière de l'engagement ;

4º Une cause licite dans l'obligation.

A ces quatre éléments, quelques auteurs en ajoutent deux autres, à savoir : un intérêt de la part de l'assuré à la conservation de la chose qu'il présente à l'assurance ; en second lieu, l'existence d'un risque. Cette distinction nous paraît inutile : le terme général de risque comprend, en effet, ces deux éléments ; car, celui-là est intéressé à la conservation d'une chose, qui court un risque à l'occasion de cette chose, et réciproquement. Or, les risques sont compris sous la formule de l'art. 1108 : un objet certain qui forme la matière de l'engagement.

SECTION Ire.

DU CONSENTEMENT DE LA PARTIE QUI S'OBLIGE.

« Le consentement des parties contractantes,
« sur toutes les choses qui composent la substance
« du contrat, est de l'essence du contrat d'assu-
« rance, de même que de tous les autres con-
« trats. »

« Il doit donc intervenir sur les choses qu'on
« fait assurer, qui sont la matière du contrat ;
« sur la somme pour laquelle on les fait assurer,
« sur les risques dont on charge l'assureur ; sur
« la prime, qui est le prix de l'assurance. » (Pothier, n° 87.)

S'il n'y a pas de consentement, aucun lien de
droit ne se forme ; mais sa manifestation, quand
il existe, n'est point soumise à des règles rigoureuses. M. Alauzet pense que l'écrit ne peut être
regardé comme nécessaire pour la validité même
de l'assurance. « Cette forme, dit Pothier (n° 99),
« est absolument étrangère à la substance du
« contrat. » Merlin nous dit également : « Il est
« évident que l'écriture n'est nécessaire que pour
« faire conster de l'existence de la convention
« contre ceux qui voudraient la nier » (Merlin,
Rép., *De jur.*, v° POLICE D'ASSUR.). Dans la rigueur du droit, on peut dire que la loi n'a pas
pu changer l'essence d'un contrat qu'elle n'a pas

créé, qui peut exister indépendamment d'elle, puisqu'il est du droit des gens. Cependant, de nos jours, il serait impossible de rencontrer une Société d'assurances assez imprudente pour consentir à se charger de risques importants sans la rédaction d'une police.

D'un autre côté, la loi de 1850, relative au timbre des effets de commerce, rend nécessaire la rédaction par écrit du contrat d'assurance. L'art. 33 de cette loi est ainsi conçu: « A compter du 1er octobre 1850, tout contrat d'assurance, ainsi que toute convention postérieure contenant une prolongation de l'assurance, augmentation dans la prime ou le capital assuré, sera rédigé sur papier d'un timbre de dimension sous peine de 50 fr. d'amende contre l'assureur, sans aucun recours contre l'assuré. Si l'assuré en fait l'avance, il aura un recours contre l'assureur.

« Lorsque la police contiendra une clause de tacite reconduction, elle sera, en outre, soumise au *visa* pour timbre dans le délai de cinq jours de sa date, sous la même peine de 50 fr. d'amende contre l'assureur. Le droit de *visa* sera le même que celui du timbre employé pour l'acte (1). »

(1) 4 juin 1850. Loi relative au timbre des effets de commerce, des bordereaux de commerce, des actions dans les Sociétés, des obligations négociables des départements, communes, établissements publics et compagnies, et des polices d'assurances (Lehir, t. III, p. 204).

Art. 35. « Les Sociétés, compagnies et assureurs seront tenus d'avoir, au siége de leur établissement, un répertoire sommaire, en un ou plusieurs volumes non sujet au timbre, mais coté, parafé et

Ainsi donc, en réalité, depuis la loi du 4 juin 1850, l'écrit dans le contrat d'assurance n'est pas seulement exigé pour en établir la preuve, mais bien encore pour sa validité.

I. On appelle *police* l'acte écrit qui sert à constater le consentement des parties et le contrat

visé, soit par un des juges du tribunal de commerce, soit par le juge de paix, sur lequel ils porteront par ordre de numéros, et dans les six mois de leur date, toutes les assurances faites soit directement, soit par leurs agents, ainsi que les conventions qui prolongeront l'assurance, augmenteront la prime ou le capital assuré.

« A l'égard des Sociétés, compagnies et assureurs actuellement établis, le répertoire ne sera obligatoire que pour les opérations qui seront faites à compter du 1er octobre 1850. Ce répertoire sera soumis au visa des préposés de l'enregistrement, selon le mode indiqué par la loi du 22 frimaire an VII.

« Les préposés de l'enregistrement pourront exiger, au siége de l'établissement, la représentation : 1° des polices en cours d'exécution ou renouvelées par tacite reconduction depuis au moins six mois; 2° de celles expirées depuis moins de deux mois. » (Art. 37.)

« Les Sociétés, compagnies d'assurances et tous autres assureurs contre l'incendie et contre la grêle, pourront s'affranchir des obligations imposées par l'art. 33, en contractant avec l'État un abonnement annuel, à raison de 2 c. par 1,000 fr. du total des sommes assurées, d'après les polices ou contrats en cours d'exécution... L'abonnement de l'année courante se calculera sur le chiffre total des opérations de l'année précédente.

« Le paiement du droit sera fait, par moitié et par semestre, au bureau de l'enregistrement du lieu où se trouvera le siége de l'établissement » (Art. 38). « Les sociétés, compagnies ou assureurs qui, après avoir contracté un abonnement, voudront y renoncer, seront tenus de payer un droit de 35 c. par chaque police en cours d'exécution, quels que soient la dimension du papier et le nombre des doubles. »

Voir encore la loi du 2 juillet 1862.

d'assurance. L'art. 332 du Code de commerce,
qui règle la forme des polices maritimes, doit être
suivi pour les contrats terrestres, dans toutes
celles des dispositions qui restent applicables :
ainsi, le contrat d'assurance est rédigé par écrit,
daté du jour auquel il est souscrit; il peut être
fait sous signature privée et ne peut contenir
aucun blanc.

Il exprime le nom et le domicile de celui qui
fait assurer, sa qualité de propriétaire ou de commissionnaire, la nature et la valeur ou l'estimation
des marchandises ou objets que l'on fait assurer,
les temps auxquels les risques doivent commencer
et finir, la somme assurée, la prime ou le coût de
l'assurance, la soumission des parties à des arbitres en cas de contestation si elle a été convenue, et généralement toutes les autres conditions dont les parties sont convenues.

II. En général, les polices sont rédigées par les
Compagnies elles-mêmes ou par leurs agents
dûment autorisés. Ces polices étant faites sous
signature privée, l'art. 1325 du Code Napoléon
leur est applicable : les actes sous seing-privé qui
contiennent des conventions synallagmatiqués, ne
sont valables qu'autant qu'ils ont été faits en autant d'originaux qu'il y a de parties ayant un
intérêt distinct. Il suffit d'un original pour toutes
les personnes ayant le même intérêt. Chaque original doit contenir la mention du nombre des
originaux qui en ont été faits. Néanmoins, le dé-

faut de mention que les originaux ont été faits doubles, triples, etc., ne peut être opposé par celui qui a exécuté de sa part la convention portée dans l'acte (1). L'omission d'une clause dans l'un

(1) « Considérant que le pacte d'assurance est synallagmatique ou bilatéral; que, d'après l'art. 1325 du Code Napoléon, les actes sous seing-privé qui contiennent des conventions synallagmatiques, ne sont valables qu'autant qu'ils ont été faits en autant d'originaux qu'il y a de parties ayant un intérêt distinct; que cette règle est applicable au pacte d'assurance fait sous signature privée, puisqu'il doit y avoir réciprocité d'obligation entre l'assuré et l'assureur; que le Code de commerce ayant autorisé, par l'art. 332, les contrats d'assurance sous signature privée, a nécessairement entendu que ce traité serait signé par les deux parties, et par conséquent qu'il serait fait double.» (*Journal du Palais*, t. XIII, p. 742. — Dalloz, *Rép.*, *De jur.*, v° ASSURANCE, 1ʳᵉ section.)

Ce considérant s'applique à la question de savoir si l'acte double est nécessaire pour la perfection du contrat. L'art. 1325 est-il rigoureusement applicable ? Faut-il réputer nulle la police d'assurance si elle a été faite en un seul original ? M. Quenault repousse l'affirmative. L'art. 1325, suivant cet auteur, est modifié par l'art. 1107 du Code Nap. — Si, dans l'art. 332 du Code de commerce, le législateur n'a point rappelé les dispositions de l'art. 1325, c'est qu'il ne l'a point jugé nécessaire. S'il avait pensé autrement, il s'en serait expliqué, ainsi qu'il l'a fait dans l'art. 39 pour les sociétés. Il n'a point déclaré que les actes d'assurance sous seing-privé seraient soumis à l'art. 1325 du Code Nap.: donc la formalité du double n'est pas obligatoire. — On répond à cela que la loi n'a pas soustrait les assurances aux formalités du Droit commun, et que l'art. 109 du Code de commerce est seulement applicable en cas de vente. M. Persil, p. 74, exige que l'acte soit fait double, si la prime n'a pas été payée comptant, parce qu'alors l'acte est bilatéral. — La jurisprudence s'est prononcée dans le même sens.

Lorsque la police n'est pas faite en double, elle peut servir de commencement de preuve par écrit : Boudousquié, p. 254.—Persil, 77. — Grün et Joliat, 349.—Alauzet, I, 345.—Grün et Joliat, t. IV, p. 9.

des doubles ne rend pas l'acte nul. (MM. Grün et Joliat, t. IV, p. 9.)

III. La police ne peut contenir aucun blanc ; c'est une règle commune à tous les actes et dont l'infraction toutefois n'entraînerait pas de plein droit la nullité du contrat (1).

La mention de la date n'est point indispensable pour rendre valable entre les parties la convention d'assurance (Alauzet, n° 401, *in fine*) ; mais elle est d'une grande importance en ce qu'elle fixe généralement le moment où commencent les risques. L'indication de la date est encore très-utile quand il s'agit d'apprécier la capacité de l'assuré.

IV. Le contrat ne doit être le résultat ni de la fraude, ni de l'erreur, ni de la violence.

Art. 1109 du Code Napoléon : « Il n'y a point de consente-ment valable, si le consentement n'a été donné que par erreur, ou s'il a été extorqué par violence, ou surpris par dol. » — L'erreur, toutefois, n'est une cause de nullité que lorsqu'elle tombe sur la substance même de la chose qui est l'objet de la convention. — Elle n'est point une cause de nullité lorsqu'elle

(1) Cette disposition a pour but de prévenir les faux que ces la-cunes favorisent singulièrement. La Cour d'Aix a dit, avec raison, que « le blanc laissé dans la police d'assurance, quoique toujours sus-pect, ne rend pas cependant la police nulle, quand il n'emporte point l'omission d'une clause substantielle de l'acte » (Aix, 29 avril 1823, Dev. et Car., 1823. 2. 304'. Ce ne serait donc jamais le blanc en lui-même qui pourrait entraîner la nullité, mais bien l'omission dont le blanc semblerait être la cause, ou bien l'intention fauduleuse qu'il ferait présumer. (M. Alauzet, n° 187.)

ne tombe que sur la personne avec laquelle on a intention de contracter, à moins que la considération de cette personne ne soit la cause principale de la convention. (1110, Code Nap.)

Pour que la *violence* soit une cause de nullité, il faut qu'elle soit de nature à faire impression sur une personne raisonnable, et qu'elle puisse lui inspirer la crainte d'exposer sa personne ou sa fortune à un mal considérable et présent. (1112, Code Nap.)

Le dol est une cause de nullité de l'assurance; le dol vicie tous les contrats (art. 1109, Code Nap.). Cela est vrai, même dans le cas du dol d'un mandataire. C'est pour empêcher le dol que les polices d'assurance stipulent que l'assuré ne devra faire assurer que ce qui lui appartient, qu'il ne pourra profiter de deux assurances cumulatives sur le même objet, qu'il ne devra point exagérer les dommages soufferts, etc. Pouget, *Dict. des Ass.*, p. 240 (1).

La convention contractée par erreur, dol ou violence, n'est point nulle de plein droit; elle donne seulement lieu à une action en nullité ou en rescision. (Art. 1117, Code Nap.)

Le contrat d'assurance n'est pas susceptible de lésion. « La prime étant le prix du risque, le taux de la prime varie selon les circonstances qui peuvent rendre plus ou moins probable l'événement du risque, et dépend de l'opinion que les parties se forment de cette probabilité. Le taux de la prime ne peut donc être réglé par la loi;

(1) Pothier, *Contrat d'ass.*, n° 19 : « Si is procurator sit cui « omnium bonorum administratio concessa, de omni dolo ejus excipi « posse. »

la détermination de ce taux est nécessairement abandonnée sans réserve à la volonté des parties. Conséquemment, l'élévation ou la modicité du taux de la prime ne peut jamais donner lieu à une action en rescision du contrat pour cause de lésion. M. Quenault, p. 79; MM. Grün et Joliat, p. 17: Boudousquié, p. 85, etc., professent la même opinion (1):

V. *Des énonciations que doit renfermer la police.* — Ces énonciations sont relatives soit aux clauses usitées, soit aux conditions essentielles. Dans ce dernier cas, on doit apporter à leur rédaction, d'autant plus de soin que, lorsque les parties ont constaté par écrit leur convention, la preuve par témoins ne peut être établie contre et outre le contenu de l'acte. « Il est de principe que lorsque les parties ont passé acte de leur convention, les juges ne peuvent recevoir aucune preuve par témoins, ni conséquemment par présomption contre et outre le contenu de l'acte. (Art. 1341 et 1353, Code Nap.). M. Quénault, p. 135 (2).

---

(1) Dans tous ces cas, il ne faut pas perdre de vue la règle : *Probatio incumbit ei qui dicit, non ei qui negat. — Qui dolo dicit factum aliquid, docere dolum admissum debet.* (L. 18, § 1, ff, *De probationibus.*)

Art. 1118 : « La lésion ne vicie les conventions que dans certains « contrats ou à l'égard de certaines personnes, ainsi qu'il sera expliqué « dans la section VII, du chap. v du présent titre. »

(2) « L'acte d'adhés on exprime : 1° les nom, prénoms, profession et demeure de l'adhérent ; — 2° la qualité en laquelle il agit ; — 3° le

La doctrine et la jurisprudence ont approuvé les prétentions des Sociétés d'assurances. La construction des bâtiments, leur usage, la profession de ceux qui les habitent, et même la nature et l'usage des bâtiments adjacents, sont des circonstances qui peuvent constituer en effet des causes notables de danger. Le contenant et le contenu exercent l'un sur l'autre une influence qui doit être l'objet d'une désignation précise.

Quand il s'agit de meubles meublants, linge, argenterie, etc., la règle qui exige une spécification particulière n'est pas rigoureusement suivie, à moins que ces meubles ne soient d'un grand prix; à moins qu'il ne s'agisse d'objets d'art, de livres précieux ou autres détaillés dans un inventaire et appréciés séparément. Lorsque l'assurance repose sur des objets que l'assuré a l'usage de renouveler, la désignation de l'espèce et de la valeur approximative est considérée comme suffisante.

Dans les assurances de marchandises, on distingue les assurances dites *avec désignation*, et celles *sans désignation*. Dans les premières, les objets sont désignés par leur espèce, quantité, et

domicile élu; — 4° la nature, la valeur et la position des objets proposés à l'assurance; — 5° les conditions particulières de l'assurance, s'il en a été stipulé; — 6° la désignation sommaire des bâtiments, des objets réputés immeubles par destination et de chaque valeur mobilière; — 7° l'élévation approximative des bâtiments, leur longueur, et leur largeur; — 8° et, en cas d'assurance par les locataires, la durée du bail, et par les propriétaires de récoltes de grains en gerbes, conservés en meules, la durée de l'assurance qui pourra, dans ce cas, n'être que de six mois.

les marques qui peuvent les faire reconnaître. Ces désignations sont beaucoup plus vagues dans l'assurance des secondes; et il ne peut pas en être autrement des marchandises destinées à se renouveler, confiées en consignation à un commissionnaire, ou qui ne font que passer dans une maison de roulage.

En résumé, la règle que l'on ne peut substituer d'autres objets à ceux qui sont spécifiés dans la police, ne peut s'entendre que d'objets d'un très-grand prix. En effet, dit M. Alauzet, on est dans l'habitude de changer quelquefois ses meubles meublants, de les renouveler à mesure qu'ils se détériorent, ou suivant même la mode ou le caprice du propriétaire ; et l'on ne voit pas quelle utilité il y aurait à astreindre l'assuré à chaque mutation partielle ou même totale, dans les limites que nous venons de fixer, à une déclaration qui ne peut avoir aucune utilité, du moment que le risque et l'opinion du risque restent les mêmes , et que cela est conforme aux usages de la vie, auxquels doit se prêter le contrat d'assurance, si rien ne s'y oppose. (Alauzet; II, p. 302.)

Évaluation.—Notons, en passant, un principe sur lequel nous aurons à fournir des explications dans le courant de cette Étude : l'estimation faite dans la police n'est pas obligatoire pour l'assureur. Il résulte de ce principe que les polices qui, déterminant d'avance la valeur de l'objet désigné, lieraient l'assureur au paiement de cette valeur en cas de sinistre, sont illicites. L'assureur ne peut être, en effet, exposé à indemniser l'assuré au-delà de la valeur de la perte réelle. (Code Nap., art. 1965 ; — Pardessus, t. II, n° 593, 7° etc.)

Si la valeur n'a pas été fixée, mais qu'elle puisse l'être d'après les désignations contenues dans la police, le contrat sera valable. (Alauzet, t. II, p. 303, n° 407.)

Lorsque, durant le contrat, l'assuré voit survenir des changements de nature à intéresser l'assureur , soit dans les objets eux-mêmes, soit dans l'évaluation de ces objets, soit dans l'étendue des risques, etc., il doit les faire connaître à la Société. Un acte nouveau, nommé *avenant*, vient constater les modifications apportées au premier contrat.

VI. *Signature de la police.* — La signature de la police rend la convention obligatoire et définitive. Si l'assuré ne sait ou ne peut signer, il place sa marque au bas de la police. On exige, en outre, la signature de deux témoins. L'acte sous seing-privé qui n'est pas signé ne peut être considéré que comme un simple projet. Il ne serait pas nécessaire cependant que chaque partie signât le double qui lui est remis (1).

De l'enregistrement des polices d'assurance. — « Les polices d'assurance sont soumises , par la

____

(1) Pouget, *Dict. d'Ass.*, p. 593.

loi du 22 frimaire an VII (art. 69, § 2), à un droit
proportionnel d'enregistrement de 50 centimes
par 100 francs, qui est perçu sur le montant des
primes. Cette disposition peut-elle être appliquée
aux polices d'assurance contre l'incendie? On dit,
pour la négative, que la loi du 22 frimaire n'a pu
avoir en vue que l'assurance maritime, puisque
les assurances terrestres n'étaient pas alors en
usage ; qu'ainsi le droit ne peut être perçu sur
les dernières, car ce serait étendre une disposition fiscale sous prétexte d'analogie. On peut répondre que l'assurance terrestre est un acte de
la même nature que l'assurance maritime ; que
les conventions qui interviennent entre les parties, dans l'une et dans l'autre, sont identiquement les mêmes, et qu'elles ne diffèrent que par
leur objet. Il nous paraît donc que le droit peut
être exigé sans que ce soit étendre la disposition
de la loi d'un cas à un autre ; mais que ce n'est
qu'autant que la police est produite en justice,
qu'elle est soumise à l'enregistrement. » (Boudousquié, p. 259. — Pouget, p. 256. — Grün et
Joliat, 252, 437. — Persil, 106. — Alauzet, I, 354-
355. — Loi sur le timbre, 4 juin 1850. — Circulaire du ministre des finances, du 9 mai 1821.)—
Cette circulaire déclare les polices d'assurance
passibles d'un droit proportionnel de 50 centimes
par 100 francs, étendant ainsi les dispositions de
la loi du 22 frimaire an VII. Ces frais sont supportés par celles des parties que le contrat en a
grevées. S'il est muet à cet égard, en cas de

contestation, ils tombent à la charge de celui qui succombe.

SECTION II.

DE LA CAPACITÉ ET DE LA QUALITÉ DES PARTIES CONTRACTANTES.

En principe, pour figurer dans un contrat d'assurance terrestre en qualité d'assuré ou d'assureur, il faut avoir la capacité légale de s'engager (art. 1123, 1124 et 1125). Toute personne peut contracter si elle n'en est pas déclarée incapable par la loi. Les conditions de capacité de l'assureur et de l'assuré n'étant pas toujours identiques, nous les envisagerons sous un double point de vue, et nous étudierons d'abord quelles personnes peuvent assurer, et ensuite quelles personnes peuvent se faire assurer.

§ Ier.

QUI PEUT DEVENIR ASSUREUR ?

L'assureur doit avoir non-seulement la capacité générale nécessaire pour être partie dans un contrat civil, mais encore celle qui est nécessaire pour faire les actes de commerce s'il s'agit d'une Compagnie à prime. Il va sans dire que le mineur, même émancipé, l'interdit et la femme mariée ne peuvent être assureurs ; mais l'incapacité de la femme cesserait, si elle avait reçu de son mari l'autorisation d'être marchande publique. Le mineur commerçant pourrait aussi recueillir des polices d'assurance : « Les mineurs qui sont marchands de profession, étant capables de contracter pour les affaires de leur commerce, il n'est pas douteux qu'ils peuvent être parties dans un contrat d'assurance, pour faire assurer les effets de leur commerce (Pothier, n° 91). Ils peuvent aussi y être parties comme assureurs, s'ils font le commerce d'assurance (Émerigon, I, p. 94). » Si l'incapacité de l'interdit et de celui qui est assisté d'un conseil judiciaire n'a pas cessé, les principes que nous venons d'exposer leur sont applicables (1).

Mais les assurances terrestres n'étant presque jamais faites par des individus isolés, la question de capacité des assureurs se réduira à l'étude des conditions essentielles à l'existence de ce genre d'association. La capacité de l'assureur dépend, en effet, du caractère de l'assurance, et l'assurance est, suivant les circonstances, un contrat civil ou un acte de commerce.

1. *Les Compagnies d'assurances à prime constituent des entreprises commerciales. La*

______

(1) Locré, *Esprit du Code de commerce,* t. IV, p. 16. — Alauzet, n° 118.—Art. du Code de comm. 85, 87 et 88.—Pouget, *Dict. d'Ass.,* v° Capacité.

capacité de l'assureur est, dans ce cas, soumise aux principes du Code de commerce. — Les Compagnies à prime, essentiellement commerciales, adoptent généralement la forme anonyme. Elles sont, par conséquent, soumises à la nécessité de l'autorisation du Gouvernement. Elles doivent réunir un capital social plus ou moins considérable. (Instruct. ministérielle du 11 juillet 1818). Une réserve prévient les désastres qui pourraient entamer le fonds social. L'autorisation du Gouvernement est donc pour ces Compagnies une condition de capacité; quant aux gérants et employés, leur capacité est régie par les principes du Code de commerce. (Art. 2 et 5, Code comm.)

2. *Les Sociétés d'assurances mutuelles ne sont pas des Sociétés commerciales.* — Nous avons déjà défini les caractères de l'association mutuelle. Nous savons que l'idée de spéculation y est tout-à-fait étrangère, et que c'est à peine si même on peut lui donner le nom de Société : *Une Société même non commerciale et purement civile ne se conçoit pas, si les contractants n'ont en vue un bénéfice espéré* (Alauzet, § 113). — *Le contrat de Société réglé par le Code civil est exclusivement celui qui se forme entre deux ou plusieurs personnes, pour se procurer un bénéfice appréciable en argent et se le partager* (M. Troplong, *Traité sur les Sociétés*, Préf., p. 111). — Nous savons également que la déno-

mination de *Société anonyme* est très-contestable, puisque : 1º elles n'ont pas été prévues par le Code de commerce, et que, 2º elles n'ont point de fonds social divisé en actions et destiné à soutenir les opérations de la Société. Bien que les Sociétés d'assurances mutuelles n'aient aucun caractère commercial, on a considéré qu'elles devaient être soumises, comme les Compagnies à prime, à la nécessité de l'autorisation du Gouvernement (Avis du Conseil d'État du 15 octobre et du 30 septembre 1809, *Vide supra :* arrêt de la Cour de Douai, art. 37, Code comm.). Le Conseil d'État, par deux avis, dont on a contesté très-sérieusement la valeur législative, a fait de l'autorisation préalable une condition d'existence pour les Sociétés mutuelles.

Les statuts des Compagnies d'assurances sont approuvés par décret impérial, insérés au *Bulletin des Lois*, puis publiés et affichés. L'association est constatée par acte public ; cet acte doit être affiché pendant trois mois, avec l'ordonnance d'autorisation, dans la salle des audiences du Tribunal de commerce de l'arrondissement dans lequel la Société a son domicile (Art. 37, Code comm.). Mais, le fait de l'insertion au *Bulletin des Lois* n'élève pas les statuts au rang de lois véritables dont la violation puisse donner ouverture à cassation. L'intervention de l'État tient à un motif d'ordre public ; et les conventions d'assurances gardent leur caractère de conventions particulières, constituant pour tous ceux qui n'y ont pas pris part *res inter alios acta*. Dalloz, 1826, 1, 14. (Arrêt de Cassation, 15 février 1826; Instruction ministérielle du 31 décembre 1807.)

Les Sociétés d'assurances s'obligent par l'entremise de leur directeur ou des agents chargés de les représenter dans les lieux autres que celui où est le siége de leur administration. — De ce que les statuts restent toujours des conventions entre particuliers, dont la violation ne pourrait être invoquée comme un motif de cassation, il résulte plusieurs conséquences. La plus importante consiste en ce que les agents des Sociétés ou Compagnies sont dépourvus de tout caractère public : ce sont de simples mandataires. (Alauzet, nº 466.)

Dans les Sociétés d'assurances mutuelles, par le fait de son adhésion aux statuts, tout individu capable de s'assurer devient assureur. De passive qu'elle était, l'assurance devient active. C'est cette capacité d'assurer qui sera exercée par le directeur. —Il est évident qu'il ne pourra exercer ce droit que dans la limite de son mandat.

Lorsque l'agent a excédé son mandat ou violé les statuts, la Société dont il est le mandataire n'est pas engagée. Aux termes de l'art. 1998 du Code Nap., *le mandant est tenu d'exécuter les engagements contractés par le mandataire, conformément au pouvoir qui lui a été donné ; il n'est tenu de ce qui a pu être fait au-delà, qu'autant qu'il l'a ratifié expressément ou tacitement.* Ainsi, le directeur d'une Société d'assurances

mutuelles contre l'incendie peut agir en justice,
lorsque les statuts, approuvés par le Gouvernement, lui confèrent le droit de la représenter.

Cependant, deux arrêts, l'un de Grenoble, du
28 janvier 1827, l'autre de la Cour de cassation
(Chambre des requêtes, 15 février 1826. — S.,
27. 1. 131), ont admis une doctrine contraire. La
Cour de cassation, il est vrai, se dessaisit, en
déclarant que la question avait été jugée en fait
par la Cour de Colmar. Cet arrêt considère, en
effet, que l'agent avait été en rapport avec la
Compagnie; et le juge a pu voir dans un à-compte
payé à l'assuré une ratification tacite du fait du
mandataire. Nous repoussons, d'une manière absolue, tout système qui conduirait à l'application
de l'art. 1384 du Code Nap. Nous ne trouvons
pas davantage un motif de décision dans cet
étrange considérant... *que les clauses et condi-*
tions d'un mandat ne sont connues qu'entre le
mandataire et le mandant, qu'ainsi le mandat
ne peut point être opposé à des tiers (Sirey, 39.
2. 180). En traitant avec des mandataires, le premier soin des tiers n'est-il pas de s'enquérir de
la réalité et de l'étendue du mandat? Il faut donc
tenir pour certain que les promesses faites par
les agents des Sociétés d'assurances *ne lient ces*
Sociétés qu'autant qu'il est prouvé qu'elles ont
donné mandat quant à ce, ou qu'elles ont ratifié
la promesse. Pouget, *Dict. des Ass.*, p. 1139 (1).

____

(1) « Nous pensons, dit M. Quénault, p. 272, que les individus

4. Les Compagnies étrangères en France. — « Il ne peut exister de doute sur la capacité des Français assurant au profit d'étrangers. Si le Code de commerce n'a pas répété la mention expresse qui existait à cet égard dans l'ordonnance de 1681 (art. 1er), c'est qu'utile alors, elle peut être suffisamment suppléée aujourd'hui par le droit commun. La même décision doit être étendue aux étrangers se rendant eux-mêmes assureurs. Mais ce point a donné lieu à des solutions diverses dans des temps éloignés de nous, et, de nos jours même, a fait naître quelques doutes ou plutôt quelques réclamations.

A l'époque où parurent les premières ordonnances sur les assurances, le principe que les lois de chaque État devaient protéger par des entraves et des prohibitions le commerce des nationaux était dans toute sa force. L'ordonnance de Barcelonne, de 1435, s'y conforma, en défendant l'assurance de tout objet appartenant à des étrangers ; cette disposition, modifiée en 1458, fut abrogée par l'ordonnance de 1484, qui laissa subsister néanmoins une différence entre les nationaux et les étrangers.

notoirement connus pour les agents d'une Compagnie d'assurances, sont présumés, à l'égard des tiers, avoir reçu tous les pouvoirs nécessaires. » — Id., MM. Grün et Joliat, p. 67. — Suivant M. Pouget, pour que la notoriété publique autorise en quelque sorte un agent à engager une Compagnie, il faut que cette notoriété porte à la fois sur le fait de la nomination et sur les actes de l'agent : ces deux faits sont indivisibles, p. 81.

De pareils principes, en cette matière au moins, furent bientôt complètement abandonnés; l'ordonnance des Pays-Bas, de 1570, déclare (art. 31) qu'elle établit des règles communes aux sujets du souverain comme aux étrangers; elle fut imitée en cela par toutes les lois postérieures.

Le *Guidon de la Mer* (chap. 1ᵉʳ, art. 5), constate que tel était aussi l'usage suivi en France avant l'ordonnance de 1681 : celle-ci permit expressément (art. 1ᵉʳ) aux nationaux et aux étrangers *d'assurer et faire assurer dans l'étendue du royaume les navires, marchandises et autres effets*. Le Code de commerce est bien loin de contenir aucune dérogation à cette règle. Toutefois, les Compagnies françaises, froissées dans leurs intérêts par la concurrence des Compagnies anglaises, qui faisaient de nombreuses assurances dans nos villes maritimes, crurent pouvoir élever des réclamations. Le ministre de l'intérieur, M. Siméon, refusa de les écouter; en 1825, le Directeur général du commerce répondit également « que « rien ne pouvait autoriser les tribunaux à re- « fuser une sanction aux contrats d'assurances « faits par les Compagnies étrangères. Toutes « ces opérations sont parfaitement légales; mais il « va de soi qu'une Société anonyme étrangère, « quel que fût l'objet de ses opérations, n'aurait « d'existence légitime en France, qu'après que « ses statuts auraient été approuvés par le roi. « Elle ne peut prétendre, sans cette formalité,

« à être reconnue en France ; mais cela tient
« à des principes étrangers au contrat d'assu-
« rance. » Alauzet, § 116 (1).

Les assurances faites en France par des étrangers devront donc être considérées comme valables tant qu'aucune loi ne les aura prohibées ;
il faut, toutefois, que les contrats soient rédigés
suivant les formes usitées : la règle : *Locus regit
actum*, est applicable dans toute son étendue.

Les seules sociétés étrangères qui aient assuré
en France avec quelque succès, sont des Sociétés
d'assurances maritimes et sur la vie. Quant à
l'assurance contre l'incendie, l'intervention étrangère n'a aucune raison d'être, et ne saurait constituer une concurrence sérieuse pour les compagnies et sociétés françaises.

(1) La loi du 30 mai 1857 est venue modifier la législation dés
Sociétés anonymes étrangères. Elle autorise, en effet, les Sociétés
anonymes et autres associations commerciales, industrielles ou financières, légalement constituées en Belgique, à exercer leurs droits en
France.

Art. 1er. — « Les Sociétés anonymes et les autres Associations com-
« merciales, industrielles ou financières, qui sont soumises à l'au-
« torisation du gouvernement belge, et qui l'ont obtenue, peuvent
« exercer tous leurs droits et ester en justice en France, en se con-
« formant aux lois de l'Empire. »

Art. 2. — « Un décret impérial rendu en Conseil d'État peut ap-
« pliquer à tous autres pays le bénéfice de l'art. 1. »

Voir encore les décrets du 7 mai 1859 et du 8 novembre 1860.

§ II.

QUI PEUT DEVENIR ASSURÉ.

La jurisprudence paraît aujourd'hui fixée sur ce point, que les assurances à prime fixe contre l'incendie ont à l'égard de l'assureur un caractère commercial, mais n'entraînent de la part de l'assuré qu'un engagement purement civil (1). Il en résulte que la capacité de l'assuré est soumise à la règle générale, ainsi formulée par l'art. 1123 du Code Nap.: « Toute personne peut contracter si elle n'en est pas déclarée incapable par la loi.

Les incapables de contracter sont: les mineurs. les interdits, les femmes mariées, et généralement tous ceux à qui la loi a interdit certains contrats (art. 1124 Code Nap.).

1. *Mineur*. — Il faut distinguer entre le mineur émancipé et le mineur non émancipé. Aux termes de l'art. 481 du Code Napoléon, le mineur émancipé peut faire tous les actes qui ne sont que de pure administration, sans être restituable contre ces actes dans tous les cas où le majeur ne le serait pas lui-même. Or, l'assurance est un acte d'administration; elle peut donc être valablement contractée par le mineur émancipé.

(1) Caen, 24 novembre 1846. — Lebir, t. I, p. 64. — Poitiers, 3 juin 1847. Directeur. — Agent d'affaires.

Le mineur non émancipé qui s'oblige ne voit pas ses engagements frappés d'une nullité absolue : il peut se faire restituer contre eux, *non tanquam minor, sed tanquam lœsus.* Art. 1125, C. N. « Le mineur, l'interdit et la femme mariée « ne peuvent attaquer pour cause d'incapacité « leurs engagements, que dans les cas prévus par « la loi. » — Art. 1305, C. N. « La simple lé- « sion donne lieu à la rescision en faveur du mi- « neur non émancipé, contre toutes sortes de « conventions. »

Il n'entre pas dans le cadre de cette étude d'examiner dans toutes leurs conséquences les actes faits par les mineurs. La bonne foi des assureurs rend fort rares les difficultés de ce genre. Nous nous bornerons donc à esquisser en quelques lignes la théorie la plus généralement suivie par les auteurs qui traitent des assurances. Voici cette théorie :

Il ne faut pas que le mineur s'enrichisse aux dépens d'autrui. Si l'objet assuré par le mineur a éprouvé un sinistre, le mineur sera tenu au paiement des charges sociales ou contributives, c'est-à-dire à l'exécution d'un contrat qui rend sa situation meilleure et dont il retire un grand avantage. — Conservant toujours l'hypothèse d'un sinistre : c'est-à-dire, si la prime a été fixée en dehors des règles ordinaires, et que le mineur exige le paiement de l'indemnité qui lui est due, nous pensons qu'il est équitable de maintenir le contrat, en réduisant la prime aux proportions ordinaires. Le juge pourra, s'il y a lieu, condamner l'assureur à des dommages et intérêts.

Dans l'hypothèse contraire, c'est-à-dire si l'objet assuré n'a été frappé par aucun sinistre, rien n'empêche assurément le mineur de refuser le paiement ; mais alors la Société à laquelle il se sera adressé, faisant constater régulièrement ce refus, sera dégagée de toute responsabilité en cas de sinistre.

Quant aux sommes que le mineur aurait déjà pu payer, en échange des primes perçues, l'assureur donnait sa garantie et rendait meilleure la position du mineur. Il serait donc contraire à l'équité qu'il pût forcer l'assureur à la restitution d'une prime légitimement perçue, et représentative d'un risque réellement couru (1).

(1) MM. Grün et Joliat, n° 59. — Alauzet, n° 121. — Persil, n° 114. — Boudousquié, n° 94. — Lebir, p. 231, t. II.

« Mais, s'il n'y a pas eu sinistre, la question devient plus grave ; il paraît difficile de reconnaître que le contrat d'assurance a produit pour le mineur un avantage certain et évident, s'il n'a eu d'autre résultat qu'une garantie qui est restée éventuelle et qui aurait pu se trouver sans efficacité, en cas de sinistre, par l'insolvabilité de l'assureur ; la validité du contrat nous paraît donc, dans ce cas, subordonnée aux circonstances ; si la chose assurée était exposée à des risques tels qu'il eût été imprudent de ne pas la faire assurer ; si, du reste, l'assureur présente de suffisantes garanties, et que la prime ait été fixée d'une manière équitable ; enfin, si le mineur, en se faisant assurer, a fait un acte de prudence et de discernement, l'assurance doit être déclarée valable, et la demande en paiement de la prime être admise ; mais l'obligation du mineur devrait être annulée ou réduite, s'il était reconnu que l'assurance était une précaution inutile et jugée telle par le tuteur, ou bien si elle avait été consentie moyennant une prime trop élevée, ou si l'assureur ne présentait point les garanties désirables. »

Les personnes capables de s'engager ne peuvent opposer l'incapacité du mineur avec qui elles ont contracté ; l'assureur serait donc irrecevable, surtout après le sinistre, à arguer le contrat de nullité, en s'appuyant sur l'âge de l'assuré ; il faudrait donc, ainsi que nous l'avons dit plus haut, qu'en cas de refus du paiement de la prime, il fît prononcer la résiliation de la police (1).

2. *Interdit.* — L'art. 502 du Code Napoléon déclare absolument nuls tous les actes de l'interdit (2).

3. *Femme mariée.* — La femme mariée commerçante peut faire assurer les objets de son commerce ; mais l'autorisation du mari, ou à défaut celle de la justice, serait dans tous les cas nécessaire à la femme pour poursuivre l'exécution de la police (Code Nap., 215). La femme ne peut ester en jugement sans l'autorisation de son mari, quand même elle serait marchande publique, ou non commune, ou séparée de biens (Code Nap. 218).

Séparée de biens, la femme conserve l'entière administration de ses biens meubles et immeubles (Code Nap., art. 1536). Elle peut donc les faire assurer.

La femme mariée sous le régime dotal serait également apte à contracter des assurances pour

(1) Lehir, *loco citato.*
(2) Art. 502, 1125, 1312, C. N.

ses biens paraphernaux. Quant aux biens dotaux, la femme n'a pas le droit de les faire assurer, parce qu'au mari seul appartient l'administration de ces biens (art. 1549 et 1576).

Si la femme est mariée sous le régime de la communauté, tant que durera ce régime elle ne pourra faire assurer ses biens, puisqu'elle n'en a pas l'administration. Placée sous l'autorité maritale, l'assurance ne la concerne pas. « On ne redoute pas la négligence du mari, quand on songe qu'il est intéressé à la conservation des biens appartenant à sa femme, puisqu'il jouit des revenus. » (Persil, n° 117.)

4. *Prodigue.* — M. Alauzet pense que celui qui est pourvu d'un conseil judiciaire doit être assimilé au mineur (t. Ier, p. 197).

Si un contrat d'assurance vient à être annulé pour cause d'incapacité de l'assuré, celui-ci n'est pas en droit d'obtenir le remboursement des sommes qu'il a versées; elles sont l'équivalent des risques que l'assureur a réellement courus.

§ III.

DE LA QUALITÉ QUE DOIT AVOIR CELUI QUI PRÉSENTE UNE CHOSE A L'ASSURANCE POUR CONTRACTER VALABLEMENT.

Pour assurer une chose valablement, il ne suffit pas d'avoir la capacité légale de contracter; il faut aussi avoir qualité d'assurer cette chose.

Un principe certain qui domine toute cette matière, c'est que, pour faire assurer une chose, il
faut avoir un intérêt réel à sa conservation.

« Si je fais assurer en mon nom la maison de
Titius qui ne m'appartient pas, et sur laquelle je
n'ai aucun droit, je ne fais pas un contrat d'assurance, mais un pari : je parie que la maison de
Titius brûlera, et je consens à perdre la somme
que je paie à titre de prime, si elle ne brûle pas;
l'assureur parie, de son côté, que la maison ne
brûlera pas et s'engage, dans le cas contraire, à
payer la somme stipulée à titre d'indemnité. Vainement donc nous aurons qualifié notre convention de contrat d'assurance : les termes de l'acte
ne pourront prévaloir sur la substance même de
cet acte, qui se trouvera dépourvu d'une des
conditions essentielles à la validité du contrat
d'assurance, un intérêt en risque qui soit la cause
et l'objet du contrat. Si donc la maison qui a été
l'objet de la convention vient à périr, je ne pourrai
réclamer aucune indemnité, puisqu'une indemnité ne peut être que le corrélatif d'une perte que
je n'aurai point faite, et je n'aurai d'autres droits
que ceux qui naissent du jeu ou du pari (1). »

Il est donc de l'essence du contrat, que la personne qui fait assurer soit intéressée à la conservation de la chose assurée. Est-il nécessaire
qu'elle en soit propriétaire ? Non : le principe
général est qu'on peut faire assurer autant qu'on

(1) Boudousquié, n° 26.

risque de perdre. Toutes les fois qu'il existe un intérêt en risque ou un sujet de perte, l'assurance a une *cause licite et un objet certain qui forment, avec le consentement et la capacité des parties,* les conditions essentielles à son existence et à sa validité.

1. *Du propriétaire.* — Le propriétaire d'un immeuble, capable et maître de ses droits, est, sans contredit, celui auquel appartient, par dessus tout, le droit de le faire assurer. On en peut dire autant du copropriétaire : il peut évidemment faire assurer sa chose jusqu'à concurrence de la valeur qui lui appartient. S'il a fait une assurance pour le tout, il sera considéré comme quasi-mandataire des autres copropriétaires, à moins que ceux-ci ne l'aient désavoué : dans ce cas, l'assurance ne sera valable que pour sa part seulement.

Le mari et le tuteur sont intéressés à faire assurer, l'un les biens de sa femme, commune en biens, dont les art. 1428 et 1431 du C. N. lui confient l'administration ; l'autre, les immeubles du mineur, art. 450. Cette assurance rentre dans les actes d'administration ; par conséquent, le tuteur peut assurer sans aucune autorisation.

Nous avons à examiner, à propos de l'assurance faite par le propriétaire, une question assez importante : *Lorsqu'un propriétaire vend sa chose après avoir souscrit une assurance, quelle influence cette aliénation exerce-t-elle sur le contrat?* A proprement parler, ce n'est pas là une de ces questions que l'on peut appeler *pratiques.* Les Sociétés la préviennent par l'insertion dans leurs statuts de clauses explicites.

Cette question ne peut donc soulever de difficulté que dans le silence des parties. Dans ce cas, le vendeur perd tout droit à l'indemnité ; ce fait est hors de doute, et la Société peut exiger les primes échues et, s'il y a lieu, des dommages et intérêts.

Relativement à l'acquéreur, un grand nombre d'auteurs et la Cour de cassation, s'appuyant sur le maintien des associations mutuelles, en vertu de la seule existence des valeurs assurées, penchent pour la transmission à l'acquéreur des bénéfices de l'assurance. Les successeurs à titre singulier, tels que l'acquéreur, le donataire, le légataire à titre particulier, sont les ayant-cause de l'assuré : ils succèdent à la qualité de propriétaire en laquelle il s'est fait assurer ; ils ont droit aux accessoires de la chose vendue, aux bénéfices de l'assurance, comme ils sont tenus par les obligations qui en résultent (1).

---

(1) Émerigon, chap. xvi, sect. 3. — Toullier, t. X, *Additions,* nᵒˢ 11 et seq. — Quénault, nᵉˢ 212 et seq. — Boudousquié, nᵒ 172. — Persil, nᵒ 178. — Alauzet, nᵉ 42. — Bruxelles, 7 juin 1837. — Rouen, 5 avril 1845. — Tribunal de Laon, 1827.

Les considérants de ce jugement sont assez remarquables pour être cités : « Considérant qu'il est de l'essence du contrat d'assurance que l'assuré soit propriétaire de la chose assurée, ou qu'il ait un intérêt à sa conservation ; que l'ordre public l'exige ainsi ; que si celui qui a fait assurer cesse d'être propriétaire de la chose, les mêmes raisons

Cette doctrine est déjà ancienne : elle était professée par Émerigon en matière d'assurances maritimes.

Sans nier en aucune façon l'incontestable autorité des arguments invoqués par Émerigon et reproduits par quelques auteurs, nous pensons néanmoins que, relativement aux Sociétés d'assurances mutuelles, ils sont susceptibles de recevoir quelques modifications.

Sans doute, ces associations ne se forment pas seulement en vue des personnes : les sociétaires ne sont pas la cause de la Société, ils l'ont créée dans l'intérêt de leurs propriétés, à cette fin de se garantir contre les suites désastreuses d'un incendie. Mais est-il bien vrai, cependant,

---

s'opposent à ce qu'il profite de l'indemnité: autrement, la perte de la chose assurée serait pour le nouveau propriétaire, et le montant du sinistre pour le précédent, qui cependant aurait déjà touché le prix de la chose, ou aurait du moins le droit de le toucher ; résultat immoral et contraire à la nature du contrat d'assurance, établi pour garantir des risques de l'incendie celui qui y est exposé ; que ce serait méconnaître l'essence de ce contrat que de le considérer comme aléatoire, et rentrant dans la classe du jeu et du pari, et de le rendre ainsi susceptible de tourner au préjudice de la Société ; que la loi qui protége le contrat d'assurance n'accorde au contraire aucune action pour le jeu et le pari ; que de tout ce que dessus il résulte que, par, sa nature le droit à l'indemnité de l'assurance est un accessoire de la chose jugée, et qu'il la suit dans les mains de l'acquéreur, conformément aux articles 1614 et 1615 du Code civil. Par ces motifs, etc. » — *Courrier des Tribunaux*, 12 juin 1827 et 9 juillet 1827. — M. Pardessus, t. II, p. 271. — Boulay-Paty, *Cours de Droit commercial maritime*, t. IV, p. 329. — Cour de cassation, 12 janvier 1842. — *Sur la nature de l'association*, M. Pardessus, t. IV, p. 11. — Despeisses, t. I, p. 371.

que l'association repose sur la seule existence des valeurs assurées, *quels que soient leurs possesseurs*? Évidemment non : il est nécessaire, dit Émerigon, que la police contienne le nom de celui qui fait assurer, afin que les assureurs sachent avec qui ils contractent (chap. II, sect. 7). Dans leurs polices, les Compagnies à prime exigent que la transmission des objets assurés par *décès, vente ou toute autre cause, leur soit déclarée, et que cette déclaration soit mentionnée dans la police, sous peine de déchéance;* et se réservent, lorsque cette déclaration a été faite, le droit *de maintenir ou de résilier.*

Si la confiance qu'inspire l'assuré est une des causes qui doivent influer sur la détermination de l'assureur, où donc la nécessité de déclarer ses qualités paraîtra-t-elle plus absolue que dans le contrat d'assurance mutuelle? Ne peut-il pas arriver que l'assureur ne trouve point les mêmes garanties dans la personne qui succède à l'assuré; qu'il ne lui accorde pas la même confiance? La situation des sociétaires ne peut-elle pas être changée et aggravée par ce successeur? Comment a-t-on pu soutenir qu'un conseil d'administration serait tenu d'étendre son consentement à l'adhésion d'un membre qu'il aurait repoussé, s'il s'était présenté lui-même pour souscrire l'assurance?

Cette doctrine est contraire à l'essence des conventions et à l'esprit du contrat d'assurance mutuelle. En cas de mutation des personnes, les conseils d'administration doivent être appelés à se prononcer sur la continuation de l'assurance ; ou, tout au moins, la faculté de résilier le contrat doit leur appartenir d'une manière absolue. Ce serait porter atteinte à ce pouvoir discrétionnaire que de décider autrement.

Quant à cet argument invoqué par Émerigon et reproduit par plusieurs auteurs, que l'assurance est l'accessoire de la chose, nous le laisserons de côté. Il doit s'effacer devant le grand principe de la solidarité, qui est la base des Sociétés mutuelles. Le vendeur n'a pas le droit d'imposer aux assureurs un nouveau sociétaire. Le fait même de la vente lui enlève tout intérêt à la conservation de la chose assurée, et amène nécessairement la chute du contrat. Il ne peut donc lui céder aucun droit à l'indemnité, ou même à la continuation de l'assurance.

Nous pensons donc que, si le successeur à titre singulier désire profiter des bénéfices de l'assurance, il devra déclarer à la Société le fait de la mutation, de façon que le conseil d'administration soit appelé à se prononcer sur le maintien ou la résiliation du contrat (1). « Si l'assurance avait été contractée par une Société mutuelle, et que les statuts ou l'adhésion ne continssent aucune clause sur la cession de la propriété,..... comme, d'ailleurs, la personne du

______

(1, Nous verrons plus loin que ces principes ne seraient pas applicables au successeur à titre universel.

sociétaire est encore d'une plus grande considération dans l'admission à la mutualité que dans l'assurance à prime, on pourrait dire que la continuation de l'assurance ne s'appuierait sur aucun motif, et que le sinistre, arrivant après que la propriété aurait changé de main, ne devrait pas tomber à la charge de la Société mutuelle. » (Lehir, t. IV, p. 222.)

2. *Des associés.* — Aux termes de l'art. 27 du Code de commerce, l'associé commanditaire ne peut faire acte de gestion, même en vertu de procuration : or, l'assurance étant un acte de gestion, cet associé n'a évidemment pas qualité pour assurer. Cet article, et le suivant, ont été modifiés comme il suit par la loi du 6 mai 1863 :

Art. 27. — L'associé commanditaire ne peut faire aucun acte de gestion, même en vertu de procuration.

Art. 28. — En cas de contravention à la prohibition mentionnée dans l'article précédent, l'associé commanditaire est obligé solidairement avec les associés en nom collectif, pour les dettes et engagements de la Société qui dérivent des actes de gestion qu'il a faits ; et il peut, suivant le nombre ou la gravité de ces actes, être déclaré solidairement obligé pour tous les engagements de la Société, ou pour quelques-uns seulement.

Les avis et conseils, les actes de contrôle et de surveillance n'engagent point l'associé commanditaire.

Ainsi donc, si un associé commanditaire traite avec une Société d'assurances, l'acte n'est pas nul ; mais les tribunaux pourront le déclarer solidairement obligé avec les associés-gérants, pour tous les engagements de la Société ou pour quelques-uns seulement.

Les administrateurs des Sociétés anonymes ont seuls qualité pour faire assurer les biens de la Société. (Code de Comm., art. 29-31.)

3. *Du dépositaire.* — Art. 1928 Code Nap. Si le dépositaire s'est offert lui-même pour recevoir le dépôt ; s'il a stipulé un salaire pour la garde du dépôt, si le dépôt a été fait uniquement pour l'intérêt du dépositaire, s'il a été convenu expressément que le dépositaire répondrait de toute espèce de faute, il devra apporter dans la garde de la chose déposée plus de soins qu'il n'en apporte dans la garde des choses qui lui appartiennent. Les risques qu'il court et l'intérêt qu'il a à se décharger de sa responsabilité peuvent être l'objet d'une assurance.

Si nous restons dans l'hypothèse prévue par l'art. 1927, c'est-à-dire si le dépositaire n'est pas tenu d'apporter dans la garde de la chose déposée plus de soins qu'il n'en apporte dans la garde des choses qui lui appartiennent, les risques qu'il court sont encore assez importants pour pouvoir être soumis à l'assurance.

4. *De l'usufruitier et du nu-propriétaire.* — L'usufruitier ayant la possession de la chose soumise à l'usufruit, et risquant de perdre les intérêts et la jouissance de cette chose, a évidemment

12

le droit de se garantir contre ce risque par l'assurance. Il n'est pas douteux que si l'immeuble était assuré, d'accord avec les assureurs, par le nu-propriétaire et par l'usufruitier, l'indemnité due, en cas de sinistre, par les assureurs, serait de la perte éprouvée par ces deux personnes. La somme allouée à ce titre serait versée sur quittance collective et employée à la reconstruction de l'édifice, ou placée au profit de l'usufruitier.

Mais, si l'usufruitier ou le nu-propriétaire agissent à l'insu l'un de l'autre, jusqu'à concurrence de quelle somme l'assurance contractée par chacun d'eux à son profit exclusif sera-t-elle valable ? Il faut tenir pour certain que l'usufruitier ne peut valablement faire garantir la chose objet de son droit, que jusqu'à concurrence de son droit d'usufruit, et que l'assurance contractée par le nupropriétaire ne sera également valable que jusqu'à concurrence de son droit de nue-propriété (1).

Que l'usufruit résulte d'un legs ou d'une convention, il donne toujours naissance à deux droits parfaitement distincts :

1° Droit de nue-propriété ;

2° Droit d'usufruit.

Ces deux droits donnent lieu à deux contrats d'assurance séparés :

(1) En vertu des principes que nous avons exposés plus haut, en examinant quelle est l'influence de l'aliénation de la chose assurée sur le contrat, nous devons décider que, dans le cas où l'usufruit naît d'un legs, l'usufruitier ne bénéficie de l'assurance contractée par l'auteur du legs que s'il est légataire universel.

1º Si l'assurance est souscrite par l'usufruitier, l'indemnité à laquelle il aura droit en cas de sinistre, sera de la valeur des choses qui composent son usufruit, combinées avec son âge et les chances de longévité qu'il présente. Il ne peut pas bénéficier du contrat qu'il aurait souscrit comme propriétaire, et dans lequel il aurait déclaré assurer la chose tout entière ; l'indemnité ne sera jamais que de la valeur de l'usufruit au moment du sinistre. Si, au lieu de l'immeuble, il s'agissait des fruits de cet immeuble, l'assurance contractée par l'usufruitier tomberait sur la chose même.

2º Si c'est le nu-propriétaire qui a traité avec la Société d'assurance, le contrat sera valable seulement quant à la nue-propriété. Comprend-elle la valeur totale de la chose, il faudra en déduire celle de l'usufruit : ces deux contrats sont, avons-nous dit, parfaitement distincts. Rien n'autorise à déclarer le nu-propriétaire *negotiorum gestor* de l'usufruitier, et réciproquement : la gestion d'affaires ne se présume pas. Colmar, 25 août 1826. — Boudousquié, p. 172 et 173. — Pouget, *Dict. des Ass.* vº Nue-Propriété. — *Journal des Assurances,* année 1852, p. 295.

5. *Du locataire, du fermier et du colon partiaire.* — Le locataire, auquel il faut assimiler le fermier et le colon partiaire, peut faire assurer la maison ou la ferme louée, puisqu'il a intérêt à sa conservation. Art. 1733. C. N. : « Le locataire ré-

« pond de l'incendie, à moins qu'il ne prouve
« que l'incendie est arrivé par cas fortuit, ou
« force majeure, ou par vice de construction, ou
« que le feu a été communiqué par une maison
« voisine. » Art. 1734. « S'il y a plusieurs loca-
« taires, tous sont solidairement responsables de
« l'incendie, à moins qu'ils ne prouvent que l'in-
« cendie a commencé dans l'habitation de l'un
« d'eux, auquel cas celui-là seul en est tenu; ou
« que quelques-uns ne prouvent que l'incendie
« n'a pu commencer chez eux, auquel cas ceux-là
« n'en sont pas tenus. » Ces articles établissent
donc contre les locataires, fermiers et colons par-
tiaires, une présomption légale *juris et de jure*,
qui met l'incendie à leur charge, dans tous les
cas où ils ne peuvent pas prouver qu'ils ne sont
pas en faute. Ils ont donc le droit de se faire garantir contre deux risques principaux : le risque
locatif et celui du recours des voisins. Nous verrons plus loin, au chapitre des risques, quelle est
l'étendue de la responsabilité du locataire vis-à-
vis de son propriétaire ou de ses voisins. Nous
dirons seulement que ces deux risques sont l'objet
d'une assurance stipulée expressément pour
chacun d'eux, et nécessitant la fixation d'un prix
spécial.

6. *Du mandataire.* — Le mandat est légal ou
conventionnel. Parmi les mandataires légaux,
nous avons déjà cité le mari et le tuteur. Les tuteurs ont le droit de faire assurer les biens de leurs

pupilles, mineurs non émancipés. Est-ce pour eux
un devoir ? On pense généralement qu'on ne doit
les déclarer responsables du défaut d'assurance,
que s'ils ont fait preuve d'une négligence voisine
du dol. Les mêmes droits appartiennent au mari
pour l'assurance des biens de sa femme et des
biens personnels de ses enfants mineurs. « Les
mandataires sont les représentants des mandants :
ceux-ci, par les stipulations des premiers, jus-
tifiant de leur mandat, se trouvent engagés
comme s'ils avaient contracté eux-mêmes. Toutes
les règles portées par le Code civil, pour établir
les obligations du mandataire, s'appliquent à
l'individu qui fait assurer pour un autre, en
vertu de la procuration à lui donnée. En un mot,
il remplit les devoirs d'un mandataire ordinaire ;
les mêmes obligations lui sont imposées. » (Persil,
p. 176.)

   7. *Doit-on considérer le défaut d'assurance
comme un acte de mauvaise gestion ?* — Aux termes de l'article 450, C. N., le tuteur administrera
les biens du mineur en bon père de famille et ré-
pondra des dommages-intérêts qui pourraient
résulter d'une mauvaise gestion. Cette disposition
s'applique également au mandataire conventionnel (art. 1992) ; au père qui administre la fortune
personnelle de ses enfants mineurs, et au mari
pour les biens de sa femme. Regardera-t-on comme
un acte de mauvaise gestion le défaut d'assurance ?
Le mandataire sera-t-il responsable de la perte

qu'il aurait évitée en faisant assurer? Et l'article 1992, qui rend le mandataire responsable non-seulement du dol, mais encore des fautes qu'il commet dans sa gestion, leur sera-t-il applicable?

S'il s'agissait d'un tuteur négligent, nous prononcerions hardiment sa responsabilité. Mais la question devient plus difficile quand on se trouve en présence d'un tuteur diligent et bon administrateur. MM. Grün et Joliat, nº 70, soutiennent que l'erreur ne peut pas être considérée comme une faute, et que le tuteur qui n'a pas fait assurer parce qu'il n'accorde pas de confiance au système des assurances, ne doit pas être réputé en faute. Cet argument ne nous paraît pas sérieux, et nous doutons fort qu'au moment où l'on écrivait ces lignes, il n'existât point en France de Sociétés ou Compagnies présentant des garanties capables de rassurer les tuteurs les plus timorés. D'un autre côté, la loi oblige le tuteur à apporter dans l'administration de la fortune du pupille plus de soins que dans l'administration de ses propres biens. C'est là ce qui a servi d'argument à l'opinion contraire.

Nous ne pensons pas que la vérité se trouve dans ces deux opinions extrêmes. Le tuteur est seul juge des moyens qu'il emploie dans son administration pour conserver les biens du pupille. « Croit-il que le danger ne se présente pas assez « menaçant pour risquer, tous les ans, la somme « constitutive de la prime? Existe-t-il de graves

« présomptions pour regarder le danger comme
« improbable ? En cas de sinistre, il se sera
« trompé dans ses prévisions ; mais il y aura
« bonne foi, et la bonne foi doit suffire pour son
« absolution. S'il avait résisté aux sollicitations
« du subrogé-tuteur, du mineur, du conseil de
« famille, il y aurait entêtement : son obstination
« pourrait être considérée comme une faute... ;
« sa responsabilité se trouverait alors engagée par
« le défaut d'assurance. » (Persil, nº 138.)

8. *De la gestion d'affaires.* — L'assurance
contractée par un individu dépourvu de tout pouvoir à cet égard est-elle valable vis-à-vis du propriétaire ? En autres termes, le quasi-contrat de
gestion d'affaires, *negotiorum gestio,* peut-il se
produire en matière d'assurance ?

Les art. 1370 et 1371, Code Nap., contiennent
les principes généraux sur lesquels repose la
théorie du quasi-contrat de gestion d'affaires :
« Certains engagements se forment sans qu'il in-
tervienne aucune convention, ni de la part de
celui qui s'oblige, ni de la part de celui envers
lequel il est obligé..... Les quasi-contrats sont
les faits purement volontaires de l'homme,
d'où il résulte un engagement quelconque envers un tiers, et quelquefois un engagement
réciproque des deux parties. » Les articles
qui suivent contiennent les règles particulières au contrat de gestion d'affaires et dont les
plus importantes sont que, « lorsqu'on gère vo-

lontairement l'affaire d'autrui, on est tenu d'apporter à la gestion de l'affaire tous les soins d'un bon père de famille, et de rendre compte; et que, d'un autre côté, le maître doit indemniser entièrement le gérant s'il a bien administré.

Pour que le quasi-contrat, *negotiorum gestio*, puisse se former, il faut qu'il préexiste à la gestion une affaire qui en fasse la matière; que le fait de la gestion soit licite; que le fait soit purement volontaire de la part de son auteur.

Ainsi donc, pour que la gestion d'affaires puisse se produire, il faut, avons-nous dit, qu'il préexiste à la gestion une affaire. Il en résulte que l'on doit distinguer entre gérer l'affaire d'autrui et faire une affaire pour autrui. Dans le premier cas, il y aura *negotiorum gestio*, et dans le second, *negotiorum susceptio*.

A quel quasi-contrat donnera naissance le fait d'assurer sans mandat la propriété d'autrui? Il est évident que ce n'est pas là gérer l'affaire d'autrui, mais bien faire une affaire pour autrui. Il n'y aura donc pas lieu au quasi-contrat, *negotiorum gestio*, mais bien à la *negotiorum susceptio*.

Cette distinction résulte d'un arrêt de la Cour de Bordeaux, du 21 juillet 1827 : « Attendu, en droit, que ce quasi-contrat (*negotiorum gestio*) ne saurait exister sans une affaire qui soit la matière de la gestion, et que, dans l'espèce, il est évident que la déclaration que le père fit en faveur de ses deux fils, lors de l'adjudication, n'était point la conséquence d'une affaire commencée qui pût être l'objet de son intervention, etc. (1).

M. Pouget attache avec raison, selon nous, une grande importance entre ces expressions : faire l'affaire d'autrui et faire une affaire pour autrui. Dans le premier cas, on s'identifie le plus possible avec le propriétaire ; dans le second cas, le lien qui existe entre le maître et le gérant n'étant pas, à beaucoup près, aussi étroit, les principes spéciaux au contrat d'assurance écartent aisément la fausse application de ce que l'on appelle le quasi-contrat, *negotiorum gestio*.

M. Alauzet repousse ce système avec beaucoup d'énergie : les motifs sur lesquels il appuie cette décision nous paraissent étrangers à l'essence du contrat d'assurance. Selon lui, l'objet servant d'aliment au risque et la prime payée sont les éléments essentiels qui constituent l'obligation de l'assu-

___

(1) « Un père, qui s'était rendu adjudicataire d'un immeuble pour deux de ses fils majeurs absents, mourut avant la ratification de ceux-ci, en sorte que le concours de leur volonté avec celle du père n'était plus possible. Question de savoir si l'immeuble devait être partagé dans la succession, ou s'il appartenait exclusivement aux deux fils qui s'en prétendaient propriétaires ; parce que, disaient-ils, le père, en l'achetant pour eux, avait fait leur affaire, s'était porté leur *negotiorum gestor*. C'est textuellement ainsi qu'ils se défendaient. Mais leur prétention fut écartée et devait l'être.

« Dans cette espèce, le père avait évidemment fait l'office d'un *negotiorum susceptor* ; s'il eût vécu, et que ses deux fils eussent refusé de l'approuver, l'arrêt aurait laissé à son compte l'affaire qu'il avait pris sur lui de faire pour ses deux fils dont il n'était point le mandataire.

« Le principe est donc qu'il ne peut y avoir de *negotiorum gestor* sans une affaire préexistante à la gestion commencée. » (Delamarre et Lepoitevin, t. I, p. 193.)

reur. Il considère comme inutile, ou du moins
comme superflue, la déclaration de qualité de celui
qui fait assurer. Cette doctrine, qui peut être vraie
en matière d'assurance maritime, ne l'est pas du
tout en matière d'assurance terrestre.

Les polices stipulent que celui qui fait assurer
doit faire connaître la qualité en laquelle il agit.
Pourquoi les Compagnies d'assurances prennent-
elles cette précaution? C'est, sans doute, parce
que la nature de l'objet assuré, le danger auquel
il est exposé, l'intérêt, la qualité de la personne
qui fait assurer, constituent l'ensemble du risque
que doit courir l'assureur. En un mot, une condition essentielle pour l'assureur, c'est la connaissance parfaite de l'assuré. Cette connaissance est
pour lui une garantie. Si elle n'existe pas, il y a
réticence (art. 338, C. Com.). Cette seule considération nous suffit pour repousser le quasi-contrat,
negotiorum gestio, en assurance. Nous pourrions
encore ajouter que ce quasi-contrat ne peut exister,
parce qu'il n'est pas rationnel que l'une des parties se trouve obligée, tandis que l'autre est libre
de tout lien. Comment, en effet, l'assureur peut-
il contraindre celui qui assure un objet qui ne lui
appartient pas à payer une prime d'assurance annuellement? Et quelle action, d'autre part, ce
même assureur aurait-il contre le véritable propriétaire? Ce dernier, en refusant la prime, ne
répondrait-il pas, si on lui objectait un contrat non
consenti par lui : *res inter alios acta?* » (Pouget,
J. des Assur., année 1850, p. 240.)

Nous adoptons le système professé par M. Pouget et nous pensons, avec lui, que l'assureur doit être complètement éclairé sur la qualité de celui qui présente une chose à l'assurance.

Quant aux arrêts qui ont reconnu et validé certains contrats d'assurance présentant des analogies plus ou moins éloignées avec le quasi-contrat de gestion d'affaires, nous leur opposerons des décisions pour le moins aussi nombreuses et qui toutes constatent l'obligation où est l'assuré de faire connaître à l'assureur sa véritable qualité. C'est dans ce sens que l'on a jugé que celui qui assure, comme propriétaire, des constructions élevées sur un terrain dont il n'est que locataire, fait un acte nul. Cass., 25 janvier 1848. Rouen, 28 février 1848 (1).

Ainsi donc, la gestion d'affaires ne se présume point et ne peut exister, en matière d'assurance, qu'autant que celui qui fait assurer déclare sa qualité de *negotiorum gestor*. C'est en vertu de ce principe que nous avons déjà décidé, plus haut, qu'en cas d'aliénation de la propriété assurée par

---

(1) On dit encore, à l'appui du système que nous reproduisons, que si le quasi-contrat de gestion d'affaires était reconnu , il en pourrait résulter des conséquences funestes à l'ordre public. Rien n'empêcherait, en effet, de spéculer sur l'assurance; ou bien encore de soumettre à l'assurance les immeubles de propriétaires négligents pour réclamer d'eux, au moment du sinistre, non-seulement la restitution des primes versées à la Société d'assurances, mais encore une somme plus ou moins considérable. De cette manière, il peut arriver que certaines personnes soient intéressées à l'événement d'un sinistre. Pouget, *Dict.,* v° Negotiorum gestio.

vente, décès ou changement de raison sociale,
les premiers assurés ne pourraient être considérés comme les *negotiorum gestores* des acqué-
reurs à titre singulier.

9. *Du commissionnaire.* — Le commissionnaire, aux termes de l'art. 91 du Code de commerce, stipule en son propre nom ou sous un
nom social pour le compte d'un commettant. Le
mandataire, au contraire, manque de personnalité :
c'est, en réalité, le mandant qui agit par lui ; tandis
que si le commissionnaire veut lier son commettant, il doit expressément déclarer qu'il entend
agir au nom et pour le compte de ce commettant.

Le commissionnaire peut agir, soit en son nom
personnel, soit pour le compte de telle personne
déterminée, *pro persona nominanda.*

S'il déclare agir pour son commettant, avec l'intention de le lier seul, il ne sera pas personnellement engagé. — S'il ne déclare pas sa qualité au
moment du contrat, il sera réputé agir en son
propre nom ; et, il devra prouver, en cas de sinistre, qu'il courait un risque à l'occasion de la
chose présentée par lui à l'assurance (1).

(1) Les assurances pour le compte de qui il appartiendra se présentent rarement en matière d'assurances terrestres. « Il se fait, il est
vrai, des assurances pour le compte de qui il appartiendra ; mais ce
sont des assurances sur marchandises à placer dans un magasin
déterminé et confiées à la garde et aux soins du propriétaire de ce
magasin, lequel figure dans la police comme l'assuré et le débiteur
de la prime..... il n'importe qui est le propriétaire de l'objet assuré
quand la convention détermine le lieu des risques et la limite au
bâtiment dont la conservation dépend des soins de la personne qui

Si les assureurs ne présentent pas de garanties sérieuses, le commissionnaire et le mandataire ne seront responsables qu'en cas de dol ou faute lourde.

10. *Du créancier hypothécaire.* — Un sinistre peut compromettre, non-seulement les intérêts du propriétaire, mais encore ceux des créanciers qui ont des droits réels sur l'objet incendié, et qui voient disparaître le gage de leur créance. Si le propriétaire s'est fait assurer et que le contrat devienne caduc par un fait quelconque, c'est en vain que le créancier s'adressera aux assureurs.

D'autre part, l'indemnité est chose mobilière : *re corporali extincta, hypotheca perit;* et l'hypothèque ne saurait atteindre la somme allouée au propriétaire *ex post facto,* à titre d'indemnité. C'est pour obvier à cet inconvénient, *et encore bien que le transport par l'assuré de l'indemnité ne doive pas affranchir le créancier de nombreuses exceptions, c'est pour obvier à cet inconvénient, dis-je, que le prêteur réserve spécialement à son profit, vis-à-vis des Sociétés, les droits résultant du contrat d'assurance fait par son débiteur.* Ainsi, les notaires, intermédiaires habituels entre les emprunteurs et les prêteurs sur hypothèque, obli-

contracte l'assurance. Mais, si le magasin vient à changer de maître, alors les marchandises qui y seraient apportées ne sont plus garanties par la police; car elle n'a d'effet que pour les objets que la personne qui a fait l'assurance peut, pour son compte ou le compte d'autrui, déposer dans ce magasin.

gent le propriétaire à faire assurer sa chose, et à subroger le prêteur dans tous ses droits et actions contre l'assureur. On a cru éviter par ce moyen toute chance de perte ; il s'en faut de beaucoup, cependant, que l'on ait atteint le résultat espéré. — On en peut dire autant des oppositions formées entre les mains de l'assureur, et du privilége dont on a voulu doter l'indemnité. En supposant que ce privilége existât, il n'affranchirait pas le prêteur de certaines déchéances : cessionnaire du débiteur, il suit vis-à-vis de l'assureur la fortune de l'assuré.

Il fallait donc créer, au profit du créancier, un contrat distinct de celui du débiteur, et permettre au premier de faire assurer en son nom personnel le risque qu'il court à l'occasion de sa créance. La question de validité de cette assurance a été très-agitée : on a prétendu qu'elle était contraire à l'ordre public, qu'elle rendait le propriétaire moins vigilant, en ce sens que, quoi qu'il arrive, il sera toujours libéré. Cette objection ne nous paraît point fondée, puisque l'assureur est subrogé dans tous les droits du créancier. Le propriétaire n'est donc pas désintéressé par le fait de l'assurance hypothécaire.

On dit encore qu'un droit incorporel, que l'hypothèque n'est pas susceptible de sinistre ; qu'ainsi si le créancier fait assurer la chose grevée d'hypothèques, ce ne peut être en son nom et dans son intérêt individuel, mais comme exerçant les droits de son débiteur et dans l'intérêt général de tous les créanciers. Il n'est point vrai, selon nous, que l'hypothèque soit un droit non susceptible de sinistre. Toute constitution d'hypothèque est une aliénation éventuelle de la propriété hypothéquée. Elle confère aux créanciers un droit réel qui s'éteint par la perte de la chose sur laquelle il est établi. Peu importe que le créancier conserve une action hypothécaire ; qu'il puisse exiger un supplément d'hypothèque ou un remboursement : si le débiteur est insolvable, il y aura extinction d'un droit réel et perte pour le créancier. La cause de cette perte, c'est l'incendie. — C'est donc contre le danger seul résultant de l'incendie que les Sociétés assurent ; et, certes, à ce point de vue, un droit incorporel peut devenir l'objet d'une assurance, car c'est contre tous les risques de feu que les Sociétés d'assurances ont le droit de protéger la fortune des particuliers (Boudousquié , p. 173. — Quénault, p. 34. — Persil, p. 141). Il est bon de remarquer néanmoins que les Sociétés n'assurent pas le plus ou moins de validité des créances : elles ne garantissent le remboursement qu'autant que la créance n'est point périmée, et qu'elle vient en ordre utile sur l'immeuble hypothéqué.

L'assurance de la créance hypothécaire, suivant les adversaires de ce système, présenterait un autre inconvénient : il est contraire à l'ordre public, disent-ils, qu'un immeuble soit assuré et par le propriétaire et par le créancier hypothécaire, qui pourront, séparément et pour le même immeuble, recevoir une indemnité. Si cet inconvénient existait , on pourrait faire le même reproche à l'assurance contractée par l'usufruitier et le nu-propriétaire, en dissimulant leurs qualités respectives ; au propriétaire qui fait assurer sa chose à plusieurs Compagnies ou qui, après avoir fait assurer son immeuble , exercerait à l'insu de son assureur un recours contre le locataire. Le mal serait donc possible en dehors de l'assurance hypothécaire ; mais il n'existe pas , puisque, comme nous le verrons plus loin , il n'est jamais dû qu'une seule indemnité ; et que, dans l'assurance de la créance hypothécaire, l'assureur qui a payé le créancier étant subrogé de plein droit dans son action contre le débiteur , les deux contrats peuvent recevoir leur exécution sans qu'il y ait cumul de deux assurances et double indemnité. « En effet, si le créancier était seul assuré, l'assureur, après l'avoir indemnisé, aurait son recours contre le débiteur, qui ne ferait que changer de créancier. Lorsque le débiteur s'est fait assurer de son côté, il cesse d'être soumis au recours de l'assureur, à qui il peut opposer l'exception prise de la garantie à laquelle celui-ci s'est obligé ; enfin, s'il existe deux assureurs , celui qui a indemnisé le créancier exerce son recours contre le débiteur, qui appelle en garantie son propre assureur, et, dans tous les cas , le débiteur trouve le bénéfice de son assurance dans sa libération , sans que l'existence simultanée des deux assurances puisse donner lieu au paiement d'une double indemnité. » (Boudousquié, p. 63.)

Rien ne s'oppose donc à la validité de l'assurance des dangers que présente l'extinction d'un privilége ou d'une hypothèque : en outre, elle offre une utilité incontestable, puisqu'elle affranchit le créancier des exceptions que l'assureur pourrait opposer au débiteur.—Le prêt sur hypothèque est déjà environné de tant de difficultés, que le prêteur ne doit pas, lorsqu'il la rencontre, négliger une occasion de consolider son gage par une garantie nouvelle. — Enfin, les Sociétés d'assurances ont intérêt à fournir au créancier hypothécaire le moyen de conserver son gage, puisqu'elle étend la matière assurable et prévient les difficultés qui résultent des oppositions et des transports.

Parcourons rapidement plusieurs cas dans lesquels le créancier qui a exigé de son débiteur la cession de ses actions contre la Société d'assurances, peut cependant être écarté de tout droit à l'indemnité.

L'art. 1689 C. N. veut que la délivrance s'opère entre le cédant et le cessionnaire par la remise du titre. Or, jamais l'assuré ne remet au prêteur sa police d'assurance, ou même un exemplaire certifié.

Aux termes de l'art. 1690, le cessionnaire n'est saisi, à l'égard des tiers, que par la signification du transport faite au débiteur. Néanmoins, le cessionnaire peut être également saisi par l'acceptation du transport faite par le débiteur dans un acte authentique. Beaucoup de prêteurs négligent cette formalité, et, pour éviter les frais d'une signification, veulent que l'agent accepte, dans un acte sous-seing privé, la délégation de l'indemnité faite par l'emprunteur. Aux termes de la loi, cette prétendue délégation est nulle vis-à-vis des tiers, car elle ne saurait opérer la saisie.

Il résulte de ce que l'hypothèque est éteinte par la perte de la maison, que les Sociétés font un acte nul, toutes les fois que, dans leurs statuts, elles déclarent l'indemnité représentative de l'objet assuré et propre aux créanciers hypothécaires, par préférence à tous autres.

Les oppositions qui sont faites soit avant, soit après le sinistre, peuvent encore être déclarées nulles pour défaut de formalité, art. 557 et seq. C. P. C.

En admettant la validité des transports et des oppositions, le prêteur peut ignorer des oppositions ou des transports antérieurs. Il est possible qu'un transport soit primé par un transport fait à un autre créancier, même chirographaire, ou même par une opposition. L'interpellation d'un huissier à une société d'assurance, sur le point de savoir si elle a déjà reçu une autre opposition ou signification de transport, ne peut pas l'obliger. La déclaration que, faute par la société d'avoir répondu dans les vingt-quatre heures, l'opposition ou le transport sera réputé unique, ne peut être opposable à cette société. La jurisprudence ayant admis que les actes faits au domicile de l'agent étaient valables, il n'est pas possible que la société, interpellée au siége de la direction, soit en mesure, dans les vingt-quatre heures, de déclarer s'il n'a pas été fait d'opposition sur un point éloigné de sa circonscription.

Nous signalons, en passant, les inconvénients et les difficultés qui peuvent surgir du concours entre elles des oppositions ou significations de transport : l'emprunteur ne consent le transport de l'indemnité que lorsque son immeuble est hypothéqué ; les créanciers chirographaires, mis à l'écart, forment opposition. S'il surgit quelques difficultés, la société évite généralement de s'en rendre juge et renvoie les parties devant les tribunaux.

Un autre inconvénient résulte encore de ce que les créanciers, opposants ou porteurs d'un transport de l'indemnité, n'ont pas le droit d'intervenir dans le réglement du sinistre. L'assureur ne connaît que l'assuré et demeure libre de discuter avec lui ses droits comme il l'entend. Le créancier subira les conséquences du réglement, à moins qu'il ne prouve le dol ou la fraude ; il n'appartient pas au créancier de changer les conditions du contrat existant entre l'assureur et l'assuré.

Le propriétaire peut encourir certaines déchéances qui paralysent le droit du créancier : ces déchéances sont légales ou conventionnelles. La déchéance de droit n'a pas besoin d'être stipulée dans la police : elle a lieu lorsque l'assuré fait quelque chose d'inconciliable avec le contrat d'assurance : lorsqu'il incendie lui-même sa maison ou qu'il commet un délit ou une faute lourde qui annule le contrat. Les déchéances conventionnelles sont celles qui résultent des conventions expresses intervenues entre l'assureur et l'assuré. Dans bien des circonstances, l'assuré peut renoncer à sa police ou l'assureur a le droit de lui imposer la résiliation. Dans ce dernier cas, l'assuré, soit parce qu'il ne veut pas, soit parce qu'il ne peut pas payer, ne contracte pas de nouvelle assurance et se garde bien d'avertir son créancier. Quant à l'assureur, qui n'a contracté aucune obligation à l'égard de ce dernier, il n'est pas tenu de lui faire connaître la situation faite à son débiteur. Qu'un sinistre arrive, la précaution prise par le prêteur d'imposer l'assurance à l'emprunteur aura été inutile.

Il nous reste à indiquer les principales règles applicables à l'assurance de la créance hypothécaire en cas de sinistre. Les Sociétés stipulent ordinairement que celui qui a fait assurer sa créance hypothécaire devra justifier : 1° de ses droits comme créancier ; 2° du rang d'utilité de l'hypothèque. Ainsi, l'assurance ne sera valable qu'autant que l'immeuble grevé sera d'une valeur au moins égale à la valeur assurée, réunie à celles qui la priment, et aux frais d'expropriation. Le créancier ne pourra réclamer l'exécution du contrat, qu'autant qu'il est prouvé que sa créance aurait pu être colloquée en ordre utile, d'après la valeur de la chose ou de l'immeuble au moment du sinistre. L'assuré ne peut pas dire, pour s'opposer à la déduction des frais d'expropriation, que ces frais sont éventuels. On n'a pas voulu que l'inscription, anéantie par les frais d'expropriation, fût maintenue par le fait de l'incendie.

· Il peut y avoir lieu à l'application de la règle proportionnelle dans le réglement des dommages. Nous verrons que, d'après cette règle, lorsqu'on ne fait pas assurer la totalité de l'objet à l'occasion duquel un risque est couru, on reste son propre assureur pour le découvert. Si l'hypothèque garantit une créance conditionnelle, et que le sinistre survienne avant l'événement de la condition, le créancier devra fournir caution, s'il veut obtenir le paiement immédiat de l'indemnité.

L'assurance par les créanciers chirographaires a semblé présenter quelques difficultés. Il nous répugne cependant de leur refuser le droit de présenter un objet à l'assurance : ils ont, comme les créanciers hypothécaires, le patrimoine de leur débiteur pour gage de leur créance, et sont, par conséquent, intéressés à la conservation dudit patrimoine.

En cas de sinistre, le créancier chirographaire n'aura droit qu'à une indemnité représentative de ce qui lui aurait été payé, si le sinistre n'avait pas eu lieu. Eclaircissons cette règle par un exemple : Primus, créancier chirographaire, et Secundus, créancier hypothécaire, sur une maison A, font assurer les biens de leur débiteur pour la somme de 1,000 fr., montant de leur créance respective.

Si la maison A vient à brûler, Secundus, créancier hypothécaire, sera désintéressé par l'assureur qui exercera un recours contre le débiteur. Le créancier chirographaire ne se trouvera désintéressé que dans le cas où les autres immeubles du débiteur viendraient à disparaître par le fait d'un incendie. — Si on suppose la présence d'un second créancier chirographaire, Tertius, pour la somme de 1,000 francs, comment réglera-t-on les droits de chacun des créanciers ? Si la maison A périt, les deux créanciers chirographaires n'auront rien à réclamer, attendu qu'ils sont primés l'un et l'autre par Primus, créancier hypothécaire sur cet immeuble.

Mais si la maison B, de même valeur que la première, vient à être incendiée, Secundus qui a fait assurer cette maison, ne pourra pas réclamer le paiement intégral de l'indemnité. Si le gage n'avait pas été détruit, Tertius et Secundus, venant en concours pour se faire payer sur le prix, n'auraient touché chacun que 500 francs ; le sinistre ne fait perdre à Secundus que 500 francs ; l'assureur ne lui devra donc qu'une indemnité de 500 francs.

SECTION III.

DES CHOSES QUI FONT L'OBJET DU CONTRAT D'ASSURANCE.

« A s'en tenir aux seules règles du droit na-
« turel, lorsque les choses que quelqu'un a fait
« assurer n'existaient plus lors du contrat, et
« étaient déjà péries, quoique la partie fût de
« bonne foi et qu'elle en ignorât la perte, le con-
« trat devrait être nul, faute d'une chose qui en
« ait été la matière ; de même que le contrat
« de vente est nul lorsque la chose vendue n'exis-
« tait plus au temps du contrat, quoique les par-
« ties l'ignorassent. » (Pothier, chap. 1, n° 11.)

Il est donc de l'essence du contrat d'assurance qu'il y ait un objet certain, une chose que l'on puisse faire assurer.

En principe, l'assurance s'applique à toutes choses susceptibles d'être détruites ou détériorées soit par le feu, soit par quelqu'autre cas fortuit, tels que la grêle, l'inondation, la gelée ; à certaines maladies qui attaquent les fruits de la terre, les bestiaux, etc. Elle s'applique encore à l'insolvabilité : un créancier peut se faire assurer contre les chances qui menacent sa créance. Elle garantit certaines personnes contre les suites d'une responsabilité que des dispositions législatives font peser sur elles : risque locatif, recours du voisin.

C. N., art. 1382, 1733, 1734. Les droits d'usufruit, d'usage, d'habitation, la solvabilité de l'assureur (l'assurance d'assurance), les primes d'assurance à percevoir, la vie, les accidents, peuvent faire l'objet d'un contrat d'assurance. En un mot, on peut assurer tous les biens corporels ou incorporels, même ceux qui, par leur nature, sont en dehors du commerce. Il n'existe d'autre limite à ce principe que celle qui est posée par la loi dans l'article 1172, C. N. Toute condition d'une chose impossible ou contraire aux bonnes mœurs, ou prohibée par la loi, est nulle, et rend nulle la convention qui en dépend. (Art. 6, 900, 1133.)

Mais des restrictions considérables ont été apportées en fait par les Sociétés d'assurance contre l'incendie à ce principe trop général et trop vague. Un grand nombre d'objets sont exclus de leurs traités à raison des risques trop grands qu'ils présentent, ou de la facilité que les assurés pourraient avoir de tromper sur leur valeur réelle.

En général, les Sociétés mutuelles garantissent leurs membres de la destruction et des dommages causés : 1° par l'incendie ; 2° par les effets de la foudre, lors même qu'elle ne cause pas d'incendie, mais à la charge par les sociétaires d'établir que le feu du ciel a occasionné les dommages ; — 3° par l'explosion du gaz dans les maisons qu'il sert à éclairer ; à tous objets mobiliers, y compris ceux que la loi déclare immeubles par destination, produits naturels et manufacturés, ustensiles aratoires et tous instruments de travail, animaux, recoltes, comestibles, combustibles et marchandises de toute espèce, et aux maisons et bâtiments de toute nature. — Elle assure encore les bois taillis et les futaies, pourvu qu'ils ne comprennent pas plus d'un dixième de bois résineux.

Elles garantissent, relativement aux objets assurés, contre le recours qui peut résulter des art. 1382 et 1383 du Code Nap., et connu sous le nom de recours des voisins; et, contre les risques locatifs définis par les art. 1733 et 1734.

Le plus souvent, elles n'admettent pas à l'assurance : les effets de commerce, billets de banque, contrats de toute nature, les bijoux non montés, les diamants, les perles fines, les monnaies ou lingots d'or et d'argent, les tableaux ou objets d'art hors du commerce, si le proposant leur attribue une valeur de plus de..., les mobiliers des théâtres: les salles de spectacle, les filatures, et certaines fabriques et usines. Les Sociétés ajoutent souvent, dans leurs statuts, qu'elles n'assurent pas contre les incendies provenant soit de guerre, invasion ou émeute populaire, soit d'explosion de manufacture ou magasin de poudre public ou particulier, trombe d'eau ou de vent, ouragan et tremblement de terre.

Il est inutile de dire que les sinistres ou dégâts provenant de la volonté de l'assuré restent à sa charge.

1. *Existence de la chose assurée.—Exception.* —A ce principe que le contrat d'assurance doit

être nul , faute d'une chose qui en soit l'objet, il existe une exception en matière d'assurance de récoltes (1) : on reconnaît généralement que l'on peut assurer des fruits à naître, comme des récoltes. (Grün et Joliat, p. 137. — Quénault, p. 27.)

2. *Les marchandises de contrebande peuvent-elles faire l'objet d'un contrat d'assurance ?* — Cette question , autrefois vivement controversée, a singulièrement perdu de son importance.

Pothier nie absolument la validité d'un contrat favorable à la contrebande. La jurisprudence s'est néanmoins prononcée en sens contraire : « Quant aux objets dont l'exportation de France « est permise, mais dont l'importation est pro- « hibée en pays étranger , ils sont l'objet d'une « assurance valable. La contrebande est, en « effet, un vice commun à toutes les nations ; c'est « une sorte de guerre qu'elles se livrent même « dans le temps de paix, par suite de prohi- « bitions que les gouvernements établissent sur « les marchandises, et cette position détermine « un droit de représailles que l'on exerce réci-

(1) On peut encore considérer l'assurance de récoltes et de fruits à naître comme une exception au principe, généralement admis, que l'on ne peut assurer le profit espéré des marchandises. Dans les anciennes législations, cette assurance était presque constamment interdite, et les auteurs s'accordent à voir là un moyen de gain pour l'assuré, et par suite un jeu de sa part. Grün et Joliat 137.—(Alauzet, n° 154, Code de Commerce, art. 347.)

« proquement. » (Cour de Cassation, 25 août
1835. — Persil, nᵒˢ 110, 111.—Alauzet, nᵒ 169.)

La Cour de Cassation distingue le cas où c'est
seulement la loi du pays où se fait l'assurance
qui prohibe l'importation ou l'exportation de ces
objets. Si, par exemple, on assure des marchandises, dont le gouvernement français per-
mette l'exportation, et dont l'importation soit
interdite en Angleterre, le contrat sera valable.
Il serait nul, au contraire, s'il portait sur des marchandises dont l'exportation et l'importation
seraient tout à la fois prohibées. Bien que cette
solution ne nous paraisse pas irréprochable de
tout point, nous pensons qu'elle se rapproche
davantage des principes modernes et qu'elle est
plus conforme à la théorie du libre-échange, que
celle de Pothier.

3. *Il peut se former autant de conventions qu'il
y a de risques différents.* — « Tout propriétaire,
« usufruitier, nu-propriétaire, créancier hypothé-
« caire, pour l'immeuble, qui sert de gage à sa
« créance, et toute personne ayant intérêt à
« la conservation des objets que la Société
« assure, peut devenir membre de la Société. »
(Statuts.)

Nous ne comprenons pas le reproche que l'on a
fait aux Sociétés d'assurances, de percevoir plusieurs fois une prime à l'occasion d'un seul objet.
Il suffit, pour la validité de l'assurance, que l'assuré
soit intéressé à la contracter. Si l'avantage que

l'assureur trouve dans une assurance pouvait la faire déclarer nulle, il faudrait décider que la subrogation consentie à l'assureur le soumet à la restitution de la prime versée par la personne qu'il a indemnisée, puisque, par suite de la subrogation, il peut, dans certains cas, recouvrer les sommes allouées à titre d'indemnité. La validité de la subrogation n'est cependant l'objet d'aucune contestation. Le même immeuble pourra servir de base à la perception de plusieurs primes, équivalent des risques courus. Le propriétaire, le nu-propriétaire, l'usufruitier, le fermier et le locataire, le sous-locataire, le créancier hypothécaire, enfin toute personne intéressée directement à la conservation d'une chose, peut la présenter à l'assurance. La même Société pourra devenir l'assureur de ces diverses personnes et percevoir autant de primes qu'il y a d'assurés. Chaque prime représentera la garantie d'intérêts ou de risques distincts. Cela est si vrai que les intéressés pourraient s'adresser à des compagnies différentes.

4. *De la réassurance.* — L'article 342 du Code de commerce permet à l'assureur de faire réassurer par d'autres les effets qu'il a assurés. « La réassurance est un contrat par lequel, moyennant une certaine prime, l'assureur se décharge sur autrui de certains risques... dont il s'était rendu responsable, mais dont il continue cependant d'être tenu vis-à-vis de l'assuré primitif. Le premier contrat subsiste tel qu'il a été conçu, sans no-

vation ni altération. La réassurance est absolument étrangère à l'assuré primitif, avec lequel le réassureur ne contracte aucune sorte d'obligation. Les risques que l'assureur avait pris forment entre lui et le réassureur la matière de la réassurance, laquelle est un contrat nouveau totalement distinct du premier, qui n'en subsiste pas moins dans toute sa force (Émerigon, chap. VIII, sect. 14). Le contrat de réassurance est fort usité : une société considérant comme trop lourde la responsabilité qu'elle a acceptée peut faire réassurer par une autre, soit en totalité, soit en partie, les risques dont elle s'est chargée. Le premier assureur se trouve, vis-à-vis de son réassureur, soumis à toutes les obligations d'un assuré ordinaire ; il lui doit, par exemple, la déclaration la plus complète de l'étendue des risques. Comme le fait observer Émerigon, la réassurance est absolument étrangère à l'assuré primitif. Il nous semble pourtant que cet assuré pourrait agir contre l'assureur de son assureur, en vertu d'une délégation précise de ce dernier, ou bien encore en vertu de l'article 1166 du Code Napoléon, qui accorde à tout créancier la faculté d'exercer les droits de son débiteur (1).

5. *Des assurances successives.* — Les statuts des Sociétés d'assurance prévoient ce cas : « Les sociétaires sont tenus de dénoncer à la Société les assurances qu'ils auraient déjà faites, ou qu'ils

____

(1) M. Quénault, n° 35.

viendraient à faire ultérieurement des mêmes objets par d'autres compagnies, et ce, soit dans l'acte même d'assurance, soit avant l'incendie, s'il s'agit de valeurs mobilières, ou lors de la constatation du sinistre, s'il s'agit d'immeubles, parce que la Société ne doit supporter que sa part proportionnelle des dommages. A défaut de cette déclaration dans l'un des actes ci-dessus, le sociétaire est privé d'un cinquième de l'indemnité en cas de sinistre, dans la part proportionnelle étant à la charge de la Société. » Cette clause est certainement valable : l'assuré en subit les effets aux termes des articles 1134, 1234 et 1184. La condition résolutoire est toujours sous-entendue dans les contrats synallagmatiques, pour le cas où l'une des deux parties ne satisfera point à son engagement. L'assuré devra donc supporter la perte d'un cinquième dans la part proportionnelle, si la Société parvient à prouver qu'il y avait assurance précédente non déclarée, ou que l'assuré en a contracté postérieurement une nouvelle.

Il peut arriver que la seconde assurance ait seulement pour effet de compléter la première. Dans ce cas, et si la perte de l'objet assuré est totale, les deux assurances seront valables, et il y aura concours entre les deux compagnies pour le paiement d'une indemnité proportionnelle à la valeur assurée par chacune d'elles. Si la perte n'est que partielle, chaque assureur devra également une indemnité calculée d'après les mêmes bases. Ce n'est donc pas à ce fait de deux assurances embrassant à elles deux la totalité de l'immeuble, que s'applique la clause dont nous venons de parler. Il n'y a pas là, en effet, cumul : les assurances successives ne sont défendues qu'autant que la première couvre la valeur de la chose assurée (1).

Sur ce point, d'ailleurs, la doctrine a été profondément modifiée par la pratique ; et bien que certains auteurs soutiennent la nullité de la seconde assurance, les Sociétés, étendant un principe admis en matière d'assurance maritime (2), autorisent le concours au paiement de l'indemnité, alors même que les contrats portent des dates différentes. C'est ce qui résulte de l'insertion dans les statuts de la clause rapportée plus haut. Elle fait disparaître les difficultés auxquelles peut donner lieu la question de validité des assurances successives, en même temps qu'elle apporte une sanction à ce principe : que l'assurance n'est pas un moyen d'acquérir, et que jamais la perte de l'objet ne peut devenir la cause d'un bénéfice pour l'assuré.

6. *Des diverses espèces de risques.* — Nous savons qu'il peut se former autant de conventions

---

(1) On ne peut pas faire assurer plusieurs fois une chose, quand sa valeur se trouve couverte par la première assurance ; car alors les assurances postérieures n'existeraient que dans le but, pour l'assuré, de toucher plusieurs indemnités, par conséquent, de retirer, sans risque aucun, un profit certain. Or, l'assurance n'est pas un moyen d'acquérir : la loi ne la permet que pour procurer au propriétaire la réparation d'un sinistre éprouvé. (Persil, n° 96.)

(2) Code comm., art. 358-359-360.

qu'il y a de risques différents, et que toute personne ayant intérêt à la conservation d'une chose peut présenter cette chose à l'assurance.

« Les risques sont aussi essentiels à une assurance que l'objet qui doit y être exposé : si la chose assurée ne court ou ne doit courir aucun risque, le contrat ne peut être formé ; s'il a été passé, dans la prévision de risques à venir, et que cette prévision ne se réalise pas, la convention est annulée de plein droit. Ainsi, lorsque le navire ne sort pas du port, lorsque le champ n'est pas ensemencé, l'assurance est nulle ; mais du moment que le risque a commencé à courir, le contrat est parfait. » (Alauzet, nº 158.)

L'existence du risque ne suffit pas : il faut encore que l'ordre public ou les bonnes mœurs ne mettent point opposition à ce qu'on s'expose à ces risques ou à ce qu'on s'en décharge. Ainsi, les risques d'amende, de prison, de confiscation, de destruction par le fait même du propriétaire (1), ne pourraient servir d'objet à l'assurance. (Art. 1628, 1382 et 1383.)

Il faut encore que le risque résulte d'un cas fortuit ou d'une force majeure.

On appelle cas fortuit les événements que la prudence humaine ne saurait prévoir : *Fortuitos casus nullum humanum consilium providere potest* (2). La force majeure est celle à laquelle on

---

(1) Émerigon, ch. xii, sect. 2.
(2) 2, § 7. ff., *De admin. rer. ad civit.* G. C. *De pign. act.*

ne peut résister (1). Ces deux points se confondent souvent, et l'on a pu dire : *Casus fortuitus
est accidens quod per diligentiam curamve mentis
humanæ non potest evitari nec provideri* (2).

Rien n'empêche les sociétés de répondre également des cas imprévus, toutes les fois qu'ils ne
sont pas le résultat d'une faute lourde de l'assuré :
autrement, la garantie qu'elles prétendent procurer serait presque illusoire. A part les sinistres
qui sont dus à l'effet de l'intempérie des saisons,
comme dans les assurances contre la grêle, etc.,
le plus souvent, les sinistres se produisent par
le fait de l'homme, de l'assuré lui-même ou des
personnes dont il est civilement responsable. Si
les risques de cette sorte étaient exclus de l'assurance, elle ne semblerait plus porter sur rien (3).
La faute qui consiste dans une simple négligence
laisse encore au hasard une large part dans l'événement ; et il serait inique, selon nous, de perpétuer
cette opinion des anciens jurisconsultes, qui dé-
claraient l'assuré responsable d'une faute même

---

(1) Cui resisti non potest. 15. § 2. ff. *Locati*. Fortuitus casus est cui
non potest resisti, et cui præcaveri non potest. Cujas, *Rubr. du Code De
locato.*

(2) Casarégis. Disc. 23, n° 38. — Casus fortuitus est inopinatæ rei
eventus cui provideri non potest ; ubi autem diligentissimus præcavisset
et providisset, non dicetur proprie casus fortuitus. — Santerna, pars 5,
n° 65. — Straccha, Glos. XI et XXII. — L'assurance terrestre s'étend
également aux cas imprévus : Improvisus casus dicitur qui solet impru-
dentibus contingere, quod fato contingit et cuivis patrifamilias quamvis
diligentissimo potest contingere. Santerna, p. 3, n° 65.

(3) Alauzet, n° 161.

légère. Les tribunaux ont fait justice de ce système. L'ancienne division des fautes en *culpa lata*, *culpa levis*, *culpa levissima*, en faute lourde, faute légère, faute très-légère, n'existe plus. L'assuré, dans l'intention commune des parties, doit supporter le dommage qu'il a causé par sa faute, lorsque cette faute est telle qu'évidemment, s'il n'eût point été assuré, il ne se fût pas abandonné à cet excès de négligence (1). L'assuré répond de sa faute lourde, la seule que les tribunaux admettent. Aussi ne peut-on pas se faire assurer, comme nous l'avons déjà fait pressentir, contre les risques qui en résultent, et *à fortiori* contre les suites de son délit (2).

La distinction des cas fortuits et des cas imprévus, et l'appréciation des faits caractérisant la faute lourde appartiennent aux tribunaux.

Au moment de la formation du contrat, le risque doit être nettement précisé, afin que l'assureur s'oblige en parfaite connaissance de cause.

______

(1) M. Frémery, *Études sur le droit commercial*. Le dommage causé par toute faute moindre, ou par cas fortuit, est à la charge de l'assureur. MM. Delamarre et Lepoitevin, p. 403. C'est à cette faute que fait allusion la loi 27, § 9, ff. *Ad legem Aquiliam* : Si fornarius servus coloni, ad fornacem obdormuisset et villa fuerit exusta.

(2) « L'assuré peut-il avoir eu d'autre but que de se prémunir contre « l'imprudence de ses enfants, la négligence de ses domestiques, l'in- « souciance de ses élèves et de ses apprentis, et même contre leurs dé- « lits ? » M. Alauzet, t. II, p. 430. — Quénault, p. 211. — Boudousquié, p. 342. — Certains auteurs pensent, avec raison, qu'il est prudent d'insérer dans le contrat une clause spéciale à cet égard. Grünn et Joliot, n° 161. — Quénault, n° 64.

Ainsi, toute augmentation ou diminution notable dans la valeur ou la quantité des objets assurés, ou dans la nature des risques, tout transport de meubles d'un endroit dans un autre donnent lieu à un avenant. En un mot, l'assureur doit être averti de tout fait modifiant le lieu ou la durée des risques.

Le défaut d'accomplissement de ces formalités peut amener la résolution du contrat. Il y a là véritablement une condition résolutoire tacite et légale aux termes de l'art. 1184 C. N., qui porte que la condition résolutoire est toujours sous-entendue dans les contrats synallagmatiques, pour le cas où l'une des parties ne satisfera pas à son engagement, et l'obligation de faire connaître à l'assureur la nature des risques est nécessairement l'un des engagements du contrat (1).

Nous avons parcouru rapidement les droits à l'assurance du propriétaire, du co-propriétaire, de l'usufruitier, du nu-propriétaire, du locataire, du mandataire et des créanciers hypothécaires et chirographaires. Nous avons indiqué et résolu les questions les plus saillantes de cette matière ; mais il s'en faut de beaucoup que nous ayons donné à cette étude les développements qu'elle comporte. Il nous reste à examiner les difficultés

____

(1) Toullier, t. II, p. 177. Déplacer les objets du lieu où ils étaient assurés, c'est changer l'opinion du risque et ainsi enlever à l'assurance le consentement de l'assureur. Or, il n'y a assurance que si le consentement des parties contractantes est réciproque. — Pouget, *De l'assuré*, p. 60.

auxquelles peut donner lieu l'assurance des risques locatifs et des risques de voisinage.

§ 1er. Assurance du risque locatif. — « Tout fait quelconque de l'homme, qui cause à autrui un dommage, oblige celui par la faute duquel il est arrivé à le réparer » (art. 1382, Code Nap.). Il résulte de la comparaison de cet article avec l'art. 1733, une responsabilité qui peut devenir l'objet d'une assurance connue sous le nom d'assurance contre les risques locatifs. Dans cette sorte de contrat, il suffit d'énoncer la somme jusqu'à concurrence de laquelle l'assureur sera responsable ; mais l'évaluation des choses que l'incendie pourra consumer est inutile, puisqu'elle n'aurait d'importance que vis-à-vis de l'assuré, et que ce n'est pas à lui, mais bien au propriétaire ou au voisin, que le prix de l'objet incendié devra être payé. « Il répond de l'incendie, à moins qu'il ne prouve — que l'incendie est arrivé par cas fortuit ou force majeure, ou par vice de construction, — ou que le feu a été communiqué par une maison voisine » (Code Nap., art. 1733). « S'il y a plusieurs locataires, tous sont solidairement responsables de l'incendie ; — à moins qu'ils ne prouvent que l'incendie a commencé dans l'habitation de l'un d'eux, auquel cas celui-là seul en est tenu ; — ou que quelques-uns ne prouvent que l'incendie n'a pu commencer chez eux, auquel cas ceux-là n'en sont pas tenus. » (Art. 1734, C. N.)

Ainsi donc, le locataire est présumé en faute

vis-à-vis du propriétaire ; il doit, lorsque l'incendie éclate dans la maison qu'il occupe, établir que le feu provient d'un cas fortuit, ou d'un vice de construction, ou bien qu'il a commencé chez un de ses co-locataires. Démontrer qu'on est ordinairement soigneux, bon père de famille, ne suffit pas; démontrer même qu'on a été absent, n'est pas une exception valable. Si le propriétaire habite la maison louée, l'art. 1733 conserve encore toute sa force, à la charge toutefois, par le propriétaire, de démontrer que le feu n'a pu commencer chez lui.

Dans ce cas, le propriétaire est assimilé à un locataire ordinaire. Il doit donc commencer par établir que l'incendie a pris naissance dans l'habitation des locataires, ou encore que cet incendie n'a pu prendre naissance dans la portion de l'immeuble qu'il habite. L'art. 1734 reprend alors toute sa force, et les locataires sont responsables par le seul fait de leur habitation. (Pouget, *Journ. des Ass.*, 1850, p. 154.)

L'assurance du risque locatif doit exister alors même que le principal locataire paie la prime de l'immeuble, parce que cette charge du bail n'est pas toujours l'exemption de la responsabilité édictée par les articles 1733 et 1734. Il en est de même de l'assurance contractée par le sous-locataire : elle ne dispense pas le locataire principal de l'obligation de faire assurer ses risques locatifs. Le contrat qui s'est formé entre le sous-locataire et l'assureur peut être frappé de nullité, et dans ce cas, le principal locataire se trouvera à découvert vis-à-vis de son propriétaire.

On a pensé que la renonciation du propriétaire au recours contre le locataire, stipulée dans la police faite avec l'assureur de l'immeuble, affranchissait le locataire des rigueurs de la loi : il s'en faut de beaucoup, cependant ; car rien n'empêche le propriétaire de consentir la subrogation contre le locataire, lorsqu'il reçoit l'indemnité.

L'assurance pour risques locatifs ne comprend jamais que la somme déterminée dans la police : dès lors, si le locataire est passible de loyers envers le propriétaire, ceux-ci ne sauraient être à la charge de l'assureur (1).

Les dispositions des art. 1733 et 1734 ne s'appliquent qu'au cas où l'incendie a causé des dommages aux immeubles : elles ne peuvent, dans aucun cas s'étendre aux dommages occasionnés aux objets mobiliers. La présomption légale de faute, établie par les art. 1733 et 1734, est fondée uniquement sur l'occupation des lieux : elle est donc étrangère aux objets mobiliers. En outre, les présomptions légales sont de droit étroit, et ne peuvent, par conséquent, être étendues d'un cas à un autre.

En vertu de ce même principe, les articles

(1) Pouget, *De l'assuré*, p. 81. Le locataire est tenu envers le propriétaire de toute la perte de l'immeuble. Il doit toute la différence entre la somme payée par l'assureur du risque locatif, et celle à laquelle s'élèvent les dommages. *Journal des Assur.* Janvier 1866.

précités sont limitatifs : ils ne peuvent être appliqués à l'usufruitier, à l'antichrésiste, etc.

Les précautions et la surveillance apportées par le locataire ne le déchargent pas, vis-à-vis du bailleur, de la responsabilité d'un incendie survenu dans l'intérieur de l'immeuble affermé, alors même que dans cet immeuble se trouverait un agent du bailleur : le locataire doit toute la perte éprouvée par l'immeuble (1). Il a été jugé également, et il nous paraît incontestable, que le locataire est responsable des dommages causés par ses enfants mineurs, ses domestiques et préposés, ou ses élèves et apprentis. Aux termes de l'art. 1384, on est responsable non-seulement du dommage que l'on cause par son propre fait, mais encore de celui qui est causé par le fait des personnes dont on doit répondre, ou des choses que l'on a sous sa garde (2).

(1) Pothier, v° LOUAGE, n° 193. — Merlin, v° INCENDIE. — *Dict. de Pouget*, v° LOCATAIRE.

(2) Ces principes ont été consacrés par la Cour de Paris dans les considérants suivants : Considérant qu'en admettant, ainsi qu'il est vraisemblable, que l'incendie a été l'œuvre de la malveillance, les indices mêmes qui tendent à établir cette présomption prouveraient en même temps que l'individu qui aurait volontairement mis le feu serait l'un des serviteurs que les époux Coutrot avaient préposés à la garde des bâtiments ;

Considérant qu'en cet état des faits, soit qu'on se place sous l'empire des dispositions des articles 1733 et 1735 du Code Napoléon, soit qu'on applique la règle générale posée en l'article 1384, on est forcé de reconnaître que les époux Coutrot sont responsables de l'incendie qui a éclaté le 12 avril 1863 ; — qu'ils ne peuvent être dégagés de cette responsabilité, par cette circonstance qu'un garde au service de l'administration

Le locataire qui, comme mandataire du propriétaire, a fait assurer l'immeuble qu'il a pris à bail, n'en est pas moins tenu des risques loca-

de l'assistance publique aurait séjourné un certain temps dans la ferme incendiée, aucun soupçon n'ayant jamais plané sur ledit agent, etc.... Au principal, déclare les époux Coutrot responsables envers leur bailleur de l'incendie du 12 août 1863, etc. (23 janvier 1866.)

L'assistance publique disait : aux termes de l'article 1733, Code Napoléon, le locataire est responsable de l'incendie, à moins qu'il ne prouve que cet incendie est arrivé par cas fortuit ou force majeure. Les révélations de l'instruction criminelle établissent que l'incendie a été allumé dans l'intérieur et par un des préposés de la ferme, et à ce titre, la responsabilité retomberait toujours sur les époux Coutrot, aux termes de l'article 1384. Ils ne font pas la preuve du cas fortuit ou de la force majeure, et il est impossible d'en étendre les caractères au fait de la malveillance.

L'ancienne jurisprudence rendait le locataire responsable du fait volontaire ou involontaire, délictueux ou non, des personnes habitant la maison incendiée (Merlin, *Rép.*, v° INCENDIE). Pothier, au titre *Du Louage*, n° 193 : « Le locataire est tenu, par rapport à la conservation « de la chose qui lui a été louée, non-seulement de sa propre faute, « mais de celle de ses domestiques, c'est-à-dire de sa femme, de ses « serviteurs et servantes, des ouvriers qu'il fait travailler chez lui. » La distinction des jurisconsultes romains était très-embarrassante dans la pratique. (La loi romaine déchargeait le preneur, s'il prouvait qu'il n'avait introduit dans sa maison que des serviteurs prudents). Notre jurisprudence, qui rend les locataires responsables indistinctement des fautes de leurs domestiques et de toutes les personnes qu'ils ont dans leur maison, est plus simple et meilleure dans la pratique : elle oblige les locataires à veiller avec tout le soin possible sur leurs domestiques. Elle est parfois dure, car il peut arriver quelquefois qu'un maître, quelque vigilant qu'il soit sur la conduite de ses domestiques, n'ait pu ni prévoir ni empêcher la faute de son domestique qui a causé le dommage. » Et M. Bugnet dit, à ce sujet, très-juridiquement : « C'est en reproduisant cette doctrine, que l'article 1735 ne rappelle point la restriction du troisième alinéa de l'article 1384, qui, en parlant de la restifs , et l'assureur qui a indemnisé le propriétaire a, comme subrogé aux droits de celui-ci , son recours contre le locataire. L'obligation imposée par le bail, au locataire qui a fait l'assurance, de payer annuellement la prime , n'implique nullement renonciation du propriétaire à son recours : ce droit peut donc , malgré cette obligation, être valablement cédé à l'assureur par le propriétaire. L'assureur peut exercer les droits qui lui sont ainsi cédés, quoiqu'en contractant l'assurance au nom du propriétaire le locataire ait fait assurer par la même police son mobilier placé dans le même immeuble : « Attendu qu'aux termes de l'art. 1733 Code Nap. , la dame R..., après l'incendie de sa maison, avait une action contre Vuillaume, son locataire ; qu'en vertu de l'art. 22 de la police d'assurance, la Compagnie, par le fait du mandataire de la dame R..., avait été subrogée dans cette action ; qu'ayant payé ce dommage, elle a droit de se prévaloir de la subrogation qui lui a été consentie ; — Attendu que... d'après l'art. 1er de la même police, Vuillaume ne pouvait s'affranchir de toute responsabilité vis-à-vis de la Compagnie, qu'en assurant son risque locatif ; qu'il n'a point usé de ce moyen ; que , s'il s'est cru complètement garanti par l'assurance de la maison et du mobilier, rien n'indique que la Compagnie ait voulu, de son côté, abdiquer un

ponsabilité des maîtres et commettants, quant aux dommages causés par leurs domestiques et leurs préposés, ajoute: dans les fonctions auxquelles ils les ont employés. »

droit certain; ... que le bail de Vuillaume, en l'obligeant au paiement des primes d'assurance de la maison, n'a fait que lui imposer une charge qui, en réalité, formait une partie du prix; mais qu'une pareille stipulation n'indique nullement la renonciation du propriétaire au droit que l'art. 1733 lui réserve; que le droit de la dame R... demeurait intact et pouvait donc valablement être cédé par le contrat d'assurance... etc. » (Besançon, Cour d'appel, 17 janvier 1850.)

La Cour de Toulouse a jugé que l'usufruitier est responsable de l'incendie des bâtiments soumis à son usufruit, à moins qu'il ne prouve que l'incendie est arrivé par cas fortuit, force majeure ou par vice de construction, ou que le feu a été communiqué par une maison voisine. En un mot, la Cour a étendu à l'usufruitier la présomption de faute que l'art. 1733 établit contre le preneur à bail. (15 mai 1837; Glassié.—Sirey-Devilleneuve, 1837-2-357.)

C'est avec raison que M. Demolombe repousse cette opinion : 1° aux termes de l'art. 1350, la présomption légale est celle qui est attachée par une loi spéciale à certains actes ou à certains faits; et, dès lors, cette présomption ne saurait être étendue à d'autres actes et à d'autres faits; que ceux auxquels la loi elle-même l'a attachée.

Or, l'art. 1733 n'applique la présomption de faute, en cas d'incendie, qu'au preneur; donc on ne saurait l'étendre à l'usufruitier; car, l'étendre c'est la créer; et il n'appartient, bien entendu, qu'à la loi de créer une présomption légale.

2º Non-seulement le texte manque, mais les motifs sur lesquels repose la présomption de l'art. 1733, cette présomption si grave et si menaçante, ne se rencontrent pas du tout les mêmes en matière d'usufruit. Le preneur, en effet, n'a aucun droit dans la chose, et un sinistre ne peut lui faire perdre que son mobilier, qu'il mettrait d'ailleurs tous ses soins à sauver. On a donc pu croire qu'il était nécessaire de garantir le droit du bailleur, qui n'habite pas la maison, et qui ne peut rien voir de ce qui s'y passe, de garantir, disons-nous, son droit, par une sanction très-énergique contre la négligence et l'incurie du preneur. Très-différent est l'usufruitier qui a, lui aussi, dans la chose un droit réel, dont l'incendie le dépouillerait, et qui offre ainsi au nu-propriétaire la puissante garantie de son intérêt personnel.

3º L'arrêt de la Cour de Toulouse fait remarquer que l'usufruitier, de même que le preneur, est tenu de l'obligation de restituer la chose au propriétaire, et qu'en conséquence, c'est à lui qu'incombe, suivant le droit commun, l'obligation de prouver le cas fortuit, qui, en détruisant la chose, aurait produit sa libération (1302, 1315). J'en conviens; mais je réponds que l'usufruitier, en prouvant l'incendie, prouve par cela même le cas fortuit; et que c'est, en conséquence, au propriétaire qui prétend que cet

incendie est le résultat de la négligence de l'usufruitier ou des siens à prouver lui-même ensuite
ce qu'il affirme : *reus excipiendo fit actor*. Il ne
faut pas, en effet, donner à ce texte romain, qui
déclare que *plerumque incendia culpa inhabi-
tantium fiunt* (1. 3, § 1, ff. *De officio præfecti
vigilum*), une portée excessive ; d'autres textes
voient, au contraire, dans l'incendie un cas fortuit,
semblable aux naufrages, etc. (*De incendio, ruina,
naufragio*, etc., h. t. ff. (Art. 624, 1348, 1949.
Code Nap.)

Concluons donc, continue M. Demolombe,
concluons que c'est au nu-propriétaire à prouver
que l'incendie a eu pour cause une faute de l'usufruitier ou des personnes dont il doit répondre (1).

Pareillement, si l'usufruitier, usant d'un droit
qui lui est conféré par la loi (art. 595), a loué la
maison soumise à l'usufruit à un locataire insolvable, nous n'hésiterons pas à l'affranchir de toute
responsabilité en cas d'incendie, à moins qu'il ne
résulte de l'ensemble des faits que lui-même il a
commis une faute grave.—Proudhon, t. IV, n°1569.
—Demolombe. *De l'Usufruit*, n° 629 (2).

---

(1) Proudhon, t. IV, n° 1551 et seq. — Zachariæ, t. II, p. 19,
note 2.

(2) De ce principe, que le nu-propriétaire peut faire tous les actes
qui sont nécessaires pour la conservation de la chose, lors même que
l'usufruitier s'en verrait incommodé ou que sa jouissance en serait di-
minuée, il résulte que le nu-propriétaire peut faire reconstruire un bâtiment qui a été détruit par un incendie ou autre accident, dans le cas
où cette ruine n'a pas mis fin à l'usufruit. (Proudhon, t. II, n° 874.—
Demolombe, n° 655 et 656.)

§ 2. Recours du locataire contre le propriétaire
en vertu des articles 1386 et 1721. — « Art. 1386 :
Le propriétaire d'un bâtiment est responsable du
dommage causé par sa ruine, lorsqu'elle est arrivée par une suite du défaut d'entretien ou par
vice de construction. » « Art. 1721 : Il est dû garantie au preneur pour tous les vices ou défauts
de la chose louée qui en empêchent l'usage,
quand même le bailleur ne les aurait pas connus
lors du bail. — S'il résulte de ces vices ou défauts quelque perte pour le preneur, le bailleur
est tenu de l'indemniser. » Peu importe que le
vice de construction ait été ou non connu lors du
bail, ou depuis, par le propriétaire. Si l'incendie
causé par un vice de construction a occasionné
des dommages au mobilier d'un locataire, ce dernier et la Société qui l'a assuré ont le droit de réclamer du propriétaire le remboursement des
pertes éprouvées (1).

(1) Un arrêt de la Cour de cassation, en date du 30 mai 1837, a décidé la question dans les termes suivants : Attendu que le dispositif de
l'arrêt attaqué s'appuie sur les articles 1721 et 1721 du Code civil, et
qu'en accordant des dommages-intérêts aux preneurs, à raison des vices
de la chose louée, sans distinction du cas où ces vices étaient connus
du bailleur, de celui où il les ignorait, la Cour royale de Paris s'est
bornée à faire à la cause une application littérale de la loi citée, à laquelle, au surplus, on ne peut rattacher les articles 1645 et 1646 du
Code civil, parce que les dispositions en sont relatives au contrat de
vente, et n'ont pas été reproduites pour le contrat de louage, qui renferme, dans l'article 1717, des obligations particulières au bailleur.
(Sirey, 1837, 1, 206. — Domat, I, tit. IV, sect. 3, n° 8. — Delvincourt,
t. III, p. 481.)

Le vice de construction ne se présume pas. Le locataire ou la Société

§ 3. Risques de voisinage. — « Les Sociétés désignent sous le terme générique de *recours du voisin*, les actions en garantie auxquelles donnent naissance les délits et les quasi-délits. Cette locution est vicieuse en ce qu'elle ne désigne qu'un seul des cas dans lesquels ces actions en garantie peuvent être exercées. En effet, il y a lieu à recours non-seulement contre le voisin, mais encore contre toute personne qui, par son fait ou par le fait de ceux qui sont sous son autorité ou sa surveillance, a occasionné un dommage préjudiciable à autrui. C'est là ce qui résulte des articles 1382 et suivants du Code civil, qui régissent ces recours en garantie. » (Pouget, p. 154. —*J. des Ass.*, 1850.)

Article 1382 : « Tout fait quelconque de l'homme qui cause à autrui un dommage, oblige celui par la faute duquel il est arrivé à le réparer. » Art. 1383 : « Chacun est responsable du dommage qu'il a causé, non-seulement par son fait, mais encore par sa négligence ou son imprudence. »

L'article 1382 établit donc qu'il y a lieu à recours en garantie contre l'auteur de l'incendie, et les articles 1383 et 1384, s'appliquant plus spécialement aux voisins, établissent la responsabilité de toute personne qui, par sa négligence ou son imprudence, a occasionné l'incendie ; du père ou de la mère pour les dommages causés par le

___

subrogée à ses droits devront donc, s'ils veulent exercer le recours, établir la preuve de l'existence du vice de construction.

fait de leurs enfants ; du maître et des commettants
pour les domestiques et préposés ; des instituteurs
et artisans, pour leurs élèves et apprentis ; — à
moins que les père et mère, instituteurs et artisans, ne prouvent qu'ils n'ont pu empêcher le
fait qui donne lieu à cette responsabilité.

Ici se présente l'examen d'une question importante sur la responsabilité du propriétaire voisin.
Le recours du voisin est-il fondé, comme le recours locatif sur une présomption de la loi ? Suf-
fit-il au demandeur, au propriétaire d'une maison
dégradée par suite de l'incendie, de dire que ces
dommages ont été occasionnés par telle ou telle
personne, par telle ou telle cause ? Ou bien doit-
il prouver que l'incendie est dû à la faute ou à la
négligence de celui qu'il veut rendre responsable ?

On a prétendu que la présomption légale édictée par l'article 1733, C. N., en faveur du propriétaire contre ses locataires, s'appliquait également
au propriétaire voisin. On invoque, à l'appui de
cette doctrine, la loi 3, § 1, D. *De officio præfecti
vigilum*, et la loi 11, D. *De periculo rei venditæ* :
Et quia plerumque incendia culpa fiunt inhabitan-
tium, aut fustibus castigat eos qui negligentius
ignem habuerunt, aut severa interlocutione com-
minatus, fustium castigationem remittit.

Cette présomption, disent les partisans de ce
système, résulte de la raison et de la force des
choses ; car, parmi les différentes causes d'incendie, la loi ne présume pas la malveillance,
puisqu'un crime ne se présume pas : elle ne peut

pas non plus présumer des cas fortuits, tels que le feu du ciel, la guerre, les émeutes, puisque ces cas sont faciles à prouver. Elle doit donc, lorsque la cause d'un incendie est inconnue, l'attribuer naturellement à l'imprudence ou à la négligence, qui ne supposent pas des intentions perverses, et qui se présument facilement. Aussi ce principe a-t-il été adopté par plusieurs Coutumes, et notamment par la Coutume de Bayonne, tit. XXIV, art. 1er (1).

Enfin, on prétend qu'il y a identité de motifs pour faire prononcer la responsabilité du propriétaire voisin aussi bien que celle du locataire, et que, par conséquent, l'art. 1733 est applicable dans l'espèce.

Cette opinion nous paraît inadmissible: Écartons d'abord les lois romaines ; comme le fait re-

(1) Quand, au moyen du feu qui se prend en un four commun de ladite ville, les maisons circonvoisines ou autres sont brûlées ou abattues pour éviter plus grand feu et dommage, le seigneur du four est tenu réparer le dommage tant des maisons brûlées que perdues, ou meuble qui s'est perdu et gâté, de la valeur duquel meuble sont crus par serment les perdants ou endommagés. — 2. Si un tel dommage vient par feu, venant d'autres maisons particulières, le seigneur d'icelles et conducteur, s'il y en a, l'un pour l'autre, et chacun pour le tout, est tenu réparer tel dommage. — 3. Et si le feu est advenu par dol, coulpe ou fraude d'aucun qui n'est solvable, il est prins au corps, précédant d'informations, et puni corporellement suivant l'exigence du cas.

Merlin, *Rép. de jurispr.*, v° INCENDIE, fait remarquer que les termes de ce dernier article, *par dol, coulpe ou fraude*, prouvent clairement que le cas de dol n'est pas le seul où, dans l'esprit de cette coutume, celui qui a mis le feu à sa maison, est tenu d'indemniser ses voisins, mais qu'il est soumis à la même obligation en cas de simple faute.

marquer avec raison M. Persil, p. 136-4°, la loi 3, § 1, D., *De officio præfecti vigilum*, donne pouvoir au préfet de punir par la bastonnade ceux qui auront gardé négligemment le feu ; il est évident qu'il n'employait ces châtiments violents qu'à bon escient ; et que, d'ailleurs, il n'agissait pas en vertu d'une présomption légale. Ce n'était là qu'une loi de simple police. Il ne nous paraît pas qu'on doive attribuer une portée plus étendue à la loi 11, D., *De periculo rei venditæ* (1).

Il suffit de parcourir les recueils de Denizart et Merlin, au mot INCENDIE, pour se convaincre du peu d'accord qui existait sur cette question entre les auteurs et les Coutumes. Nous pouvons, en effet, opposer à la Coutume de Bayonne celle de Bretagne, qui décide que le propriétaire voisin n'est responsable que dans le cas où il a mis le feu dans sa maison, avec l'intention de nuire. « et quand le feu ard la maison d'aucun, et la maison d'un autre périsse par le même feu, si lui ni ses adhérents ne l'y mettent pour faire dommage à celui à qui elle est ou à autre, il n'est tenu en rendre aucunes choses » (art. 944).

Mais les lois romaines, les lois et la doctrine intermédiaire, eussent-elles prononcé la présomp-

---

(1) Cette loi prévoit le cas où un héritage vendu a été brûlé avant la délivrance à l'acheteur ; elle décide que le vendeur doit, pour s'affranchir de la garantie, prouver qu'il a mis à la garde de la maison toute la diligence d'un bon père de famille. Mais il existe une raison particulière de cette décision : elle consiste dans l'obligation où se trouve le vendeur de veiller à la conservation de l'objet vendu.

tion légale de faute contre le voisin , ce que nous n'admettons pas , la question devrait changer complètement de face sous l'empire du Code Napoléon. Ici, nous pouvons recourir à l'un des arguments que nous invoquions pour décider que l'usufruitier n'est pas soumis aux conséquences de l'art. 1733 : aux termes de l'art. 1350, la présomption légale est celle qui est attachée par une loi spéciale à certains faits.

Or, l'art 1733 n'applique la présomption de faute , en cas d'incendie , qu'au preneur ; donc, on ne saurait l'étendre au voisin, car l'étendre, c'est la créer ; et il n'appartient qu'à la loi de créer une présomption légale.

Quant à la prétendue identité de motifs que l'on veut établir entre la responsabilité du locataire et celle du propriétaire voisin , elle n'existe pas en réalité. La présomption de l'art. 1733 repose sur le fait de l'occupation des lieux par le preneur. Le locataire doit remettre en bon état, au bailleur, la chose qu'il a prise à bail ; par suite de cette obligation, s'il ne la représente pas entière , il doit justifier de sa vigilance , et démontrer que la chose a péri par cas fortuit ou force majeure. Jusqu'à cette démonstration , il est présumé en faute , et responsable des dégradations vis-à-vis de son propriétaire. Telle n'est pas la situation du voisin ; toutes différentes sont les causes de la responsabilité , et par suite, la décision que l'on devra adopter dans l'un et dans l'autre cas.

Dans son traité de l'Usufruit, M. Proudhon présente à l'appui de cette opinion les considérations suivantes :

1° Que ce n'est pas dans les anciens livres, mais uniquement dans le Code, qu'on doit aujourd'hui rechercher la solution des questions sur les incendies ; que les textes du Droit romain, qui paraissent, en général, décider que celui qui habitait une maison où le feu a pris doit être présumé en faute sur la cause de l'incendie, ne sont plus pour nous d'aucune considération sur ce point, et qu'il ne serait plus permis de les invoquer, même comme raison écrite, puisqu'ils ne sont plus en harmonie avec notre législation actuelle, comme on peut dire qu'ils n'étaient pas même en harmonie avec d'autres textes qui assimilaient l'incendie aux cas fortuits les moins prévus et les plus irrésistibles, tels que le naufrage de mer ;

2° Que le Code n'établissant la présomption de faute, sur le fait de l'incendie, qu'avec le locataire ou le preneur, cette présomption n'a point lieu dans la cause de tout autre possesseur ou détenteur de la maison d'autrui ; qu'ainsi elle ne pèse ni sur l'usufruitier jouissant par lui-même, ni sur le vendeur qui, sans être constitué en demeure (1138, 1302 et 1624), est resté en possession de la maison vendue, ni sur le créancier qui jouit par antichrèse de la maison de son débiteur, ni sur le curateur aux biens vacants, qui serait mis en possession des bâtiments confiés à son administration ;

3° Qu'à plus forte raison encore, cette présomption ne doit point avoir lieu contre le propriétaire habitant sa maison, dans le cas où l'incendie qui s'y est manifesté, s'est ensuite communiqué aux maisons voisines ;

4° Que quand le locataire ou le preneur a été condamné envers le propriétaire, à raison de l'incendie arrivé dans la maison par lui louée, le jugement rendu contre eux ne doit produire aucun préjugé favorable aux propriétaires des maisons voisines qui en auraient été atteintes, puisque ce locataire ou ce preneur n'est pas vis-à-vis d'eux réputé par la loi en présomption de faute, comme vis-à-vis du bailleur ;

   5° Qu'ainsi et dans tous les cas, sous la seule exception du propriétaire bailleur, agissant contre son locataire, c'est à celui qui ouvre une action en dommages et intérêts, pour cause d'incendie, à prouver que celui contre lequel il l'intente y a donné lieu par sa faute. » (Proudhon, *Traité de l'Usufruit*, t. IV, n° 1561.)

Il importe donc de bien connaître la différence qui existe entre le recours locatif et le recours du voisin. Le premier repose sur une présomption légale *juris et de jure :* il suffit, au moment du sinistre, que le locataire occupe la maison louée, pour qu'il soit déclaré responsable. Il en est tout autrement du recours du voisin, pour lequel aucune présomption de ce genre n'a été édictée par la loi. Pour que le recours puisse être exercé, il faudra donc de toute nécessité que le demandeur fasse la preuve de l'imprudence ou de la négligence de celui qu'il veut rendre responsable.

§ 4. Appréciation du vice de construction. — Aux termes de l'art. 1733, le vice de construction et le mauvais état des lieux sont assimilés aux cas fortuits ou de force majeure; et lorsque la demande tendant à établir le vice de construction repose sur des faits pertinents, le locataire est affranchi de toute responsabilité. (S., 41-1-837.)

En outre, le preneur est responsable de l'incendie, à moins qu'il ne prouve que le feu a été communiqué par une maison voisine; mais cette preuve n'est pas toujours suffisante. Supposons que la cheminée du voisin qui a servi à la communication du feu soit en bon état de son côté, tandis que du côté du locataire le mur est tellement dégradé par les œuvres de ce dernier, qu'il ne reste qu'un très-léger parement ; que ce même locataire a adossé au mur ainsi délabré des matières inflammables qui ont pris feu à la faveur du peu de renfort du mur de séparation. Dans ce cas, le fait de communication du feu par la maison du voisin sera bien loin d'entraîner à lui seul l'excuse du preneur, et il ne pourra échapper à la responsabilité écrite dans l'art. 1733 (1).

§ 5. — Bases de l'assurance des risques locatifs et des risques de voisinage.—L'assurance du risque locatif repose sur la valeur totale des bâtiments, et dans le cas où la somme assurée serait inférieure à la valeur intégrale desdits bâtiments, l'assuré reste son propre assureur. Les polices d'assurance des Compagnies à prime contiennent la formule suivante : S'il y a plusieurs locataires, l'assurance du risque locatif est basée alors sur le prix de la location. Si le locataire a fait couvrir une somme égale à quinze fois au moins le montant annuel de son loyer, la Compagnie répond à sa place de la totalité du dommage, jusqu'à concurrence de la somme assurée. Les Sociétés mutuelles rejettent cette distinction : « Si la pro- « priété est déjà assurée par la Société au profit « du proprietaire,... le locataire ou fermier peut

(1) Troplong, p. 208. *Traité du Louage.* D., 24, 2, 76.

« s'affranchir de tout recours en acquittant la
« contribution et la cotisation , etc. Les actes
« d'adhésion, souscrits par les locataires ou fer-
« miers seuls, n'auront d'autre effet que de ga-
« rantir ces sociétaires des risques locatifs ;
« l'indemnité ne pourra jamais tourner à leur
« profit, ni être touchée par le propriétaire qui
« n'aurait pas de recours à exercer à raison de
« l'origine du feu. » (*Extrait des Statuts d'assu-*
rances.)

L'assurance des risques de voisinage repose
sur la valeur des bâtiments contigus à ceux qui
sont déjà assurés: tout sociétaire peut faire assurer les bâtiments contigus à ceux déjà engagés
à l'assurance et les valeurs mobilières qu'ils contiennent, mais en acquittant toutes les charges
dont ils sont passibles, quoique cette assurance
n'ait d'autre effet, à la charge de la Société, que
de garantir l'assuré de sa responsabilité, sous le
rapport de l'origine du feu, en vertu des art 1382
et 1383 Code Nap.

§ 6. Responsabilité des assureurs. — Le propriétaire d'une maison abattue pour empêcher la communication du feu aux batiments voisins, a-t-il une
action contre celui chez lequel le feu a éclaté ?—
Cette question a perdu beaucoup de son importance, et aujourd'hui les Sociétés, même à défaut
de convention expresse, prennent à leur charge
la démolition de la maison lorsqu'elle est assurée.

La solution se complique dans le cas où le

propriétaire de l'immeuble détruit, pour faire la part du feu, intente une action contre celui chez lequel le feu a éclaté, et par suite contre son assureur. M. Boudousquié établit la distinction suivante :

« Si ces démolitions ou ces dégâts ont été faits pour la sûreté individuelle des voisins ou pour la sûreté publique ; par exemple, si l'on a abattu un mur ou une maison pour couper la communication du feu, mais sans utilité réelle pour la maison assurée, l'assureur ne peut être tenu de ces dégâts, puisqu'il n'en retire aucun avantage, et qu'il ne s'est obligé ni directement, ni indirectement à les supporter. Ce n'est qu'autant qu'il a assuré le propriétaire de la maison incendiée contre le recours des voisins, qu'il peut être tenu de le garantir de la responsabilité qui lui est imposée par les dégâts faits aux maisons voisines.

« Mais, si les dégâts faits aux maisons non assurées n'ont eu lieu que pour apporter du secours à la maison assurée ; par exemple, si on a abattu le pan d'un mur pour faciliter le jeu des pompes, etc. ; il n'est pas douteux que les dommages seront à la charge de l'assureur comme frais de sauvetage puisqu'ils ont contribué à diminuer la perte qu'il aurait faite (1). » (Boudousquié, p. 275. *Sic* M. Quénault, p. 57.)

_____

(1) M. Pouget repousse cette distinction : « Peu importe, dit-il : celui « chez qui le feu a commencé doit être convaincu d'une faute. » (Art.

§ 7. Reconstruction de l'immeuble.— Un arrêt de la Cour de Bordeaux, du 3 juillet 1846, s'écartant des vrais principes, oblige l'assureur non-seulement à payer à l'assuré une juste indemnité, eu égard à la valeur des bâtiments au moment de l'incendie, et à leur valeur après le sinistre, mais encore à remettre les bâtiments incendiés dans leur état primitif. (Lehir, année 1848, p. 71.)

Ce système n'a pas été adopté par la Cour de Paris. On ne saurait prétendre, en effet, que la responsabilité des art. 1733 et 1734 oblige le locataire à reconstruire à ses frais la maison incendiée. Cette responsabilité, si menaçante déjà, ne doit pas s'appliquer à des cas autres que ceux prévus par le législateur. Mais, a-t-on dit, à l'appui du système de la Cour de Bordeaux, le locataire est responsable des dégradations et pertes résultant de l'incendie imputable à sa négligence ou à son imprudence ; il doit rendre la chose telle qu'il l'a reçue. Sou-

1382, 1383, 1384.) Dans ce cas seulement, l'assureur sera responsable vis-à-vis des voisins jusqu'à concurrence de la somme figurant dans la police comme base de la prime des risques de voisinage (Pouget, p. 1064, en note). On pourrait peut-être, disent MM. Grünn et Joliat, p. 355, demander si ce n'est pas à la commune entière à indemniser celui de ses membres dont la propriété a été sacrifiée pour la sécurité de tous. L'équité semblerait exiger qu'il en fût ainsi ; mais nous n'insisterons pas sur cette question, parce que, le plus souvent, l'autorité s'empresse de venir au secours des victimes de l'incendie, et que l'action directe contre le maître de la maison où le feu a éclaté suffit pour procurer un dédommagement suffisant.

mettre le propriétaire à faire reconstruire lui-
même, ce serait le rendre en partie responsable
du fait du preneur, et l'exposer à payer des
sommes plus fortes que celles qui lui sont allouées.
Ne sait-on pas que les devis et estimations des
architectes sont presque toujours au-dessous du
chiffre des travaux exécutés par application de
leur devis? Cette éventualité ne peut être imposée au propriétaire; donc, le locataire ou son
assureur doivent remettre les choses dans leur
état primitif.

Dans l'espèce soumise à la Cour de Paris, le
locataire soutenait ne devoir que la réparation en
argent du dommage, d'après la valeur des bâtiments après l'incendie, et non d'après une reconstruction à neuf. Il demandait en outre, contre
la Compagnie d'assurances, la garantie de toutes
les condamnations qui pourraient être prononcées
contre lui pour réparation du sinistre.

Par un arrêt du 3 janvier 1850, la Cour a
admis la demande du locataire :—Considérant que
la reconstruction par le locataire aurait pour résultat de faire profiter le domaine propriétaire
de la plus-value de bâtiments neufs sur les bâtiments vieux qui ont été incendiés ; que le droit
du Domaine se borne à réclamer de son locataire
le paiement d'une indemnité pécuniaire égale à
la valeur du préjudice éprouvé. Cet argument
nous semble trop puissant pour qu'il soit besoin
d'aucun commentaire.

SECTION IV.

DES CAUSES DU CONTRAT D'ASSURANCE.

L'obligation sans cause, ou sur une fausse cause, ou sur une cause illicite ne peut avoir aucun effet. (Art. 1131 C. N.)

L'obligation principale de l'assuré est celle de payer la prime. — La cause de cette obligation est la promesse de l'indemnité, en cas de sinistre.

L'obligation principale de l'assureur est celle de payer une indemnité, en cas de sinistre. — La cause de cette obligation consiste dans la perception d'une prime. Ainsi, la cause de l'obligation de l'assureur est l'obligation même de l'assuré de payer la prime.

Donc, la stipulation d'une prime, d'un prix ou récompense des risques, est essentielle à la validité du contrat.

§ Ier.

OBLIGATIONS DE L'ASSURÉ.

Le montant de la prime est fixé, comme nous l'avons déjà vu, d'après la valeur des bâtiments assurés et l'étendue ou le nombre des risques qu'ils présentent (1).

(1) Les valeurs engagées à l'assurance étant inégalement exposées aux sinistres, seront classées conformément au tarif, indiquant en

L'assuré est donc contraint de dire toute la vérité sur la nature des risques et la valeur réelle des immeubles qu'il propose à l'assurance. N'est-ce pas, en effet, de l'examen simultané de ces divers éléments, que dépendent le sort du contrat et les obligations réciproques de l'assureur et de l'assuré ?

Toute réticence, toute fausse déclaration, toute différence entre le contrat d'assurance et le connaissement qui diminueraient l'opinion du risque ou en changeraient le sujet, annulent l'assurance. L'assurance est nulle, même dans le cas où la réticence, la fausse déclaration ou la différence n'auraient pas influé sur le dommage ou la perte de l'objet assuré. (Art 348, C. Comm.)

La règle tracée par l'art. 348 du C. de Comm. s'étend naturellement aux assurances terrestres, et s'accorde parfaitement avec la nature et l'esprit des conventions d'assurance. Le risque étant l'élément essentiel, la raison déterminante du contrat, il importe que cet élément soit, dans tous ses détails, porté à la connaissance de celui qui le prend à sa charge.

Ainsi l'assuré ne doit pas seulement s'abstenir du dol et de la fraude qui vicient tous les contrats en général, il doit encore des déclarations exactes

regard de chaque objet assuré le nombre de risques qu'il prend... On détermine. par analogie, la classe dans laquelle il convient de ranger les objets qui ne s'y trouvent pas portés ; et on élève le classement de certains risques, eu égard à leur voisinage et à la difficulté de combattre ou d'arrêter l'incendie, et à toute autre circonstance.

et complètes sur la chose qu'il engage à l'assurance (1). Sa mauvaise foi le rend indigne d'intérêt, et il est juste d'annuler le contrat au profit de l'assureur.

1. RÉTICENCE. — *Que décider lorsque les lieux ont été visités par un agent?* Cette visite dispense-t-elle l'assuré de faire des déclarations exactes? Nous ne le pensons pas : l'agent qui ré-

(1) Attendu en droit que les conventions font la loi des parties ; — que, de plus, le contrat d'assurance est de sa nature un contrat synallagmatique et aléatoire....., dont toutes les conventions respectivement consenties doivent être religieusement exécutées ; qu'ainsi il impose l'obligation rigoureuse à celui qui fait assurer de déclarer, sans aucune restriction, toutes les circonstances concernant les risques de la chose assurée; que cette obligation lui est particulière, car, seul, il est censé pleinement connaître les objets qui font la matière du contrat ; — que ces règles consacrées par l'équité, le sont aussi par le texte même de la loi ; qu'ainsi l'article 348 du Code de commerce, également applicable aux assurances terrestres comme aux assurances maritimes, dispose que toute réticence, toutes fausses déclarations de la part de l'assuré, toute différence même entre le contrat d'assurance et la connaissance de la chose qui ajouterait à l'opinion du risque ou en changerait le sujet, annulerait l'assurance; qu'il a été même jugé qu'une fausse déclaration rend l'assurance nulle quand même cette déclaration s'appliquerait à des choses que l'assuré n'était pas obligé de déclarer, si elles ont pu avoir quelque influence sur l'opinion de l'assureur, encore que l'assuré ne soit de mauvaise foi.... Attendu encore qu'en fait de contrats aléatoires, au nombre desquels se trouve comprise l'assurance, on ne doit pas se livrer à une interprétation trop étendue de ses dispositions capitales, qui sont nécessairement la limite des chances que l'assureur veut encourir, comme aussi le prix de la rémunération que l'assuré veut accorder, que ces deux dispositions sont la réciprocité légale de la convention, parce qu'elles en sont l'objet. (Tribunal de Vitry-le-Français, 3 juillet 1849.) Lehir, 1850.

dige une police d'assurance n'est qu'un intermédiaire entre la Société et la personne qui se fait
assurer. La présence de cet agent n'a point pour
effet d'abroger les conditions imprimées du contrat qui défendent toute réticence, et les déclarations spéciales que la police doit contenir
n'en sont pas moins obligatoires pour l'assuré.

Nous nous trouvons en présence de deux fautes :
celle de l'agent qui ne peut connaître qu'impar-
faitement la chose mise en risque, quoiqu'il l'ait
vue ; celle de l'assuré qui la connaît parfaitement.
Dans cette alternative, il serait d'autant moins
juste de rendre la Société responsable de la négligence de son mandataire, que souvent l'examen
des lieux est impuissant à révéler l'existence de
vices cachés.

En outre, la police remise à l'assuré contient
toutes les indications de nature à l'éclairer sur
ses devoirs. Si les déclarations sont inexactes ou
incomplètes, l'assuré est averti par les conditions
générales imprimées que les déclarations fausses,
inexactes ou omises entraînent la déchéance. Il
n'y a donc pas de surprise. Qu'un sinistre éclate,
l'assuré ne pourra s'en prendre qu'à lui-même de
n'avoir pas fait assurer sa chose comme il le devait. Car si l'agent est répréhensible, l'assuré a
complètement méconnu ses devoirs en ne révé-
lant pas l'existence d'un vice caché ; il n'y a donc
pas plus de raison d'absoudre l'un que l'autre, et
même ne doit-on pas être plus sévère envers l'auteur de la fraude qu'envers un agent dont la pers-

picacité a été mise en défaut, et auquel on ne peut reprocher qu'une confiance exagérée dans la bonne foi de l'assuré.

Enfin, le contrat n'a pas pu se former; le consentement des parties n'a pas porté sur le même objet, sur le même risque : il n'y a pas eu le *in idem placitum consensus*. (Tribunal civil de Roanne, 9 nov , 1853. — Bordeaux , 26 juin 1837. — Lyon, 26 juillet 1849.)

2.—*La fraude ne se présume point.*—L'assureur qui veut faire annuler le contrat, devra prouver que l'assuré a sciemment exagéré la valeur de l'objet garanti, ou dissimulé certains faits indispensables à la notion exacte des risques: en un mot, l'assureur devra prouver la mauvaise foi et les faits qui la caractérisent. S'il parvient à faire cette preuve, il aura droit aux sommes versées, sans que l'assuré puisse rien réclamer en cas de sinistre. Il y a plus: si l'assuré a mis en usage quelque artifice, quelque manœuvre ayant pour objet d'induire l'assureur en erreur, en diminuant à ses yeux la gravité des risques, non-seulement le contrat est radicalement nul, mais encore l'assuré peut, suivant les circonstances, être poursuivi comme coupable du crime de faux ou du délit d'escroquerie, et être condamné aux dommages-intérêts de l'assureur (1).

On doit distinguer avec soin la réticence com-

(1) Art. 147, 150, 151, 405, Code pénal. — M. Pardessus, *Droit commerc.*, t. III, 884. – Locré, art. 368. Code comm., t. IV. p. 204.

mise par un assuré de mauvaise foi et l'omission
involontaire d'un assuré de bonne foi. Dans le
premier cas, on ne saurait être trop favorable à
l'assureur ; dans le second, les tribunaux doivent
protéger tout particulièrement l'assuré (1). Ainsi,
l'erreur dans les désignations n'annulera point le
contrat, si elle n'a point empêché les parties d'être
d'accord sur la chose ; l'erreur sur la personne ne
sera pas non plus une cause de nullité du contrat
d'assurance. En effet, aux termes de l'article 1110,
Code Napoléon, l'erreur n'est une cause de nullité de la convention qu'autant qu'elle tombe sur
la substance même de la chose qui en est l'objet,
et non lorsqu'elle ne tombe que sur la personne
même avec laquelle on a intention de contracter ;
à moins que la considération de cette personne
ne soit la clause principale de la convention (2).

(1) Boudousquié, n°ˢ 108 et 113.

(2) « L'erreur de l'assureur sur les choses qui sont l'objet du contrat,
ou sur les circonstances exceptionnelles d'où dépend l'opinion des risques, vicient son consentement, lors même que cette erreur n'est que le
résultat de désignations inexactes ou incomplètes de la part de l'assuré,
et qu'il n'y a eu, de la part de celui-ci, aucune de ces manœuvres fraudu-
leuses qui sont une cause de nullité pour toutes les conventions : c'est
à l'assuré, en effet, à faire connaître les risques qui font l'objet de l'assurance : lui seul traite avec une pleine connaissance de cet objet ; c'est
sur son exposé que le contrat se conclut ; c'est la spécification qu'il fait
de la chose assurée et des risques auxquels elle est exposée qui détermine l'assureur à se charger de ces risques ; la nature du contrat lui
impose donc l'obligation d'une sévère bonne foi et d'une scrupuleuse
exactitude, et c'est sur lui que doit retomber sa négligence, si, faute de
désignations suffisantes, le contrat se trouve dépourvu d'un objet déterminé, et tel que le concours des deux volontés n'ait pu intervenir valablement » (Boudousquié, p. 146.)

3. *Constructions sur le terrain d'autrui.* — Deux raisons font décheoir l'assuré qui n'a pas déclaré que les constructions qu'il fait assurer sont élevées sur le terrain d'autrui : 1° l'intérêt de l'assureur veut que le contrat ne soit pas vicié dès le principe par une réticence; 2° l'ordre public exige que l'on n'ait pas intérêt à un incendie.

En dissimulant cette circonstance, que le bâtiment proposé à l'assurance a été élevé sur le sol d'autrui, il est certain que l'assuré diminue l'opinion du risque. A l'expiration de la jouissance du bail, celui qui a construit sur le sol d'autrui n'a ordinairement droit qu'au prix des matériaux; mais si, par le fait d'une réticence, il peut espérer toucher une indemnité représentant la valeur totale de l'immeuble, il est, dès lors, intéressé au sinistre (1).

La Cour de cassation, par un arrêt du 5 décembre 1853, a reconnu l'exactitude de ces principes, et décidé que le fait par un assuré de n'avoir pas déclaré, dans sa police, que le terrain sur lequel étaient construits les bâtiments assurés appartenait à autrui, a pu être considéré par le juge du fait comme une réticence de nature à diminuer l'opinion du risque, et à annuler le contrat d'assurance, quoique, dans un précédent contrat, la circonstance de construction sur le terrain d'autrui eût été déclarée à la même Compagnie. Dans l'espèce ci-dessus, le taux de la

____

(1) Estrangin sur Pothier, p. 286.

prime perçue démontrait que la Compagnie ignorait cette circonstance. (Paris, 9 décembre 1852. —Bordeaux, 16 juillet 1853.)

4. *Les caractères de la réticence sont abandonnés à la libre appréciation des tribunaux.* —Pour apprécier les caractères de la réticence, on doit rechercher si quelque circonstance de détail, cachée ou omise par l'assuré dans la police, n'est pas un fait qui aggrave les chances de l'incendie. Cette aggravation résulte bien plutôt de faits et de circonstances prévus par les polices, que de la classification des risques suivant les tarifs des Compagnies. Aussi, pensons-nous que c'est à tort que la Cour de Douai (22 juillet 1852) s'est fondée sur ces documents pour déclarer qu'il n'y avait pas réticence. Toutefois, on doit remarquer que, dans l'espèce, il s'agissait d'une réticence ayant trait à un mode de couverture très-visible, que le tarif semblait autoriser ; qu'en outre, l'assuré était un homme complètement illettré. « Attendu, disait l'arrêt, que rien n'indique que M..... ait cherché à induire en erreur la Compagnie, et que l'irrégularité des déclarations qu'on lui impute est même sans importance, puisqu'elles n'ont entraîné aucunes modifications dans la classification du risque et la fixation de la prime qu'il devait payer conformément au tarif, etc., etc. »

M. Pouget (v° RÉTICENCE) enseigne que la réticence se produit directement ou indirectement.

Ne pas déclarer une contiguité qui peut être dangereuse, c'est une réticence *directe*. Ne pas faire connaître à l'assureur que l'on n'est pas le véritable propriétaire de l'objet assuré, c'est une réticence *indirecte*. On comprend dès lors que, tandis que le juge a besoin quelquefois d'éléments d'appréciation pour juger le cas de réticence directe, il est tenu de se renfermer dans les clauses du contrat lorsqu'il s'agit d'une réticence *indirecte*. Si le contrat d'assurance est en effet personnel, comme le prétend la majorité des auteurs, la déchéance doit être prononcée lorsque l'assuré ne fait pas connaître sa vraie qualité. Quoi qu'il en soit de l'utilité de cette distinction, nous pensons que c'est surtout dans cette matière, où la rédaction vicieuse d'une police peut être la cause de contestations sur l'étendue et les limites de l'assurance, que les juges doivent appeler à leur aide les règles d'interprétation au moyen desquelles on recherche quelle a été la commune intention des parties contractantes, sans s'arrêter au sens littéral des termes (art. 1156 et suiv. Code Nap.).

5. *L'assuré est-il responsable des vices non apparents qui influent sur les risques, et qu'il n'a pas déclarés faute de les connaître?* — MM. Boudousquié, p. 142, et Alauzet, t. II, p. 415, soutiennent l'affirmative : « On peut dire que, dans ce cas, il n'y a pas réticence, puisque la réticence est l'omission volontaire d'une chose qu'on devrait dire, et que l'omission ne peut être

volontaire lorsqu'on ne tait que ce qu'on ignore ;
il n'y a pas non plus fausse déclaration, puisqu'il
y a absence de déclaration. Cependant, la rigueur
du principe qui impose à l'assuré l'obligation de
préciser les risques dont il veut obtenir la décharge , et la nature de l'assurance qui est un
contrat de droit strict, ne permettent point de
mettre à la charge de l'assureur des risques dont
il n'a pas eu connaissance. C'est à l'assuré , puisqu'il est propriétaire ou détenteur des bâtiments
ou des objets assurés, à en faire un examen at-
tentif, et à se faire aider, au besoin, dans cet
examen, par des architectes, des experts ou des
hommes de l'art. L'assureur, lors même qu'il se
transporte sur les lieux, ne peut voir que les circonstances apparentes; c'est de l'assuré qu'il at-
tend les déclarations qui peuvent le fixer sur la
nature et la gravité des risques, et celui-ci ne fait
que subir les suites de sa propre négligence,
lorsqu'il supporte la responsabilité des vices cachés qu'il a ignorés. »

M. Alauzet, appliquant au contrat d'assurance
l'art. 1643 du Code Napoléon, décide également
que les vices cachés de l'objet soumis à l'assurance, et d'où résulte une aggravation de risques,
sont une cause qui décharge l'assureur de sa responsabilité, alors même que l'existence de ces
vices est ignorée de l'assuré : « Il (le vendeur)
est tenu des vices cachés, quand même il ne les
aurait pas connus, à moins que, dans ce cas, il

n'ait stipulé qu'il ne sera obligé à aucune garantie. » (1643 C. N.)

Nous repoussons de toutes nos forces une doctrine aussi manifestement contraire: 1° aux règles d'équité, à l'esprit de conciliation qui président à la formation du contrat d'assurances; 2° à l'interprétation juridique des textes.

1° Bien que l'assurance soit, selon nous, un contrat de droit étroit, les contractants ont soumis de bonne foi à l'assurance la chose telle qu'elle était. « Relever l'assureur de ses devoirs, lorsque la chose périt par vice de construction, dans les conditions que nous venons d'examiner, ce serait introduire dans le contrat une exception non stipulée par les parties en cas de sinistre. Le seul recours qui appartienne à l'assureur, dûment subrogé, réside dans les droits que donne l'art. 1792 du Code Napoléon contre l'architecte » (Pouget, *Dict. des Ass.*, v° RISQUE). Et on peut ajouter encore que, dans notre hypothèse, dégager l'assureur ce serait déconsidérer l'assurance, nier son but philanthropique et rendre illusoire la garantie que l'on est fondé à en attendre.

2° Quant à cette assimilation de l'assuré au vendeur, invoquée par M. Alauzet à l'appui de son système, elle nous paraît arbitraire, et rien, dans l'espèce, ne la justifie (1).

____

(1) Il est bon de remarquer cependant la rédaction de l'article 352 du Code de commerce, ainsi conçu : Les déchets, diminutions et pertes qui arrivent par le vice propre de la chose, et les dommages causés par le fait et faute des propriétaires, affréteurs ou chargeurs, ne sont point à la

Reste, il est vrai, un argument fort sérieux que l'on peut formuler de la manière suivante : le locataire est affranchi de toute responsabilité par l'existence d'un vice de construction; pourquoi ne pas étendre cette disposition à l'assureur? Il est évident, pour tout le monde, que la situation n'est pas la même, et que l'exception introduite en faveur du locataire, n'est qu'un juste amendement aux rigueurs de l'article 1733.

§ II.

OBLIGATIONS DE L'ASSURÉ PENDANT LA DURÉE DU CONTRAT.

Ces obligations sont au nombre de trois :

A. Payer les primes ou cotisations annuelles qui forment, pour l'assureur, l'équivalent des risques dont il s'est chargé ;

B. Prévenir l'assureur de tout changement en les risques;

C. Veiller à la conservation de la chose assurée.

A. *L'assuré doit payer la prime ou la cotisation promise,
à l'époque fixée dans le contrat.*

La condition résolutoire est toujours sous-entendue dans les contrats synallagmatiques, pour le cas où l'une des deux parties

charge des assureurs. Aussi, en ce qui concerne les marchandises, nous ne pensons pas que l'assureur puisse être déclaré responsable de l'incendie provenant du vice de la chose, puisqu'il n'a pu l'avoir en vue. (Quénault, p. 58-59, Alauzet, t. II, p. 365.)

ne satisferait point à son engagement. — Dans ce cas, le contrat n'est point résolu de plein droit. La partie envers laquelle l'engagement n'a point été exécuté, a le choix, ou de forcer l'autre à l'exécution de la convention lorsqu'elle est possible, ou d'en demander la résolution avec dommages et intérêts. — La résolution doit être demandée en justice, et il peut être accordé au défendeur un délai selon les circonstances. (Art. 1184, Code Nap.)

Le défaut de paiement des charges sociales n'opère donc pas de plein droit la résolution du contrat : l'assureur peut poursuivre, par toutes les voies légales, le recouvrement des sommes qui lui sont dues. Mais, si, avant le sinistre, l'assuré acquitte sa dette, il aura droit à une indemnité.

Cependant, comme les conventions font la loi des parties, s'il était stipulé que le défaut de paiement dans un certain délai, dût entraîner la déchéance de tout droit à l'indemnité, cette stipulation très-licite produirait son effet ; ce qui n'empêcherait pas la Société de notifier à l'assuré le montant de la dette, et de lui faire la sommation très-valable de l'acquitter.

Si le contrat est annulé avant l'expiration du terme fixé par les parties, les sommes perçues par l'assureur devront-elles être restituées ? La négative est universellement admise. Ainsi, lorsque les tribunaux prononcent l'annulation d'une assurance pour défaut de paiement de la prime au temps fixé par la police, les primes touchées appartiennent à l'assureur, comme indemnité des risques qu'il a courus (1). Il en sera de même toutes les fois que l'annulation proviendra d'un cas fortuit ou de la faute de l'assuré.

Comme la prime est le prix des risques, si les risques n'ont pas existé, le contrat d'assurance n'a pas pu se former : le contrat est annulé pour défaut d'une des conditions essentielles à sa validité. Dans ce cas, l'assurance n'a jamais existé ; et, par suite, la prime n'est pas due. Si, au contraire, les risques ont commencé, quelque courte qu'ait été leur durée, on considère que la prime est acquise à l'assureur.

Les Sociétés stipulent, en général, que la prime sera payée au siége de la Direction ou au domicile de l'agent qui a souscrit l'assurance. La prime est donc portable (2).

La créance de l'assureur est-elle privilégiée ? — L'art. 191 du Code de commerce accorde un privilége, pour le montant des primes d'assurance faites *sur le corps, quille, agrès, apparaux, et sur armements et équipements du navire, dues*

(1) Persil, n° 153.

(2) Les tribunaux ont vu dans le fait par les assureurs de toucher la prime au domicile des assurés une dérogation à la convention que la prime est *portable* ; ils ont décidé alors que les assureurs, par leur usage d'aller chercher la prime, l'avaient rendue *quérable* ; qu'ainsi, faute de mise en demeure faite par l'assureur à l'assuré, il n'était pas constant que ce dernier n'avait pas voulu payer la prime ; que, conséquemment, nulle déchéance n'avait pu l'atteindre, et qu'alors le paiement de l'indemnité, en cas de sinistre, était légitimement dû. Cette question est fort controversée ; mais la jurisprudence paraît constante en ce sens.

pour le dernier voyage. Cette disposition doit-elle s'appliquer aux assurances terrestres ? Nous ne le pensons pas : les priviléges constituent une exception que le législateur seul peut étendre. Un privilége ne peut pas se créer par assimilation. Dans le silence de la loi, nous devons suivre la règle de l'égalité entre les créanciers, établie par l'art. 2093 Code Nap. Et alors même que l'analogie entre l'assurance terrestre et l'assurance maritime fût établie, la place qu'on aurait à assigner à ce nouveau privilége présenterait d'insurmontables difficultés. Dira-t-on que ce sont là des frais *faits pour la conservation de la chose?* L'art. 2102 s'applique aux meubles, et l'indemnité ne conserve pas la chose. Elle la remplace sans en conserver les caractères : *In particularibus pretium non succedit loco rei* (1). Et nous verrons, plus loin, que les hypothèques et les priviléges ne se continuent pas sur l'indemnité payée en cas de sinistre.

B. *L'affuré doit prévenir l'affureur de tout changement ou aggravation dans les rifques.*

La seconde obligation de l'assuré durant le contrat, est de prévenir l'assureur de tous les changements qui modifient l'opinion du risque.

On appelle aggravation de risques, toute variation ou changement de nature à augmenter les chances de sinistre (Sentence arbitrale du 17 mai 1851. — *Journ. des Ass.*, 1851.)

(1) De Luca, *De credito,* disc. 35.

Que le fait de l'aggravation du risque soit dû
à une cause dépendante ou indépendante de la
volonté de l'assuré, il doit porter ce fait à la
connaissance de l'assureur. Ainsi, l'introduction
de marchandises dangereuses, d'une machine à
vapeur pour battre le blé, une nouvelle disposition ou destination des bâtiments assurés ; l'établissement, dans une propriété contiguë, d'un
théâtre, d'une filature de coton, de lin ou de laine,
constituent ce qu'on appelle une aggravation de
risques ; et ce n'est pas à l'assuré à se rendre juge
du plus ou moins de danger que présentent les
risques : il doit faire une déclaration par écrit à
l'assureur, qui continuera l'assurance aux mêmes
conditions ou à des conditions nouvelles, ou la
résiliera s'il y a lieu (1).

(1) Tout changement apporté par l'assuré, dans le cours de l'assurance, aux bâtiments assurés, et qui serait de nature à en augmenter
le risque, doit, sous peine de dissolution du contrat et de la déchéance
de tout droit à une indemnité en cas de sinistre, être déclaré à l'assureur. L'assureur est fondé à demander, lors d'un incendie, la résolution du contrat pour une cause semblable, quelle qu'ait été d'ailleurs
la cause du sinistre (Vitry, 3 juillet 1849. — Lyon, 9 novembre 1847.
— Rouen, 28 février 1848). « Attendu qu'il est de principe, en matière
d'assurance, que les primes sont calculées et stipulées en raison directe du risque des objets assurés ; que de ce principe découle l'obligation de la plus scrupuleuse bonne foi dans la déclaration à faire par
l'assuré, lors de la formation du contrat, et la nécessité d'une déclaration supplémentaire à l'occasion de tout changement apporté dans
les bâtiments assurés, et de nature à en augmenter le risque ; —
qu'aussi les clauses spéciales des polices de toutes les Compagnies d'assurances stipulent-elles la peine de la déchéance pour le cas d'infraction à l'une ou à l'autre de ces obligations..... Par ces motifs, etc.

Il est difficile d'admettre, en présence des statuts, qui ordonnent aux assurés de déclarer, à peine de déchéance de leur droit à l'indemnité, tous les changements survenus, que l'assuré qui n'a pas fait ces déclarations, puisse être de bonne foi.

Ce que nous venons de dire du propriétaire est également vrai du locataire : ce dernier, lorsqu'il a fait couvrir sa responsabilité, est tenu des mêmes déclarations, toutes les fois que l'aggravation se produit dans les lieux qu'il occupe.

L'assuré est-il tenu de déclarer les changements survenus dans le degré du même risque?—La question est fort délicate, et présente d'autant plus d'importance que chaque jour elle fait naître des difficultés. Pour la résoudre, il faut se demander ce que c'est que l'aggravation de risque: on peut définir, selon nous, l'aggravation de risque : *l'augmentation de ce même risque, au point de vue des chances d'incendie.*

Cette augmentation se produit de mille manières, et les tarifs des Compagnies ne peuvent

(Colmar, 14 juin 1850 ; Persil, n° 158; Boudousquié, n° 145; Pouget, v° Aggravation de risques. — J. Grün et Joliat : « L'assureur prend à son compte la garantie d'un cas fortuit *spécifié par le contrat ;* si la nature du risque change, l'engagement n'est plus le même: un sinistre soumettrait l'assureur à une responsabilité autre que celle dont il avait consenti à se charger. S'il n'était pas averti par l'assuré resté en possession de la chose, il aurait droit d'alléguer l'erreur dans laquelle il aurait été induit par ce silence ; il aurait droit de demander la résiliation du contrat.

prévoir toutes les nuances, toutes les modifications, toutes les variations que le temps ou les hommes font subir aux choses.

« Les mathématiciens, dit M. Boudousquié, représentent la probabilité par une fraction dont le numérateur est le nombre des chances favorables à l'événement, et dont le dénominateur est le nombre de toutes les chances, tant favorables que contraires.

« La probabilité de perte est représentée par $\frac{1}{1000}$; les probabilités contraires par $\frac{999}{1000}$, qui réunis forment $\frac{1000}{1000}$ ou l'unité équivalente à la certitude. Ainsi, plus le numérateur se rapproche du dénominateur, plus l'événement devient probable, et plus la prime ou le prix du risque doit se rapprocher de la somme assurée, pour établir l'égalité des chances entre l'assureur et l'assuré. » (Introduction, p. 15.)

Si l'aggravation du risque, c'est l'augmentation des chances de perte : l'assuré peut se trouver contraint de déclarer le changement survenu dans le degré du même risque; car les polices qui défendent l'aggravation du risque en interdisent implicitement l'augmentation. Si une industrie présente un danger de feu qui se traduit par $\frac{3}{20}$, on ne peut prétendre que l'exercice d'une seconde industrie de même nature au même lieu, alors qu'une seule s'y trouvait établie à l'instant du contrat, n'ajoute encore au moins une fraction, et que l'on n'ait $\frac{1}{20}$ (Pouget, *Dict. des Assur.*, v° AGGRAVATION DE RISQUES).

Ainsi, il est évident qu'un moulin garni d'un certain nombre de meules présente plus de dangers qu'un moulin ne possédant qu'une seule paire de meules : et, considérées isolément, les meules ne présentent pas plus de dangers les unes que les autres. Cependant l'assureur appliquera, par exemple, aux moulins munis d'une ou deux paires de meules la prime de 1 fr. 70 c. par mille; avec l'augmentation de 8 centimes pour chaque paire en sus; en admettant que le moulin soit construit en pierres et couvert en tuiles, ardoises ou métaux. Il est inutile de multiplier les exemples de faits semblables (1).

C. *L'affuré doit veiller à la conservation de la chofe*
affurée.

Outre l'obligation de payer la prime, l'assuré est tenu de veiller au salut de la chose assurée. Il nous reste peu de chose à dire sur ce troi-

---

(1) Il existe une exception à ce principe que l'assuré n'est pas tenu de déclarer les changements survenus dans le degré du même risque : le propriétaire qui loue à deux familles un appartement loué antérieurement à une seule, ne sera pas obligé d'en avertir son assureur. Bien que plusieurs locataires d'un immeuble à usage de simple habitation offrent plus de dangers qu'un seul locataire, la prime reste la même ; on justifie cette exception en disant qu'il n'y a pas analogie parfaite avec l'espèce citée précédemment, que l'assureur a un recours plus étendu à exercer, et que cette aggravation devait être prévue au moment du contrat.

sième ordre d'obligation. Nous avons vu précédemment que l'assuré ne devait pas les soins d'un bon père de famille ; que s'il était aussi rigoureusement lié, la sauve-garde que les assurances ont pour but de donner serait le plus souvent illusoire. Il semble , en effet, qu'un bon père de famille doive être incapable d'une faute, même légère. L'expérience démontre pourtant que les incendies sont presque toujours dus à une faute au moins légère. En traitant avec les Sociétés d'assurances , l'assuré a l'intention de se prémunir contre les suites de son imprudence ou de celle des personnes dont il est responsable.

L'appréciation des faits constituant une imprudence grave , une négligence extraordinaire , une faute lourde, voisine du dol , est laissée à la sagesse des tribunaux. La jurisprudence paraît avoir adopté, en principe , que l'assuré n'est responsable qu'autant qu'il n'aurait pas commis la faute qui lui est reprochée , si sa propriété n'avait pas été assurée.

§ III.

OBLIGATIONS DE L'ASSURÉ EN CAS DE SINISTRE.

En cas de sinistre, le premier devoir de l'assuré est de le dénoncer à l'assureur, dans le plus bref délai, afin que celui-ci puisse faire constater la perte et les dommages le plus promptement possible, et recueillir les faits et les circonstances qui peuvent venir à sa décharge ou donner lieu à des recours.

Lorsque l'assuré, porte l'art. 42 de l'ordonnance de 1681, *aura eu avis de la perte du vaisseau ou des marchandises assurées, ... et d'autres accidents, étant aux risques des assureurs, il sera tenu de le leur faire incontinent signifier, ou à celui qui aura signé pour eux l'assurance.* Cette disposition est reproduite par l'art. 374 du Code de commerce.

Les polices et les statuts stipulent, le plus souvent, un délai de rigueur: l'assuré qui le laisse expirer sans avertir l'assureur perd tout droit à l'indemnité, à moins qu'il ne prouve un empêchement par cas fortuit ou force majeure.

Nous n'avons pas à nous occuper du cas où les polices n'ont fixé aucun délai pour cette déclaration : l'assuré pourrait la faire et réclamer l'indemnité promise, tant que la prescription de trente ans ne serait pas accomplie au profit de l'assureur. Nous ne pensons pas que ce cas se soit jamais présenté. Les Compagnies déclarent généralement que l'assuré doit, à peine de déchéance, intenter son action dans le délai de six mois ou d'un an (1).

Il peut arriver qu'aux termes des statuts l'as-

(1) Voir les statuts des Sociétés et Compagnies d'assurances.

Boudousquié, p. 283, n⁰ˢ 239 et 240 — Grün et Joliat, n° 237. — Quénault, 230 et 231. — Émerigon, chap. 17, sect. 7. — Valin, *Sur l'art. 42 de l'ord. de 1681.*

suré soit tenu de faire cette déclaration *incontinent;* cette clause ne devra pas s'interpréter
rigoureusement. L'obligation de l'assuré est la
même que si les parties étaient restées dans les
termes du droit commun; et les tribunaux auront
à peser la valeur de ses excuses.

Les Compagnies obligent encore l'assuré à faire
sa déclaration devant le maire ou le juge de paix,
et à faire constater par un procès-verbal les causes,
les circonstances et les résultats de l'incendie.
Cette mesure a donné lieu à des difficultés , et
quelques officiers publics ont refusé de recevoir
les déclarations qu'on voulait leur faire, et d'en
dresser procès-verbal, par le motif qu'aucune loi
ne les y contraignait. « On ne pourrait obliger les
maires ou adjoints à constater seulement, dans
un intérêt privé, les dégâts, pertes et dommages
causés par l'incendie » (M. Quénault, p. 183. —
Persil, p. 217) (1). Telle n'est pas l'opinion de
M. Boudousquié, parce que , dit-il (p. 286), l'incendie pouvant constituer par lui-même le corps
d'un délit, c'est une obligation pour les maires et
les juges de paix de le constater, en recueillant
les déclarations qui peuvent faire parvenir à la
découverte de la vérité (art. 8, Cod. inst. crim.).
En tous cas, s'il y a contestation civile, cet acte

_____

(1) Les procès-verbaux criminels ne peuvent être considérés que
comme des renseignements, s'ils ne contiennent aucun aveu d'aucune
des parties. (Paris, 27 janvier 1824. —Alauzet, p. 424, t. II. — Boudousquié, p. 289.)

ne suffit pas toujours à prouver les circonstances d'un incendie : il peut être suppléé par d'autres renseignements ; le sinistre, comme tout autre fait, peut être prouvé par tous les moyens propres à convaincre les magistrats de sa réalité, et la preuve contraire est laissée à leur libre appréciation.

C'est pour l'assuré un devoir pressant de déclarer promptement le sinistre dont il est victime. Cette obligation est une suite de la qualité du *negotiorum gestor* que le sinistre impose à l'assuré ; tout retard qui n'est pas justifié peut faire naître des doutes sur sa bonne foi et élever contre lui des présomptions de fraude : on peut supposer qu'il n'a différé à faire sa déclaration que dans l'intention d'aggraver les dommages produits par le sinistre, ou de soustraire les objets qu'il prétend avoir été consumés ; ou bien pour faire disparaître la trace des circonstances de l'incendie qui auraient pu donner lieu à des recours contre des tiers ou à des exceptions contre lui-même. L'assureur peut donc se prévaloir de ce retard, sinon pour faire déclarer l'assuré non-recevable, au moins pour demander à prouver par témoins ou même par des présomptions, pourvu qu'elles soient graves, précises et concordantes, les faits qui tendent à faire réduire ou rejeter en entier la demande en indemnité formée par l'assuré ; enfin, lors même que la bonne foi de l'assuré est reconnue, l'assureur peut demander une réduction de l'indemnité, par le motif que le dommage a dû s'accroître et les objets se détériorer par le laps de temps. (Boudousquié.)

De ce qui précède, il est facile de conclure que, pour toucher l'indemnité, l'assuré doit prouver la réalité du sinistre et la qualité en vertu de laquelle il agit (1).

Quand il s'agit d'immeubles, la preuve et la constatation du sinistre n'offrent généralement point de difficultés.

Lorsqu'il s'agit de meubles, l'assureur est obligé de s'en rapporter aux affirmations de l'assuré, contrôlées par la notoriété publique et par les déclarations consignées dans la police. Si les meubles qu'il avait fait assurer n'étaient plus dans la maison incendiée, il ne pourrait demander à être rendu indemne d'une perte qu'il n'a pas éprouvée. Si une contestation s'élève, les parties sont admises à administrer toute sorte de preuves, et le juge du fait est seul maître de les déclarer convaincantes.

Lorsque les objets incendiés consistent en marchandises, il y a lieu de distinguer si elles ont été assurées avec ou sans désignation. Dans la première hypothèse, l'assuré qui réclame une indemnité est tenu d'établir l'existence, lors du sinistre, de tous les objets désignés. Il fait cette preuve à l'aide de ses livres, factures et connaissements.

---

(1) L'assuré doit prouver sa qualité : en effet, nous avons vu plus haut que s'il avait vendu, les assureurs ne seraient en aucune façon tenus à son égard.

Dans la seconde hypothèse d'une assurance faite
en bloc, sans désignation des objets garantis,
l'assuré prouvera que ses magasins renfermaient,
au moment de l'incendie, une quantité de marchandises à peu près égale à celle qui s'y trouvait à l'instant du contrat. En l'absence des livres,
des factures ou de la correspondance, l'assureur
peut contrôler, par tous moyens, la véracité des
assertions de l'assuré (1).

Au moment du sinistre, l'assuré devient le
negotiorum gestor de l'assureur : il est tenu, en
cette qualité, de veiller au sauvetage, et d'employer tous les soins qui peuvent prévenir ou diminuer la perte : ces dispositions, qui résultent
de l'ordonnance de 1681, sont applicables aux
assurances terrestres (2). Dans celles-ci, en effet,

______

(1) Quénault, 240 et seq. — Boudousquié, 250 et seq. — Grün et
Joliat, 238, 240 et seq. — Persil, 165 et 166. — Cassation, 12 juillet
1837. — Alauzet, 502. « Les factures, les registres domestiques, les
livres des négociants, la preuve testimoniale, la commune renommée,
le serment, tous ces moyens seraient admis ; on est forcé par la nature
des choses de se contenter souvent des preuves les plus légères, puisque l'incendie lui-même a pu détruire souvent les preuves littérales
sur lesquelles il aurait été possible de s'appuyer. La Cour de Paris a
jugé avec raison qu'en matière d'assurances terrestres, l'existence des
objets assurés au moment de l'incendie est suffisamment établie par
les preuves qu'il est possible d'avoir, et que la preuve de la valeur des
objets détruits, comme celle de leur existence, peut être faite par tous
les moyens possibles. (Paris, 10 mars 1836 ; Dalloz, *Rec. pér.*, t.
XXXVII, 1, 461.)

(2) *Ord. de* 1681, art. 45, 51, tit. des Assurances ; art. 26, tit. du
Capitaine. En cas de naufrage, l'assuré est le procureur-né des assureurs. (Valin, *Sur l'art.* 45 *de l'Ord.* — Pardessus, t. III, n° 869. — Pothier, n° 125.)

comme dans l'assurance maritime, l'assuré demeure détenteur des choses assurées ; il est tenu
de veiller à leur conservation ; et, en cas de sinistre, cette obligation l'astreint à prendre toutes
les mesures nécessaires pour éviter la perte des
objets, et le rend, comme tout mandataire, responsable des fautes qu'il commet dans sa gestion
(art. 1374, 1992 C. N.). Il pourrait même être
déclaré en faute et responsable de l'incendie, s'il
était prouvé que, pouvant agir ou faire agir utile-
ment pour arrêter la marche du feu et préserver
les choses assurées, il a négligé de le faire.

L'assuré doit travailler au sauvetage des objets
qu'il a présentés à l'assurance, d'autant plus volontiers que les frais de sauvetage sont à la charge
des assureurs, même s'ils dépassent la valeur des
objets assurés. L'article 381 du Code de commerce, relatif aux assurances maritimes, n'alloue
les frais de sauvetage que jusqu'à concurrence de
la valeur des objets sauvés. Cet article n'est pas
applicable aux assurances terrestres, à cause du
danger que peut offrir l'incendie, et de l'encoura-
gement qu'il faut, par suite, donner au sauvetage
dans l'intérêt de la sûreté publique. L'assuré ne
pourra toutefois prétendre au remboursement des
frais par lui faits, qu'en rapportant toutes les quit-
tances à l'appui de ses dépenses. On comprend
que, dans l'assurance maritime, l'assuré soit cru
sur son affirmation : les circonstances peuvent
l'empêcher de se procurer la preuve des dépenses
faites sur mer ; mais il en est autrement sur terre :

l'assuré doit donc fournir la preuve de ses dépenses. (Pouget, *Des Ass.*, p. 360. — Grün et Joliat, n°s 261 et 262) (1).

§ IV.

OBLIGATIONS DE L'ASSUREUR.

Les obligations de l'assureur sont déterminées par la nature du contrat et l'appréciation des clauses énoncées dans la police.

Elles se résument dans l'obligation de payer l'indemnité, au cas et dans la mesure prévus par la convention.

Ainsi, l'assureur ne répond que des événements arrivés dans le lieu et le temps du risque et pendant sa durée. (Grün et Joliat, p. 206, 222 et seq. — Èmcrigon, t. I, p. 234. — Persil, p. 45, 97 et seq. — Boudousquié, p. 192 et seq. — Pardessus, t. II, n° 596, n° 3. — Alauzet, t. II, p. 368 et seq. — Quénault, p. 21 et seq. — Vincens, t. III, p. 234, etc., etc.)

Les Sociétés d'assurances, à moins de stipulations contraires, ne répondent que des dommages immédiats, des dommags causés à la chose même assurée. Elles prennent donc à leur charge les

(1) L'inexécution de cette obligation n'entrainerait pas pour l'assuré la déchéance de son droit à l'indemnité ; mais la Société pourrait lui réclamer des dommages-intérêts qui réduiraient le chiffre de l'assurance ; il tomberait, en outre, sous l'application de l'article 475, n° 12 du Code pénal.

détériorations causées aux meubles ou marchandises par leur brusque déplacement, par la fumée, par l'eau jetée pour éteindre le feu. Nous avons vu qu'elles payaient également les frais de sauvetage. « L'assurance est un contrat d'indemnité, c'est-à-dire que, par la nature de son engagement, l'assureur est obligé de tenir l'assuré indemne des dommages causés par un sinistre aux objets assurés. Nous disons les dommages causés aux objets assurés, parce que les assureurs ne garantissent que la valeur de la chose; ils réparent le préjudice matériel que fait éprouver le sinistre. Il serait déraisonnable de prétendre que l'assureur est tenu, lorsqu'il ne s'y est pas expressément obligé, de dédommager l'assuré de toutes les suites du sinistre, de toutes ses conséquences médiates. Ainsi, une Compagnie d'assurances contre l'incendie est quitte envers le propriétaire assuré lorsqu'elle lui a payé la valeur de sa maison brûlée; elle n'est point obligée de l'indemniser des locations qu'il perd pendant la reconstruction de la portion incendiée; encore moins peut-elle être forcée à le garantir de la demande en réduction de bail que formerait contre lui un locataire privé momentanément de la partie de l'immeuble incendié par lui prise à loyer (1). »

(1) Grün et Joliat, p. 293. — Pardessus. t. II, 595, 4°. — Persil, p. 42. Le préjudice indirect est celui que l'assuré éprouve par le fait de l'incendie, en dehors de toute perte matérielle. L'assureur ne doit donc pas de dommages et intérêts pour chômage, pour suppression de commerce. Ainsi il a été jugé que l'assureur qui a pris à ses risques

Les statuts fixent souvent une somme au-delà de laquelle on ne peut plus se faire assurer pour le même risque. En dehors de ces restrictions et des exceptions qui peuvent être opposées par l'assureur, celui-ci est tenu de payer le préjudice éprouvé par l'assuré jusqu'à concurrence de la somme portée au contrat. En tous cas, l'assuré ne peut rien réclamer au-delà de la somme convenue.

L'estimation faite au moment du contrat d'assurance ne lie point les Sociétés. Elle peut servir à la fixation des contributions ou de la prime ; mais en cas de sinistre, comme elle est essentiellement provisoire, l'assureur peut la faire modifier si elle est erronée ou exagérée.

L'obligation de l'assureur est souvent une obligation alternative : afin de prévenir toute fraude, on stipule quelquefois que l'assureur aura le droit, après un sinistre, d'opter entre l'obligation de payer une indemnité en argent, ou de rendre in-

---

les marchandises et mobilier industriel dépendant d'une boutique ou d'un magasin n'est pas tenu, en cas de sinistre, à rembourser à l'assuré, outre la valeur des objets consumés ou avariés, une indemnité en raison de la suspension de son commerce pendant le temps nécessaire pour effectuer les réparations. (Paris, 26 avril 1833.)

Dalloz, v° Ass. terr. p. 227, n° 102. — Grün et Joliat, III, 204. — S. 33, 2, 585. — Boudousquié, n° 236. — Paris, 19 mars 1840.

On peut dire que le prix des loyers et généralement les profits espérés ne peuvent être l'objet d'un contrat d'assurance, par le motif qu'on ne peut faire assurer que ce qu'on risque de perdre et non ce qu'on manque de gagner. *Sic* Orléans, 12 fér. 1836. — Pardessus, Troplong, *Louage*, 339. — *Contra* Paris, 2 janv. 1832. Cassation, 24 nov. 1840. — Sirey, 41, 1, 45. — *Journal des Ass.*, t. I, p. 15 ; t. II, p. 45.

demne l'assuré en faisant restituer les choses dans l'état où elles étaient. L'assureur peut se libérer en délivrant l'une des deux choses promises ; mais il ne peut pas forcer le créancier à recevoir une partie de l'une et une partie de l'autre. Art. 1191 : « Le débiteur peut se libérer en délivrant l'une des deux choses promises ; mais il ne peut pas forcer le créancier à recevoir une partie de l'une et une partie de l'autre. »

Mais ce choix, ce droit d'option que s'est réservé l'assureur, ne peut être librement et complètement exercé, que dans le cas où sa responsabilité est absolue. Ainsi, lorsque la chose incendiée est l'objet de plusieurs assurances et qu'un dissentiment s'élève entre les assureurs sur le mode de paiement de l'indemnité, l'impossibilité de rétablir les choses dans leur état primitif étant manifeste, on ne pourrait contraindre l'assuré de recevoir en paiement une restauration imparfaite (Art. 1217 et 1218). L'obligation de restaurer est évidemment indivisible.

Que décider lorsque l'assureur de la valeur totale d'une maison se trouve en face du nu-propriétaire, redevenu plein propriétaire de l'emplacement et des débris? Dans ce cas encore, il nous paraît certain que l'obligation redevient pure et simple. Art. 624 : « Si l'usufruit n'est établi que sur un bâtiment, et que ce bâtiment soit détruit par un incendie ou autre accident, ou qu'il s'écroule de vétusté, l'usufruitier n'aura le droit de jouir ni du sol, ni des matériaux. » L'assureur ne peut pas reconstruire la maison sur un fonds qui est désormais, en toute propriété, la chose d'un tiers ; il ne pourra donc pas réclamer l'exercice du droit d'option qu'il s'était réservé, et l'assuré aura le droit d'exiger une somme d'argent représentative de la valeur de l'usufruit. (Colmar, 25 août 1826).

Lorsque la reconstruction de l'immeuble incendié est possible, l'assureur dirige lui-même la reconstruction ; il doit remplir alors son obligation sans délai, sous peine de devenir passible de dommages-intérêts (Colmar, 20 juillet 1825. — Persil, nos 194 et seq. — Quénault, no 80. — Grün et Joliat, 282 et seq.). — Les créanciers de l'assuré n'ayant que les droits de leur auteur, s'opposeraient vainement au rétablissement en nature (Trib. civ. de la Seine, 23 avril 1824 (1). —Dalloz, vo Ass. terr., p. 227, no 120. — Grün et Joliat, 286).

L'assureur peut stipuler que si l'objet assuré

(1) Attendu qu'aux termes de la police d'assurance, la Compagnie du *Phénix* avait l'alternative à son choix ou de payer le montant de l'avarie en argent, ou de rétablir en nature les choses péries ; qu'en adoptant la dernière alternative, elle a usé de son droit et exécuté son contrat avec l'assuré ; que l'opposition faite par R... n'a pu lui ôter cette alternative ; que, dès lors, l'opposition n'a point frappé les choses rétablies par la Compagnie dans la maison de l'incendié ; que le paiement fait à T... (l'ouvrier chargé par la Compagnie de la reconstruction) est étranger à G..., et ne pouvait être arrêté que par une opposition faite sur ledit T... ; déclare bonne et valable la déclaration affirmative faite par la Compagnie du *Phénix* ; ordonne, en conséquence, qu'en payant et consignant les sommes par elle dues à G..., ladite Compagnie sera bien et valablement libérée, etc. (23 avril 1824. Trib. civ. de la Seine.)

n'a pas entièrement péri, il lui sera loisible de payer le dommage, en prenant à son compte ce qui aura échappé à la destruction (art. 369, Code de comm.). Il devient aussitôt propriétaire des objets sauvés et en dispose à son gré. Cette faculté ne pourrait se transformer en obligation sans une clause spéciale, car l'art. 369, applicable aux seules assurances maritimes, ne saurait avoir aucune influence sur les assurances terrestres. Le délaissement fait par l'assuré à l'assureur constituerait une véritable vente forcée qui ne résulte aucunement du contrat d'assurance. « L'action en « délaissement est contraire aux vrais principes « et à la nature du contrat d'assurance, qui n'est « qu'un contrat d'indemnité. » (Bénecke.)

Nous allons étudier maintenant les règles relatives à la constatation des sinistres et au mode de paiement des indemnités.

CHAPITRE III.

DES SINISTRES ET DE LEUR CONSTATATION ; DE L'INDEMNITÉ.

—◇—

SECTION Ire.

DES SINISTRES.

Tout fait d'incendie doit être dénoncé, au moment où il se manifeste, par le propriétaire assuré, ou en son nom par ses préposés, à l'assureur ou à ses agents. Nous avons dit plus haut que l'accomplissement de cette formalité constituait le premier devoir de l'assuré en cas de sinistre. Nous avons vu également que les polices et les statuts stipulent un délai de rigueur avant l'expiration duquel cette déclaration doit être faite ; si l'assuré le laisse expirer sans avertir l'assureur, il subit, suivant ce qui est énoncé dans les polices, une réduction d'un cinquième, d'un quart et quelquefois de la totalité de l'indemnité.

Après la remise de la déclaration de l'incendie, l'assureur fait procéder, par un expert de son choix, à l'estimation des dommages causés aux objets assurés.

Il est nécessaire, en effet, d'évaluer le plus promptement possible les dommages causés par l'incendie, sauf à déterminer plus tard l'indemnité due par l'assureur, eu égard au rapport qui existe entre la somme assurée et la valeur des objets assurés. Cette évaluation se fait à l'amiable, si les parties peuvent tomber d'accord ; sinon elle est faite par expertise contradictoire, suivant les stipulations particulières des parties, ou conformément aux règles tracées par le Code de procédure civile.

Il importe peu qu'une estimation ait été faite au moment de l'assurance, puisqu'elle ne lie point les Compagnies. Sauf stipulation contraire, les frais de l'expertise sont supportés en commun ; aucun des contractants ne peut s'opposer à ce qu'elle ait lieu (1) ; si cependant l'expertise est judiciaire, les frais qui ne sont pas afférents aux opérations de l'expertise sont à la charge de celui qui succombe.

§ I. NATURE DE L'INDEMNITÉ.—L'indemnité est la juste réparation de la perte éprouvée par l'assuré.

L'indemnité n'est pas représentative de l'objet détruit. Les priviléges et les hypothèques reposant sur l'objet assuré ne peuvent donc pas, en cas de sinistre, frapper l'indemnité comme ils atteignent le prix de la vente.

____

(1) Boudousquié, 246-261. — Grün et Joliat, n° 267.

Cette opinion n'a pas été admise sans contestation : l'examen des difficultés auxquelles elle a donné lieu, trouve ici tout naturellement sa place (1).

« J'ai vu, dit M. Troplong, des hommes de loi embarrassés de prononcer sur la question suivante :

« Pierre a une hypothèque sur la maison B, que détruit un incendie. Le propriétaire qui avait fait assurer sa maison reçoit une indemnité de la Direction des assurances. Les créanciers conservent-ils leur rang hypothécaire sur cette indemnité, qu'ils font saisir entre les mains du directeur responsable?

« Je ne conçois pas comment on peut trouver dans ce cas une difficulté. L'hypothèque est éteinte par la perte de la maison : *re corporali extincta, hypotheca perit.* Comment donc pourrait-elle atteindre la somme qui n'est allouée que *ex post facto* à titre d'indemnité pour le propriétaire? D'ailleurs, cette somme d'argent est purement mobilière; elle n'est et ne peut être subrogée à la maison d'après tous les principes de la subrogation. On ne doit donc pas hésiter à dire que la somme doit être distribuée sans égard aux hypothèques. (M. Troplong, *Des Hypothèques,* ch. VII, n° 890.)

---

(1) Émerigon, *Contrat à la grosse,* chap. XII, sect. 7. — Alauzet, t. I, n° 145. — Grün et Joliat, n°⁸ 109 et seq. — Pardessus, n° 594, art. 2093, 2115 et 2148 C. N. — Dalloz, *Jurisp. gén.,* v° INCENDIE, n° 9, p. 482. — Quénault, p. 232 à 235.

La valeur payée, dit encore M. Pardessus,
n'est la représentation de la chose assurée, que
dans les rapports de l'assureur avec l'assuré. *Elle
n'est, dans les rapports de ce dernier avec ses
créanciers, qu'un accroissement de la masse de
ses biens, sur lequel ceux-ci pourront exercer
leurs actions d'après le principe du droit civil,
que tous les biens du débiteur sont le gage commun de ses créanciers, mais sans aucune préférence, parce qu'ils n'y ont aucun droit particulier et privilégié.* »

Les créanciers ayant hypothèque sur la maison
incendiée, n'ont donc pas le droit d'exercer cette
hypothèque sur l'indemnité, au préjudice des
créanciers chirographaires. L'indemnité est mobilière ; elle est, comme la prime, l'équivalent
d'un risque couru. Elle n'est pas et ne peut pas
être l'équivalent de l'immeuble. Elle n'est pas
produite par l'immeuble, mais elle naît à l'occasion du sinistre arrivé à l'immeuble assuré. La
maxime *Subrogatum capit naturam subrogati*
ne saurait être invoquée, puisque l'immeuble
n'existe plus, et qu'avec lui l'hypothèque s'est
éteinte. La Cour de cassation, dans un arrêt que
nous reproduisons à cause de son importance, a
consacré ces principes d'une manière définitive (1).

----

(1) « La Cour, vu les articles 2093, 2115 et 2118 du Code civil :
attendu 1° que, d'après l'article 2093, les biens du débiteur sont le
gage commun de ses créanciers, et que le prix doit en être distribué

Il résulte de ces principes : 1° que le preneur
ne peut exiger que l'indemnité versée par une

entre eux par contribution, à moins qu'il n'y ait entre les créanciers
des causes légitimes de préférence ;

« Que, suivant l'article 2115, l'hypothèque n'a lieu que dans les
cas et les formes autorisés par la loi ;

« Que, d'après l'article 2118, les biens immeubles et leurs accessoires réputés immeubles sont seuls susceptibles d'hypothèque ;

« Attendu qu'il n'y a aucune loi qui affecte la somme assurée, en
cas de perte de l'immeuble péri par l'incendie, aux créanciers qui
étaient inscrits sur cet immeuble, par préférence aux créanciers chirographaires de l'assuré ;

« Qu'on ne peut induire cette préférence de ce que l'hypothèque
suivait l'immeuble et en affectait le prix aux créanciers, suivant le
rang de leurs inscriptions, puisque, d'une part, l'hypothèque s'est
éteinte par la perte de la chose; que, de l'autre, la somme assurée
n'est pas un prix de vente, mais le produit du contrat d'assurance,
sans lequel elle ne serait pas due ; que même elle n'est pas susceptible
d'hypothèque, puisque les biens immeubles et leurs accessoires réputés immeubles en sont seuls susceptibles, et qu'elle n'a reçu de la
loi aucun de ces caractères ;

« Qu'on ne peut la faire résulter de ce que, suivant l'article 1603
du Code civil, le débiteur de la chose périe est tenu, s'il a des droits
par rapport à cette chose, de les céder à son créancier ;

« Attendu que cet article est étranger aux hypothèques et inapplicable à la somme assurée, qui est due à cause de la prime payée par
l'assuré pour prix de l'assurance et des risques courus par l'assureur;
qu'on peut encore moins inférer cette préférence, de ce que l'acte
d'hypothèque des immeubles assurés fait mention de l'assurance,
puisque la somme assurée n'est pas susceptible d'hypothèque, et que
la cession des droits de l'assuré, s'il en résultait une de cette mention, n'aurait d'effet au préjudice des tiers, qu'autant qu'elle aurait
été signifiée à l'assureur, ou que celui-ci l'aurait duement acceptée ;

« Casse, etc. » — (*Journal du Palais*, 1831-2-554. — Pothier,
Contrat d'assurance, n° 8. — D'autres arrêts l'ont également décidé :
Grenoble, 25 février 1834 (*J. des Ass.*, Grün et Joliat, t. III, p. 307.)
— Paris, 21 août 1844 (J. P.) 1844, t. II, p. 452. — Cassation, 25

Compagnie d'assurances au bailleur, soit en vertu d'une assurance directe de l'immeuble par le locataire, soit en vertu de l'assurance des risques locatifs, serve à la reconstruction de l'immeuble. Le preneur n'a droit à autre chose qu'à la diminution des loyers ou à la résiliation du bail (1);

2° Que l'indemnité due pour les marchandises vendues et non payées appartient à la masse de la faillite et non au revendiquant. (*J. des Ass.*, MM. Grün et Joliat, t. I, p. 210. — Cass., 8 juin 1829. — Art. 577 et 579 Code de comm. ; art. 855 C. N. — Quénault, p. 241-245. — Pouget, *J. des Ass.*, t. III, p. 164.)

§ 2. LES PRIMES DUES A L'ÉPOQUE OU L'INDEMNITÉ DEVIENT EXIGIBLE SE COMPENSENT, EN CAS DE FAILLITE, JUSQU'A DUE CONCURRENCE, AVEC CETTE INDEMNITÉ. — Art. 1290 et 1291 C. N. : La faillite soit de l'assureur, soit de l'assuré, survenue avant ou après le sinistre, ne fait point obstacle à la compensation, lorsque les deux obligations sont corrélatives, c'est-à-dire lorsque la prime et l'indemnité sont dues en vertu de la même police. Dans ce cas,

juin 1851. — Rouen, 27 décembre 1828. — Colmar, 25 août 1826. — Rolland de Villargues, *Répert. du notariat*, v° ASSURANCE, n°s 3 et seq.

La loi seule peut créer un nouveau privilége: aussi le projet de loi de 1838, sur les assurances, le contenait-il dans ses dispositions. (*Journal des Assurances* de MM. Grün et Joliat, t. V, p. 18.)

(1) Paris, 5 mai 1826. — J. P., 3ᵉ édition, t. XX, p. 451. — Art. 1722 C. N. —Donataire.

en effet, celle des deux parties qui retient ce qu'elle doit en compensation de ce qui lui est dû, exerce bien plutôt un droit de rétention qu'une compensation.

Le contrat d'assurance, ainsi que nous l'avons déjà vu, participe de la nature du contrat de vente (Boudousquié, p. 360) : l'assuré qui, par l'effet de la faillite de l'assureur, se voit privé et en quelque sorte évincé de la garantie qu'il avait stipulée, se trouve donc dans la même position qu'un acheteur troublé dans son acquisition et qui peut retenir le prix de la chose dont il redoute l'éviction.

Si l'acheteur est troublé ou a juste sujet de craindre d'être troublé par une action, soit hypothécaire, soit en revendication, il peut suspendre le paiement du prix jusqu'à ce que le vendeur ait fait cesser le trouble, si mieux n'aime celui-ci donner caution, ou à moins qu'il n'ait été stipulé que, nonobstant le trouble, l'acheteur paiera (1). Art. 1653 C. N.

Nous empruntons à M. Pardessus l'exemple suivant : Paul assure les marchandises de Jean pour 100,000 fr., moyennant une prime de 10,000 fr., et tombe ensuite en faillite. Sa masse ne peut exiger, en cas de sinistre, que Jean paie la prime de 10,000 fr., sauf à entrer en contribution pour le capital de 100,000 fr.; ce dernier retiendra la prime de 10,000 fr. qu'il a promise et viendra en contribution pour 90,000 fr. seulement. « Emérigon donne pour motif de cette décision, que la prime avait été promise à l'assureur pour prix du péril; et que celui-ci avait promis de payer la perte, qu'il ne paie pas à cause de sa faillite. L'assuré se trouvant frustré et comme évincé de la promesse à lui faite, est en droit de retenir le prix de la chose

<hr>

(1) Quénault, p. 262 et 263. — Grün et Joliat, p. 270 et 325.

évincée. Ce n'est pas ici une compensation, mais bien une rétention pour cause de garantie et de gage, et cette rétention doit avoir lieu sans considérer ni l'époque de la faillite, ni celle du sinistre. On peut alléguer à ce sujet la loi 13, § 8, *D.*, *De act. empt.*, *ibiq.* Cujas ; la loi 31, § 8, ff., *De ædilit. edict.* ; la loi 22, ff., *De hæred. vend.* ; la loi 14, § 1, ff., *De furtis*, qui décident qu'avant la tradition, le vendeur peut retenir, comme en gage, la chose vendue, jusqu'à ce qu'il soit payé du prix dont le terme est échu. L'exception dérive alors de l'action même ; car s'il m'est permis d'agir, je puis à plus forte raison écarter la demande formée contre moi : *juri convenit ut cui datur actio, ei multo magis detur exceptio.* »

Ces principes sont-ils applicables au cas où les primes ne sont pas encore échues ? En cas de faillite, les primes à échoir ne peuvent pas être retenues sur le montant du sinistre (Persil, n° 189. — Quénault, p. 263. — Boudousquié, p. 359 à 361). « L'exigibilité avant le terme opéré par la faillite ne donnerait pas ouverture à la compensation ; elle ne pourrait se faire au préjudice des tiers. » (Alauzet, t. I, n° 176) (1). Pouget, p. 229, *Dict.*

Cette décision est parfaitement conforme aux principes et aux règles tracées par les articles 1298 du Code Napoléon, 443 et 446 du Code de

(1) Quod in diem debetur, non compensabitur antequam dies venit, quanquam dari oporteat. Loi 7, *D.*, *De compens.* Pothier, *Des oblig.*, n° 627. — Soulatges, p. 256.

Il faut, de plus, que les deux dettes soient liquides et échues dans un temps utile, entre personnes capables de payer et de recevoir. Émerigon, chap. III, sect. 8. — Casaregis, Disc. 135, n° 8, et Disc. 208, n° 9. — Ferrière, *Cout. de Paris*, t. II, p. 94, n° 10.

commerce. Aux termes de l'article 1298, la compensation n'a pas lieu au préjudice des droits acquis à un tiers. Ainsi celui qui, étant débiteur, est devenu créancier depuis la saisie-arrêt faite par un tiers entre ses mains, ne peut, au préjudice du saisissant, opposer la compensation.

Par les art. 443 et 446, le législateur restreint le droit de propriété du failli sur ses biens propres; à dater du jour de la faillite, le failli est dessaisi de plein droit de l'administration de tous ses biens, même de ceux qui peuvent lui échoir tant qu'il est dans cet état. Il lui est interdit de rien faire qui puisse préjudicier aux droits acquis de ses créanciers. Bien plus, l'art. 446 porte que toute somme payée dans les dix jours qui précèdent l'ouverture de la faillite, pour dettes commerciales non échues, sera rapportée. La loi a voulu empêcher le paiement fictif aussi bien que le paiement réel. Or, ce serait manifestement violer la loi et favoriser sans raison le créancier d'une dette non échue, que de l'admettre à compenser cette dette, non encore exigible avec la sienne propre; il améliorerait ainsi sa condition, aux dépens des autres créanciers. Il n'y a lieu à compensation après la faillite, que dans le cas où les deux dettes sont échues simultanément, et seulement jusqu'à concurrence du dividende dû par la faillite.

SECTION II.

DU RÉGLEMENT DE L'INDEMNITÉ.

L'indemnité se calcule d'après une double base : le prix des choses garanties et la somme assurée.

Dans aucun cas, la quotité de l'indemnité ne peut atteindre un chiffre plus élevé que celui qui est fixé dans la police. L'assureur ne reçoit une prime qu'en raison de la somme assurée : il serait donc injuste de lui faire payer une somme plus forte que celle pour laquelle il a donné sa garantie (1).

(1) Grün et Joliat, n 189. — Pouget, t. III, p. 164. — Quénault, p. 65 à 69.

« Attendu que le contrat d'assurance a pour objet de garantir à l'assuré la réparation du préjudice qu'il pourrait éprouver par suite des risques prévus lors du contrat ; qu'il suit de là qu'on ne peut faire assurer que ce qu'on court risque de perdre, et qu'on ne peut réclamer de l'assureur que ce que l'on a réellement perdu ; que ce principe, admis par l'ancienne jurisprudence, a été consacré de nouveau par le Code de commerce en matière d'assurances maritimes, et qu'il n'existe aucun motif pour ne pas l'admettre en matière d'assurances contre l'incendie, puisque, dans l'un comme dans l'autre cas, l'objet du contrat ne peut être que de garantir une perte, et non d'assurer un bénéfice ; qu'il importe, dans l'intérêt de la sûreté publique, que nul ne puisse espérer un bénéfice dans l'incendie de sa propriété. Paris, 15 février 1834. S., 1834-2-145. — Grün et Joliat, nᵒˢ 252 et 256. — Boudousquié, n' 174. — Quénault, p. 65 à 69.

L'assureur ne doit jamais que la perte réelle éprouvée par l'assuré. Ce dernier est obligé de fournir tous les documents tendant à établir la valeur des objets sinistrés. Ainsi, les experts pourront lui demander la production de tous les titres dont il se trouve possesseur, et qui sont de nature à faciliter leurs opérations. Refuse-t-il de les présenter, il ne lui sera dû aucune indemnité pour tout objet dont il n'établira pas clairement la perte.

Il résulte des principes que l'on vient d'exposer que toute clause par laquelle une Société d'assurances se serait engagée à payer le montant de l'évaluation de la police, sans vérification de la perte, doit être considérée comme nulle. Une assurance contractée dans ces conditions n'aurait plus pour objet la réparation des dommages : ce serait une gageure, un pari, en un mot un contrat n'ayant plus aucune analogie avec celui que nous étudions.

SECTION III.

DE LA RÈGLE PROPORTIONNELLE.

S'il est reconnu que la valeur des objets couverts par l'assurance excédait, au moment du sinistre, la somme assurée, l'assuré est son propre assureur pour l'excédant et il supporte, en cette qualité, sa part des dommages au centime le franc ; il y a lieu à l'application de la règle proportionnelle.

On a critiqué quelquefois cette disposition : ces reproches ne sont pas fondés ; et les personnes qui présentent leurs biens à l'assurance doivent savoir que les tribunaux ont reconnu la légitimité de cette clause et l'ont consacrée par de nombreux arrêts. D'ailleurs, l'assuré n'aurait pas le droit de prétexter son ignorance, attendu que les polices d'assurances contiennent toutes, sans exception, une clause dont voici le sens : La base de la fixation de l'indemnité est la valeur, au moment du sinistre, des pertes éprouvées, et non le rétablissement des objets atteints par l'incendie. Dans aucun cas, l'indemnité ne peut s'élever au-delà des dommages dûment constatés. Si l'estimation de ces dommages excède la somme assurée, l'indemnité est réduite proportionnellement à cette dernière somme, et le sociétaire est alors considéré comme ayant été son propre assureur pour l'excédant.

Ces clauses du contrat d'assurance se justifient aisément. En effet, si l'on ne faisait garantir qu'une partie de ce qu'on possède, ce serait dans l'espoir de sauver une partie des objets exposés à l'incendie, ou encore de ne pas être atteint par un sinistre. Or, l'assureur n'a tarifé ses primes à un taux aussi minime que parce qu'il a compté sur les chances de pertes partielles et sur l'empressement et les soins que l'on doit ap-

porter au sauvetage ; on voit donc que les bases
du contrat, celles sur lesquelles repose le calcul des primes, seraient détruites, si d'abord
tout n'était pas assuré, et si en second lieu
l'assuré opérait le sauvetage à son profit seulement (1).

D'un autre côté, l'assuré se trouve comme le
coassureur de son assureur : « La garantie dont
ils sont tenus l'un et l'autre, portant indéfiniment
sur la chose assurée, et non sur telle ou telle
partie déterminée de la chose, il n'y a pas de
raison pour mettre à la charge de l'assureur la
partie détruite plutôt que la partie conservée, et
vice versa. » Les contractants sont, à l'égard des
risques, dans les mêmes rapports que deux copropriétaires d'une chose indivise, dont le droit
s'étend à toutes et à chacune des parties de la
chose, jusqu'à ce qu'un acte de partage ait fait
cesser l'indivision, en assignant à chacun une
part déterminée.

« Si la chose est détruite en partie avant le partage, il est évident que l'un des copropriétaires
ne peut mettre la perte exclusivement à la charge
de l'autre, et qu'ils sont tenus de la supporter en
commun. » (Boudousquié, p. 187. — Pardessus,
t. III, n° 760.)

L'exemple suivant démontrera plus clairement
encore l'équité des motifs sur lesquels est fondée

____

(1) Pothier, n° 80, 42, 43. — Grün et Joliat, 311, 313. — Boudousquié, 187, 188, 355 à 359.

la règle proportionnelle : Si vous avez cent moutons dans une bergerie, et que vous n'en fassiez
assurer que cinquante, l'assureur pourra vous
dire à bon droit : Les 50 moutons sauvés sont-ils
ceux que j'avais assurés ou ceux qui ne l'étaient
pas ? Dans le doute, vous étiez donc votre assureur
pour moitié. Le sinistre étant indivisible, si tout
périt, l'assureur devra la totalité de l'assurance ;
mais s'il y a perte de 30 moutons, l'assureur n'en
devra que 15 (*Manuel de l'Assuré*). De même
pour un immeuble. Supposons, en effet, une
construction se composant de quatre pavillons
estimés chacun à 10,000 fr. Le propriétaire, espérant préserver contre les suites d'un incendie
les trois quarts de cette construction, ne paie la
prime que sur une valeur de 10,000 fr. Un sinistre survient et détruit complètement l'un de
ces pavillons ; l'assureur dira, avec raison : Vous
avez assuré cet immeuble 10,000 fr., il en vaut
40,000, donc vous êtes resté votre propre assureur pour les 3/4, soit 30,000 fr. Si l'immeuble
avait été totalement détruit, il vous aurait été
alloué une indemnité de 10,000 fr., c'est-à-dire
le quart de la perte totale. Mais qu'importe que
le sinistre soit total ou partiel : dans l'un comme
dans l'autre cas, l'indemnité doit être proportionnée à la somme assurée. Vous avez seulement
soumis à la garantie offerte par l'assurance un quart
de votre propriété ; le sinistre étant indivisible,
l'indemnité sera du quart des pertes que vous
aurez éprouvées. Le pavillon détruit valait

10,000 fr.; il vous est dû le quart de cette perte, soit 2,500 fr.

Il est évident que cette décision ne s'applique pas au cas où l'objet détruit aura été spécialement affecté à l'assurance.

Enfin, le peu d'élévation des primes s'explique par cette raison que l'assureur compte sur les contributions perçues à l'occasion de l'ensemble des risques pour réparer les dommages partiels. L'expérience démontre, en effet, que, dans un laps de temps déterminé, la destruction d'une partie de tel immeuble est pour ainsi dire certaine, tandis que celle de la totalité n'est qu'éventuelle. Il suit de là que si l'assuré fait garantir seulement cette portion de ses immeubles, qu'il sait ne pouvoir soustraire aux ravages du feu, il rend illusoires les calculs de l'assureur et rompt l'équilibre établi par ce dernier entre ses prévisions et ses tarifs.

La règle, que l'indemnité est à la somme assurée dans le rapport du montant de la perte à la valeur de la chose assurée, reçoit son application dans trois hypothèses qu'il importe d'examiner :

1º Lorsque la somme assurée est égale à la valeur des objets assurés, l'indemnité égalera la perte, puisque la valeur des objets et la somme assurée, qui forment les antécédents de la proportion, étant exprimés par des nombres identiques, il doit en être de même des conséquents, qui représentent la perte et l'indemnité. M. Boudousquié suppose qu'une maison de la valeur de 20,000 fr., assurée pour sa valeur entière, ait été complètement détruite. La règle de proportion donnera le résultat suivant :

20,000 fr., valeur assurée : 20,000 fr., montant de la perte : : 20,000 fr., somme assurée : 20,000 fr., montant de l'indemnité. Si, dans la même hypothèse, la perte n'a été que du quart de la valeur, on dira : 20,000 fr., valeur assurée : 5,000 fr., montant de la perte : : 20,000 fr., somme assurée : 5,000 fr., montant de l'indemnité.

2° Il en est de même dans le cas où la somme assurée est supérieure à la valeur des objets assurés, puisque l'assurance, si elle a été faite sans fraude, sera réduite à cette valeur.

3° Dans le cas où la somme assurée est inférieure à la valeur des objets assurés, voici comment l'on établit la règle proportionnelle : Un bâtiment a été assuré pour 100,000 fr. Le procès-verbal d'expertise, après sinistre, a constaté : que la valeur dudit bâtiment était de 120,000 ; que la perte était de 90,000 ; l'assuré est donc resté son propre assureur pour un sixième de la valeur du bâtiment, soit 20,000 fr. ; il doit par suite supporter un sixième de la perte, soit 15,000 fr., et l'indemnité qui lui sera allouée ne pourra pas excéder les 5/6, soit 75,000 fr.

§ I. — APPLICATION DE LA RÈGLE PROPORTIONNELLE A L'ASSURANCE DU RISQUE LOCATIF. — La règle proportionnelle reçoit également son application dans l'assurance du risque locatif (1), c'est-à-dire lorsque l'assuré se fait garantir contre la responsabilité qu'il court vis-à-vis de son propriétaire.

(1) En ce qui touche la demande de Lasson contre Direz et compagnie : — attendu que Direz est locataire des lieux appartenant à Lasson, et dans lesquels s'est déclaré l'incendie du 3 août 1850, qu'à ce titre et aux termes de l'art. 1733, il est responsable de ce fait, à moins qu'il ne prouve le cas fortuit ou la force majeure, le vice de construction ou la communication du feu par une maison voisine ; — attendu qu'il ne fait aucune preuve de ce genre ; — attendu que le dommage a été évalué à la somme de 14,832 fr. 47 c. ; — en ce qui touche la demande de Lasson contre la *Compagnie du Soleil*, ensemble la demande en validité d'offres réelles formée reconventionnellement par ladite Compagnie ; — attendu que Lasson agit en deux qualités : 1° comme assuré ; 2° comme exerçant les droits de son locataire, assuré lui-même pour ses risques locatifs ; — sur le premier point de vue : attendu que la propriété dont il s'agit a été déclarée dans la police d'assurance avoir une valeur de 80,000 fr., et qu'en réalité cette propriété valait, au moment du sinistre, 172,215 fr. 87 c. ; — attendu qu'aux termes de l'art. 21 de la police d'assurance, il est expressément convenu que, dans le cas où les objets assurés ont une valeur supérieure à la somme pour laquelle ils ont été assurés, l'assuré reste son propre assureur pour le surplus ; — que Lasson ayant fait assurer sa propriété pour 80,000 fr., est resté son propre assureur pour le surplus, c'est-à-dire pour 92,215 fr. 87 c. ; — que le dommage, fixé à 14,832 fr. 42 c., doit être supporté proportionnellement entre lui et la Compagnie d'assurances ; que la somme de 6,891 fr., offerte par la Compagnie, représente la part proportionnelle aux 80,000 fr. assurés ; — sur le deuxième point de vue : attendu que Direz a également fait assurer son risque locatif sur 80,000 fr. ; que, dans l'usage et aux termes de l'art. 22 des polices, la prime du risque locatif est basée sur le montant du loyer ; — que le locataire, pour avoir droit à cette indemnité de la totalité du dommage, doit avoir fait assurer une somme égale à quinze fois au moins le montant du loyer annuel, et que s'il a déclaré une valeur moindre, il n'obtient, sur le montant du dommage, qu'une part proportionnelle à la différence qui existe entre la somme réellement assurée et la somme qui formerait le montant du loyer multiplié par quinze ; — attendu que

Le locataire ne doit pas oublier que, s'il subit la règle proportionnelle en matière de risques locatifs, il reste exposé aux poursuites de son propriétaire. A ce point de vue, l'assurance complète du risque locatif, c'est-à-dire de toute la perte possible, nous semble indispensable (1).

§ II. Application de la règle proportionnelle a l'assurance de la créance hypothécaire. — Les principes que nous venons d'exposer sont également applicables à l'assurance de la créance hypothécaire. Primus, agissant en qualité de créancier hypothécaire, fait assurer sur un im-

---

si cet article devait recevoir ici son application, Direz ayant un loyer de 10,000 fr., ce qui porterait à 200,000 fr. la valeur à assurer, et n'ayant cependant payé sa prime que sur une valeur de 80,000 fr., n'aurait droit qu'aux quatre dixièmes de l'indemnité; — mais, attendu que la Compagnie, en renonçant à l'application de cet article et à la proportionnalité qu'il prescrit, est rentrée dans le droit commun; — attendu qu'aux termes des principes généraux et des termes exprès de l'art. 21, tout assuré est reconnu son propre assureur pour tout ce qui excède la somme assurée dans la valeur réelle de l'objet qui fait la matière du contrat; — qu'il suit de là que Direz, pour son risque locatif, comme Lasson pour sa propriété, doit être considéré comme ayant fait assurer seulement 80,000 fr., et étant resté son propre assureur pour les 92,215 fr. 87 c. de surplus; qu'en conséquence, il n'a droit à réclamer de la Compagnie qu'une part proportionnelle dans l'indemnité; que la proportionnalité doit être établie, non plus de 80,000 fr. à 200,000 fr., comme on aurait dû le faire, s'il n'y avait pas eu renonciation à l'art. 22, mais de 80,000 fr. à 172,215 fr. 87 c., ce qui donne une somme de 6,891 fr.; — attendu que Lasson, comme exerçant les droits de son locataire, débiteur envers lui, n'a pas plus de droits que ce dernier n'en aurait lui-même, etc. Paris, 30 mars 1853.

(1) Pouget, *Dict. des Assur.*, v° Règle proportionnelle.

meuble valant 30,000 fr. une somme de 10,000 fr.
La créance s'élève à la somme de 20,000 fr. ; est-il
fondé à dire à l'assureur, en cas de sinistre partiel : j'ai soumis à l'assurance la somme de
10,000 fr., parce que je considérais mon débiteur
solvable personnellement pour le surplus ; je n'ai
donc fait couvrir que le risque auquel j'étais exposé en cas d'incendie? La règle proportionnelle
n'est pas applicable au risque de solvabilité : ce
risque est, en effet, très-divisible, puisqu'il constitue une abstraction.

Ce système n'est pas admissible. Le créancier
qui ne fait assurer que la moitié de sa créance,
reste son propre assureur pour le surplus : « Le
taux peu élevé des primes est calculé sur la chance
de perte ; on a pensé que, dans bien des cas, la
chose assurée ne périrait pas entièrement et que,
la prime perçue ne répondant pas à toute la perte,
il pouvait y avoir, sur un ensemble de risques,
bénéfice pour l'assureur. — Or, si l'assuré ne fait
couvrir que ce qu'il est presque certain de perdre,
cette économie est détruite. Prenons un exemple :
Vous avez une créance de 4,000 fr. sur un immeuble, et vous ne faites assurer que 2,000 fr.,
représentant la destruction partielle, c'est-à-dire
la perte presque certaine. — Or, l'assureur veut
garantir, même éventuellement, la perte presque
certaine comme la perte incertaine ; il a calculé,
d'après la statistique, qu'un objet assuré pour sa
totalité ne périt pas toujours entièrement. Si vous
l'empêchiez de tenir compte de ces éventualités,

ses combinaisons seraient détruites, et alors il devrait élever le prix de l'assurance ; la prime restant ce qu'elle est, c'est-à-dire étant mise en rapport avec toutes les chances de bénéfice possibles, il faut que l'assuré fasse garantir toute sa créance. (Pouget, *J. des Assur.*, 1866, p. 94.)

Lorsqu'il y a lieu d'appliquer la règle proportionnelle, on doit suivre une marche semblable à celle que nous avons exposée précédemment, c'est-à-dire qu'on examine le rapport existant entre la portion de créance assurée, et la totalité de la créance hypothéquée sur l'immeuble. Dans l'hypothèse ci-dessus, la créance totale est de 20,000 fr., et l'assurance ne repose que sur 10,000 ; l'assureur devra la totalité de la somme assurée, dans le cas de la destruction complète de l'immeuble. Dans aucun cas, cependant, la somme assurée ne pourra dépasser la valeur de l'immeuble : si nous supposons que le créancier hypothécaire a fait garantir la totalité de sa créance, soit 20,000 fr., et que, par suite de dépréciation ou de toute autre cause, l'immeuble ne vaille, sol déduit, que 18,000 fr., l'indemnité allouée au créancier ne s'élèvera pas au-dessus de ce chiffre.

SECTION IV.

DIFFÉRENCE DU NEUF AU VIEUX.

Les polices stipulent avec soin que la base de

la fixation de l'indemnité est la valeur, au moment du sinistre, de la portion de l'immeuble qui a été incendiée, et non le prix de la reconstruction. Les immeubles, déduction faite de la valeur du sol, et les effets mobiliers, sont estimés d'après leur valeur vénale au moment de l'incendie.

En appréciant le sinistre, et après avoir notamment établi la valeur de la reconstruction à neuf, les experts doivent déduire de cette valeur ce qu'on appelle la *différence du neuf au vieux*. Cette déduction faite, la somme à laquelle sera fixée l'indemnité représentera la valeur de l'immeuble au moment de l'incendie. Cette règle n'a pas besoin d'être spécifiée dans la police, elle résulte de l'essence même du contrat.

L'interprétation des articles insérés dans les polices, à l'effet de rendre cette règle obligatoire, a souvent occasionné des contestations. Voici la plainte, assez logique en apparence, que l'on formule souvent : Le véritable but du propriétaire, en contractant l'assurance, est évidemment de garantir la conservation de l'objet assuré, et de trouver l'argent nécessaire pour le rétablir dans son état primitif, en cas d'incendie. Il est donc naturel que le propriétaire d'un bâtiment le fasse assurer pour la somme qu'il juge convenable, et, qu'au moment du sinistre, il exige de l'assureur que l'allocation de l'indemnité soit faite sur les mêmes principes. J'estime ma maison 200,000 fr. et mon mobilier 100,000. L'assureur, à qui j'ai déclaré ces chiffres, les a acceptés sans examen ; il les a pris pour base de la prime annuelle qu'il fait toucher régulièrement à mon domicile. Il ne m'a jamais contesté le droit de payer comme un homme qui a 300,000 fr. à garantir du feu ; c'est donc à 300,000 qu'il doit fixer le montant de l'indemnité.

Ce raisonnement est absolument dénué de justesse : il méconnaît de tout point les véritables caractères du contrat d'assurance. Ce contrat n'est pas, en effet, un acte conservatoire des choses assurées, c'est un contrat d'indemnité ; cette intention de l'assuré de restituer les choses dans leur état primitif lui est complètement étrangère, et son but est atteint du moment que la perte est réparée.

Que l'assuré, en effet, puisse, en cas de sinistre, exiger la reconstruction de sa maison, le voilà intéressé à sa destruction, pour peu que cette maison soit dégradée par le temps ; car il est impossible, par la nature des choses, de refaire un vieil édifice : on n'intervertit pas l'action du temps ; il n'est pas plus permis de la devancer que de l'enchaîner. Si un vieil édifice périt, on ne peut reconstruire, à sa place, qu'un édifice neuf, qui aura la plus-value résultant de l'excédant de durée d'un édifice neuf sur un vieux ; l'assuré trouverait donc un profit réel dans cette plus-value, et il serait à craindre que, sa vigilance étant endormie par sa cupidité, il ne se relâchât de la surveillance et des soins nécessaires à la conservation de sa propriété, si même il ne se laissait entraîner, par l'appât du gain, à y mettre le feu. Le remplacement en nature des objets mobiliers offrirait les mêmes dangers, à moins que l'assureur n'eût la faculté de remplacer les objets détruits par d'autres objets qui auraient atteints le même degré de dépréciation ou de vétusté, ce qui présente trop de difficultés dans la pratique pour être admis dans la théorie. (Boudousquié, p. 24.)

Une jurisprudence constante a reproduit et consacré ces derniers principes par de nombreux arrêts. (Marseille, 5 septembre 1833. — De Villeneuve et Macé, *Dict. du content. comm.*, v° ASS. MARIT., n° 195. — Alauzet, t. II, 153. — Aix, 28 juin 1831.)

En résumé, le réglement des sinistres doit avoir lieu de la manière suivante : les experts établiront d'abord la valeur de construction à neuf du bâtiment, soit 10,000 fr.

Ils évalueront ensuite la dépréciation résultant de la vétusté, en d'autres termes, la *différence du neuf au vieux*, soit 20 pour 100, ou 2,000 fr.

La soustraction de cette dernière somme donne la valeur de l'immeuble au moment du sinistre, soit 8,000 fr.

On devra déduire également la valeur du sauvetage, soit 4,000 fr. ; la perte sera dès lors fixée à 4,000 fr.

Mais il peut arriver que ce bâtiment ne soit assuré que jusqu'à concurrence de 6,000 fr. (soit

les 3/4) ; il y a donc lieu d'établir la règle proportionnelle de la manière suivante :

Valeur au moment du sinistre, 8,000 fr.

Perte totale, 4,000 fr.

Somme assurée, 6,000 fr.

Indemnité due par la Société, 3,000.

SECTION V.

DU PAIEMENT DE L'INDEMNITÉ.

Les assureurs peuvent indemniser l'assuré, soit
en versant une certaine somme entre les mains
de ce dernier, soit en établissant une compensation avec les primes actuellement échues et non
payées, soit en remplaçant par achat ou reconstruction les objets incendiés.

En général, l'indemnité est payée avec déduction des matériaux et du sauvetage. (Quénault,
nos 80, 196 et 202. — Grün et Joliat, no 280. —
Alauzet, t. II, p. 436.)

Nous ne nous étendrons pas sur l'examen
des conditions de capacité et de qualité nécessaires à l'assuré pour recevoir l'indemnité qui lui
est due. Ces conditions sont les mêmes que celles
qui sont requises pour la formation du contrat.
Ainsi, l'assuré qui réclame le paiement de l'indemnité doit être porteur d'un contrat prouvant
l'obligation de l'assureur (1).

(1) Pouget, t. I, p. 118-244 ; t. II, p. 289 et sq. ; t. III, p. 180.

Le paiement de l'indemnité libère l'assureur qui l'a effectué sans fraude, alors que la quittance émane d'une personne ayant droit et qualité pour recevoir. Il a encore pour effet de le subroger aux droits et actions de l'assuré. Nous devons dire que cette subrogation est conventionnelle, puisque la subrogation légale ne peut résulter que d'un texte précis, et qu'il a été reconnu que l'art. 1251 ne saurait s'appliquer au paiement effectué par l'assureur. Du reste, on trouvera plus loin l'examen de cette question importante.

Le paiement de l'indemnité peut être arrêté par les oppositions formées par les créanciers de l'assuré entre les mains de l'assureur. Il est clair, pour tout le monde, que ces oppositions ne peuvent avoir d'effet qu'autant que le saisi n'a point perdu son droit à l'indemnité.

Après la saisie-arrêt, l'assureur, s'il a intérêt à se libérer, peut verser à la caisse des dépôts et consignations, en observant les formalités prescrites par la loi (art. 1259, C. N.), la somme dont il est débiteur. De cette manière, les droits des créanciers sont conservés et leurs intérêts mis à couvert (1).

Ici se présente l'examen d'une question fort importante : à savoir que, lorsqu'un assuré a été poursuivi par le ministère public, comme accusé d'avoir volontairement mis le feu à sa propriété, l'assureur peut encore, même après l'acquitte-

(1) Boudousquié, p. 362. — Persil, 186. — Quénault, 305, 306.

ment, refuser devant les tribunaux civils une indemnité à cet assuré ; en d'autres termes, nous avons à étudier quelle est l'influence du criminel sur le civil.

L'article 360 du Code d'instruction criminelle, en vertu duquel toute personne acquittée légalement ne pourra plus être reprise ni accusée à raison du même fait, ne s'applique, en effet, qu'à l'action criminelle. L'art. 1351 C. N. est ainsi conçu : « *L'autorité de la chose jugée n'a lieu qu'à l'égard de ce qui a fait l'objet du jugement. Il faut que la chose demandée soit la même ; que la demande soit fondée sur la même cause ; que la demande soit entre les mêmes parties, et formée par elles et contre elles en la même qualité.* » Cet article exige donc l'identité de demande, de cause et de personne. Or, ces trois conditions, nécessaires pour constituer la chose jugée, ne se reproduisent pas dans l'espèce ; il n'y a identité ni de demande, ni de cause, ni de personne.

A. Le ministère public demande l'application d'une peine, tandis que la partie civile demande des dommages-intérêts ou sa libération.

B. La cause n'est pas la même : au criminel, la culpabilité comprend le fait et l'intention criminels ; au civil, le fait seul suffit.

C. Enfin, quant à l'identité de personne, elle n'existe pas davantage : dans le premier cas, c'est le ministère public qui poursuit au nom de la société; dans le second, le demandeur c'est la partie lésée.

MM. Grün et Joliat présentent les considérations suivantes à l'appui de cette opinion: « Dans le cas où une poursuite criminelle aurait été, à raison de ce fait, dirigée contre l'assuré, les assureurs auraient droit de suspendre, non pas l'expertise du dommage, mais le paiement du sinistre. La procédure criminelle pourrait être opposée à l'assuré, non-seulement s'il était condamné par une Cour d'assises, mais même si une chambre d'accusation le reconnaissait, comme cela est arrivé plusieurs fois, convaincu du fait d'incendie volontaire, et néanmoins déclarait n'y avoir lieu à mise en accusation contre lui. *Peu importe, en effet, aux assureurs, que l'incendiaire soit frappé par la loi pénale: il leur suffit de pouvoir constater le fait qui les décharge de toute responsabilité...* « Dans les hypothèses précédentes, les tribunaux criminels auraient attaché à la déclaration de l'existence du fait le sceau de l'irrévocabilité. Les juges civils ne pourraient le méconnaître sans violer ouvertement l'autorité de la chose jugée. Il y a plus de difficulté lorsqu'il s'agit d'un acquittement, qui ne contient pas toujours la reconnaissance que le fait matériel n'existe pas. L'acquittement ne nous semblerait pouvoir être opposé, comme ayant force de chose jugée, aux assureurs qui soutiendraient au civil ne rien devoir à l'assuré, parce que l'incendie aurait été volontaire, qu'autant qu'il serait conçu en termes tels, qu'il ne laissât aucun doute sur la non-existence du fait ; l'exception devrait donc être admise ou rejetée, selon la rédaction du verdict du jury.

« Si l'acquittement est motivé sur ce que le fait matériel n'existe pas, ou sur ce que l'accusé n'en est pas l'auteur, il est évident que l'assureur ne pourrait plus, devant aucun tribunal et pour aucun intérêt, remettre en question le fait d'incendie volontaire. Lorsque la déclaration du jury porte seulement que l'accusé n'est pas coupable, la possibilité que cette déclaration, dont l'expression est vague et complexe, ait été déterminée, non par la non-existence du fait matériel, mais par l'absence d'intention criminelle, suffit pour que l'acquittement n'ait pas l'influence de la chose jugée sur l'action civile. » (Grün et Joliat, 212 et 214.)

La Cour de Caen, par un arrêt du 24 mars 1862, a consacré cette doctrine, et jugé que l'acquittement prononcé par la Cour d'assises, au profit d'un assuré accusé d'incendie, n'empêche pas la juridiction civile d'examiner si, par son fait ou par faute lourde, il ne doit pas être déclaré déchu de l'indemnité qu'il réclame de son assureur (1).

---

(1) La Cour de cassation s'est également prononcée dans le même sens : Attendu que l'action civile formée par la Compagnie *la Bretagne* contre Jamet, avait pour objet de le faire déclarer déchu de tout droit

SECTION VI.

ΓE LA SUBROGATION.

§ I. NATURE DE LA SUBROGATION.—Le paiement de l'indemnité a pour effet de subroger l'assureur dans tous les droits et actions de l'assuré. Cette subrogation est conventionnelle. M. Quénault se demande si cette subrogation, conséquence nécessaire des principes qui dominent le contrat

à l'indemnité de l'assurance, comme étant auteur volontaire de l'incendie de la maison par lui assurée ; — que Jamet a résisté à cette demande, en opposant l'autorité de la chose jugée, résultant à son profit de la déclaration négative du jury des Côtes-du-Nord, du 13 avril 1855, sur l'accusation portée contre ledit Jamet, d'avoir incendié ladite maison ; — attendu que l'acquittement prononcé par la justice criminelle ne peut faire obstacle à l'action civile qu'autant que le juge criminel aurait nié clairement le fait qui est la base commune de l'une et de l'autre action, et que la demande à fin civile serait absolument inconciliable avec les déclarations, constatations et décisions du juge criminel; que, dans l'affaire actuelle, le jury a été interrogé sur la question de savoir si Jamet était coupable d'avoir volontairement mis le feu à un édifice habité, à lui appartenant ; — que la réponse négative sur cette question, réponse non motivée, n'exclut nécessairement ni le fait d'incendie, ni la participation volontaire de Jamet à cet incendie, ladite réponse ayant pu être déterminée par des motifs qui laisseraient subsister les faits sur lesquels repose l'action civile de la Compagnie ; — d'où il suit qu'en refusant d'écarter cette action par l'exception de chose jugée, l'arrêt attaqué, loin de violer les art. 1350 et 1351 C. N., en a fait, au contraire, une juste application, etc. (20 avril 1863. — Pardessus, t. II, 595, § 1. — Toullier, t. VIII et X, n°⁵ 240 et seq. — Zachariæ, V, 392, § 769, n° 4. *Élém. de Droit français.* — Merlin, *Rép.*, v° Non bis in idem. — Grün et Joliat, IV, 109. — Maugin, II, 414. — Boudousquié, 395.)

d'assurance, ne pourrait pas exister indépendamment de toute stipulation ; en un mot, si elle ne pourrait pas être considérée comme une subrogation légale. En effet, si, malgré l'indemnité fournie par l'assureur, indemnité qui le désintéresse complètement, l'assuré exerce ses actions contre l'auteur du sinistre, de toute évidence, l'assurance sera pour lui une occasion de bénéfice, car il recevra deux fois la valeur de ce qu'il aura perdu. Or, les règles du contrat d'assurance s'opposent à ce qu'il soit une source de bénéfice pour l'assuré ; celui-ci doit y trouver la compensation des pertes qu'il a faites et rien de plus.

Nous ne pensons pas que cette opinion puisse être admise : le Code Napoléon ne reconnaît que deux sortes de subrogations :

1. La subrogation conventionnelle, art. 1250 ;

2. La subrogation légale, art. 1251.

Hors des cas déterminés par l'art. 1251, la subrogation légale ne peut pas exister.

Pour soutenir le contraire, certains auteurs se sont efforcés d'établir une analogie entre l'assureur et *ceux qui, étant tenus avec d'autres et pour d'autres au paiement de la dette, auraient intérêt à l'acquitter.* Dans ce système, l'art. 1251 ne devrait pas être restreint à une obligation solidaire ou conjointe : si telle eût été son intention, le législateur se serait servi des expressions : *obligé à la dette ;* et on eût été fondé à soutenir que la subrogation légale ne peut être invoquée que par ceux qui sont placés dans les liens d'une obligation commune et identique. Mais il n'en est pas ainsi, continuent les partisans de ce système : pour que quelqu'un soit tenu, *avec un autre ou pour un autre*, à la dette, il suffit que l'on soit tenu de désintéresser le même créancier pour un même dommage, encore bien que chacun soit obligé par des causes distinctes, et en vertu de liens d'une nature toute différente.

Cet argument a été repoussé par la doctrine et par la jurisprudence (1). L'assureur, en effet, ne se trouve dans aucun des cas prévus par le paragraphe 3 de l'art. 1251. Cet article n'admet au bénéfice de la subrogation légale que les débiteurs tenus par une obligation commune.

Or, en soldant l'indemnité, l'assureur n'a pas payé une chose due avec d'autres et pour d'autres.

Il était lié envers l'assuré par une obligation particulière, souscrite volontairement par lui seul.

Le débiteur de l'assuré, soit le locataire, dans le cas de reponsabilité de l'art. 1733 C. N., est tenu par une obligation tout-à-fait indépendante de celle de l'assureur ; il n'est pas tenu pour l'assureur, et l'assureur n'est pas tenu pour lui ; leur libération peut s'opérer à l'insu l'un de l'autre, par le paiement de leurs propres dettes (Arrêt de la Cour de cassation. *Journal du*

(1) S., 29-1-295. — 46-2-325. — Grün et Joliat, 294. — Quénault, 326, 327. — Pardessus, n° 596, t. II. — Dalloz, §§ 248, 249. — Alauzet, t. I, p. 176 ; t. II, 389.

Palais, 1829-2-1). — MM. Alauzet et Pardessus ne trouvent de remède pour l'assureur qui a payé sans se faire subroger, par une convention spéciale, dans tous les droits et actions de l'assuré, que dans ce principe que nul ne peut s'enrichir aux dépens d'autrui. En d'autres termes, ils donnent l'action de gestion d'affaires contre le locataire. (Art. 1236, 1375 et 1382.)

§ 2. DE LA VALIDITÉ DE LA SUBROGATION CONVENTIONNELLE. — On a critiqué la stipulation par laquelle l'assureur se fait subroger; on a été même jusqu'à lui refuser ce droit; et prétendre que le recours du propriétaire contre le locataire était incessible. Cette opinion paraît difficile à défendre; cette prétendue incessibilité ne s'appuie sur aucune raison sérieuse, puisqu'il n'existe pas de texte qui la mette en dehors de la règle générale et de la liberté des transactions (1). (Art. 1598 C. N. — Persil, p. 285.)

(1) Voici comment s'exprime M. Marcadé, sur la validité de cette cession, t. IV, p. 42 : On a commencé par dire qu'une telle cession était immorale et contraire à l'ordre public, en ce qu'elle privait le locataire de la chance d'apitoyer le propriétaire sur sa triste position. Comme si les propriétaires, et en général tous les créanciers, quels qu'ils soient, étaient plus pitoyables que ne le sont les Compagnies; comme si, dans tous les cas, le propriétaire qui serait assez généreux pour remettre à son locataire une partie de la somme due, ne peut pas la lui remettre aussi bien sur l'indemnité qu'il reçoit de la Compagnie; comme si, d'ailleurs, cet aperçu d'une pitié qu'on pourrait trouver chez telle personne et ne pas trouver chez son cessionnaire, ne se rencontre pas dans une foule d'autres circonstances où il ne saurait

La subrogation ne doit pas être une cause de bénéfice pour l'assureur. Ainsi, l'art. 1699 C. N. pourra être opposé à l'assureur ; le débiteur sera libéré en lui remboursant le prix de la cession.

§ 3. DE LA SUBROGATION CONTRE LE LOCATAIRE. — En examinant les principales questions soulevées par l'assurance du risque locatif, nous disions que la renonciation du propriétaire au recours contre le locataire, stipulée dans la police faite avec l'assureur de l'immeuble, n'affranchit pas le locataire de la responsabilité édictée par l'art. 1733. Rien n'empêche, en effet, le propriétaire de consentir la subrogation contre le locataire, lorsqu'il reçoit son indemnité (1). Cette proposition n'a

évidemment avoir d'autre résultat que de rendre la cession très-fâcheuse, en fait, pour le débiteur, mais non pas illégale pour cela ; comme si, enfin, la contradiction à l'intérêt public et à la pensée intime de nos articles ne se trouvait pas, au contraire, dans la doctrine opposée, puisque s'il était une fois entendu que, du moment qu'un propriétaire est assuré, les locataires se trouvent affranchis de toute responsabilité et ne peuvent plus avoir à répondre de la présomption de faute, ni envers le propriétaire (qui sera désintéressé par la Compagnie), ni envers la Compagnie, les précautions que la loi a cru nécessaire de prendre pour prévenir les incendies n'existeraient plus. (Duvergier, *Du Louage,* t. I, p. 423. — Troplong, t. II, p. 493, *Du Louage.*)

(1) Nous citons à l'appui de cette opinion un arrêt de la Cour d'Aix, rendu dans des circonstances d'autant plus favorables pour le locataire, que le propriétaire avait stipulé que, *moyennant une augmentation de primes ,* la Compagnie renonçait à exercer tout recours contre ses locataires. Le fermier, ne regardant pas cette clause comme suffisante pour sa sécurité, avait fait assurer ses risques locatifs par la

rien qui doive surprendre : le locataire n'est nullement à l'abri du recours par la stipulation consentie en sa faveur dans la police par le propriétaire, puisqu'il dépend de ce dernier d'en annuler l'effet, soit qu'il pense rendre ainsi les Sociétés plus faciles dans le réglement de l'indemnité,

Compagnie *le Nord*. Le propriétaire reçut le montant de son indemnité, et, malgré la stipulation contenue dans la police, la subrogea dans tous ses droits et actions contre le locataire. Celui-ci, cherchant à repousser l'action intentée contre lui, appela en garantie la Compagnie à laquelle il avait assuré ses risques locatifs. Le jugement suivant fut rendu par le tribunal civil d'Aix et confirmé par la Cour, le 27 novembre 1860 : « Attendu que l'unique exception proposée par Isnard, ... a été tirée de ce que, dans la police d'assurance intervenue le 24 décembre 1855 entre la marquise de Mazan et la Compagnie *l'Union*, cette Compagnie avait renoncé à la subrogation aux droits ouverts contre le locataire, d'où la conséquence que cette subrogation n'avait pu lui être conférée par un acte postérieur, qui aurait ainsi enlevé à un tiers la stipulation faite à son profit, contrairement à l'art. 1121 du Code Nap. ; — attendu qu'en exigeant, à la charge d'une augmentation de primes, que la Compagnie renonçât à tout recours contre ses locataires, la marquise de Mazan ne s'était interdit ni d'exercer elle-même ce recours ni de le céder à un tiers, à la Compagnie *l'Union* comme tout autre ; qu'après comme avant la police, ce droit subsistait dans son entier ; qu'elle a pu, dès lors, changeant de résolution, le transmettre plus tard par voie de subrogation à ladite Compagnie ; —attendu surabondamment, en fait, qu'Isnard n'avait pas manifesté la volonté de profiter de la stipulation contenue dans la police avant l'époque où la marquise de Mazan l'a révoquée par la subrogation qu'elle a consentie ; — attendu, au contraire, qu'en faisant lui-même assurer ses risques locatifs par la Compagnie *le Nord,* Isnard a implicitement reconnu, ou qu'on lui avait laissé ignorer l'existence de la première police, ou s'il la connaissait, qu'il n'y voyait pas un engagement irrévocable acquis en sa faveur....., etc. Condamne, etc. »

soit que ses dispositions, primitivement bienveil-
lantes envers son locataire, se soient modifiées
postérieurement. Il est donc plus prudent au
locataire ou fermier de faire assurer personnellement ses risques locatifs.

Cette décision est en opposition avec un arrêt
de la Cour de Paris, du 5 février 1857, confir-
mant un jugement du Tribunal civil de la Seine
dont nous citons un des considérants :

« Attendu, qu'aux termes de la police du 28 janvier 1849,
Pernol-Dubreuil, propriétaire, a non-seulement stipulé sa
propre assurance, relativement à l'habitation de l'exploitation
rurale de Buhl, mais aussi celle des fermiers de ladite exploitation, pour les risques locatifs qui pourraient peser sur eux en
vertu des art. 1733 et 1734 du C. N.; — qu'une telle clause,
consentie par la Compagnie vis-à-vis du propriétaire, pour
mieux assurer la solvabilité du fermier, s'étend à toute la durée
du contrat d'assurance, quel qu'il soit ; c'est, en fait, une renonciation à exercer contre lui le recours en garantie, qui, sans
cela, appartiendrait à la Compagnie, etc.... »

Ce jugement contient, selon nous, une erreur
que la Cour d'Aix a soigneusement évitée. En
effet, le jugement reconnaît que la renonciation
au recours contre le fermier a été stipulée par le
propriétaire, dans *son propre intérêt*, c'est-à-
dire pour mieux assurer la solvabilité de son fermier, que l'exercice de ce recours pourrait mettre
dans l'impossibilité de payer ses fermages. — Ne
suit-il pas de là que le propriétaire est libre de
renoncer à cette stipulation, s'il le juge à propos ?

Et s'il paraît certain que la Compagnie ne pourra pas exiger du propriétaire, lors du paiement de l'indemnité, qu'il la subroge dans ses droits contre son locataire, rien n'empêche le propriétaire de consentir *sponte sua*, volontairement, cette subrogation ; car il n'est lié à cet égard envers personne et son droit est intact. Cette renonciation a été consentie en arrière du fermier ; pour luî, c'est *res inter alios acta*. Il n'a donc pas le droit de s'opposer à la subrogation ni d'en contester la validité.

Il en serait autrement si le locataire avait mis le propriétaire dans l'impossibilité de se rétracter, soit en signant la police conjointement avec lui, soit en souscrivant ultérieurement une déclaration d'adhésion collective ; car il y aurait lieu dès lors à l'application de l'art. 1121 du Code Nap. : « On peut pareillement stipuler au profit d'un « tiers, lorsque telle est la condition d'une stipu- « lation que l'on fait pour soi-même ou d'une « donation que l'on fait à un autre. Celui qui a « fait cette stipulation ne peut plus la révoquer « si le tiers a *déclaré vouloir en profiter*. »

Il peut néanmoins se présenter certains cas dans lesquels cette précaution sera insuffisante et ne suppléera pas l'assurance des risques locatifs contractée par le locataire lui-même. Supposons, en effet, que le propriétaire ait encouru une déchéance (retard dans le paiement de la prime, aggravation de risque non déclarée, mutation telle que vente, décès, etc., etc.) ; en cas de sinistre, la Compa-

gnie ne paiera pas l'indemnité, puisque l'assurance a cessé d'exister. Mais alors le propriétaire
non indemnisé n'aura-t-il pas le droit de dire à
son locataire : vous êtes responsable en vertu des
art. 1733 et 1734, et je vais user de la faculté qui
m'est accordée par la loi, en exigeant de vous le
paiement de dommages-intérêts? Je me suis engagé à ne pas subroger la Compagnie dans l'exercice du recours, je lui ai imposé une renonciation
dans le cas où elle me paierait une indemnité;
mais je n'ai pas renoncé pour moi-même à ce
droit de recours dans le cas où je ne serais pas
indemnisé. Mon droit et ma liberté d'action sont
entiers. Vous deviez faire assurer directement
vos risques locatifs. Ce langage nous paraît
équitable, et nous pensons que le propriétaire
serait parfaitement fondé à le tenir.

§ 4. De la subrogation en matière d'assurance
de la créance hypothécaire. — Après avoir reçu
le paiement de la créance assurée, le créancier
peut-il être tenu de subroger l'assureur contre
le débiteur ? « Lorsque l'assurance d'un immeuble a été faite par un créancier hypothécaire, l'assureur peut-il invoquer la subrogation
conventionnelle pour exercer son recours contre
le débiteur propriétaire de l'immeuble brûlé?
On a dit, pour la négative : l'assureur n'est subrogé qu'aux droits que l'assuré peut avoir relativement à l'incendie. Or, un créancier n'a aucune action contre son débiteur pour cause d'in-

cendie arrivé par un accident fortuit ; il ne peut
donc en céder aucune à l'assureur... Mais, on répond, et avec raison, que le créancier, désintéressé par un assureur, peut céder à celui-ci, en
vertu de l'art. 1250 C. N., non pas les droits résultant pour lui du fait de l'incendie, mais ceux
qu'il avait avant le paiement de l'indemnité contre
le débiteur pour se faire rembourser du montant
de sa créance (1). »

(1) MM. Grün et Joliat, p. 349. — Pouget, *Dict. des Ass.*, vᵒ Su-
BROGATION. — *J. des Ass.*, 1866, p. 96.

CHAPITRE IV.

DE L'ANNULATION, EXTINCTION ET RÉSILIATION DE L'ASSURANCE.

Tout contrat d'assurance terrestre est nul lorsqu'il manque d'une des conditions essentielles à son existence légale : c'est-à-dire si les parties, lors de la convention, n'avaient pas capacité pour contracter ; si l'objet de la convention n'était pas susceptible d'assurance ; s'il n'existait aucun risque ; s'il n'y avait pas eu stipulation de prime ; si, enfin, le consentement des parties est vicié d'erreur, de violence ou de dol.

La nullité provient-elle du défaut de risque ou d'intérêt de l'assuré : si les deux parties ont connu le vice du contrat, si elles ont su que la chose n'existait pas ou qu'elle n'appartenait pas à l'assuré, ou si elles ont mis sciemment en risque des choses qui n'en étaient pas susceptibles, comme des profits espérés, le contrat est nul à l'égard de l'une ou de l'autre partie. « Dans le « cas où l'assuré seul connaissait le défaut d'in-« térêt ou de risque, il ne peut se prévaloir de

« la nullité pour se soustraire à ses engagements
« envers l'assureur. Si les deux parties ont été
« de bonne foi, elles sont également recevables à
« demander l'annulation ; seulement, l'assureur
« a droit à une indemnité qui, dans les assu-
« rances maritimes, est fixée à un demi pour
« cent ; disposition spéciale non applicable aux
« assurances terrestres. » (Dalloz, *Rép. de jur.*
—MM. Quénault, n°s 355 et seq. — Boudousquié,
n°s 344 et seq.)

Nous avons vu que les réticences ou fausses
déclarations de la police donnent lieu à l'annulation de l'assurance, lorsqu'elles sont de nature à
influer sur l'opinion du risque. L'assureur a,
dans ce cas, le droit de réclamer l'annulation du
traité.

La police d'assurance qui s'applique à divers
objets n'est pas indivisible : il en résulte que la
nullité partielle peut être invoquée, si l'annulation laisse subsister dans leur entier les autres
articles et n'affecte pas à leur égard le contrat
d'assurance. (Orléans, 4 juillet 1846.)

§ 1. En général, l'assurance n'est pas résolue
de plein droit par l'inexécution des conditions ;
la partie qui la demande doit la faire prononcer
par les tribunaux (1). Comme le font remarquer
MM. Grün et Joliat, n°s 314, 317 et suiv. ; Bou-

(1) Douai, 18 mai 1835.

dousquié, n° 377, quand les polices contiennent la stipulation d'une résiliation de plein droit, comme cela se fait ordinairement pour le non-paiement des primes, la résiliation doit aussi être prononcée par les tribunaux ; mais elle est encourue irrévocablement du jour de la mise en demeure, sans que la justice puisse accorder au débiteur un délai pour s'acquitter de son obligation. (Dalloz, *Rép. de jur.*, v° ASSURANCES TER-RESTRES, § 6.)

Il est évident que la partie qui a manqué à ses obligations argumenterait vainement de sa faute ou de son fait, pour demander elle-même la rési-liation à son profit : attendu que, dans un con-trat synallagmatique, tel qu'un contrat d'assu-rance, il n'est pas présumable que les parties aient entendu que l'une d'elles pourrait annuler le contrat à sa volonté, ce qui arriverait si l'assuré pouvait détruire le contrat par la seule raison qu'il n'aurait pas payé sa prime dans les quinze jours, circonstance qui dépend de lui seul, et uniquement de sa volonté, tandis que, d'un autre côté, la Compagnie ne pourrait résilier le contrat aussi longtemps que l'assuré n'y consen-tirait pas, puisque, dans ce cas, celui-ci paierait toujours ses primes exactement ; que, loin de là, il est évident que les parties ont entendu être engagées autant l'une que l'autre, et que c'est dans ce but que la clause résolutoire a été sti-pulée, au contraire, en faveur de la Compagnie seule, contre l'assuré qui n'exécuterait pas son engagement de payer les primes, afin que la Compagnie pût se dégager d'un assuré qui ne s'exécuterait pas vis-à-vis d'elle, et mettre ainsi en équilibre les droits des parties ; — attendu, d'ailleurs, que des termes de l'art. 1184 C. N., il résulte que, lorsque dans un contrat synallagmatique, l'une des parties n'a point satisfait à son engagement, le droit de demander la résolution du contrat est facultatif pour elle, et qu'elle a pu y renoncer, comme elle l'a fait ; que, dès lors, ce contrat doit être exécuté ; — ordonne que la police aura son exécution, etc. (Tribunal civil de la Seine, 26 septembre 1821.)

Si, pendant l'assurance, les risques sont modifiés, l'assureur pourra demander la résiliation du contrat : « Aucun changement ne doit être apporté, directement ou indirectement, par l'assuré ou par celui qui profite de l'assurance, aux chances déclarées ou à celles qui ont dû naturellement être envisagées lors du contrat. Ainsi, des objets mobiliers assurés ne peuvent pas être déplacés du lieu où ils étaient, ou dans lequel ils devaient être d'après la convention, ni, si cette convention déclarait qu'ils seraient transportés, être expédiés par une autre voie que celle qui a été indiquée. Si la force majeure oblige à ces changements, il faut sur-le-champ en instruire l'assureur. » (Pardessus, t. II, n° 592.)

§ 2. L'assuré doit conserver la qualité en laquelle il a figuré au contrat. Ainsi, le locataire devient-il propriétaire de la maison qu'il habite, le créancier hypothécaire est-il remboursé, l'usufruitier devient-il plein propriétaire : le contrat devient caduc. (Boudousquié, nᵒˢ 368 et 369.)

Aux termes de l'art. 346 du Code de comm.: Si « l'assureur tombe en faillite lorsque le risque n'est « pas fini, l'assuré peut demander caution ou la « résiliation du contrat. Cette disposition rela- « tive à l'assurance maritime, s'applique égale- « ment aux Compagnies d'assurances à prime : il « est juste qu'une partie obtienne la décharge de « son obligation lorsque l'autre cesse par son in- « solvabilité de pouvoir remplir ses engagements » (Paris, 10 mars 1825. — Persil, nᵒ 225. — Boudousquié, nᵒˢ 371 et 372) (1).

§ 3. La résolution du contrat d'assurance n'a d'effet que pour l'avenir. Cette exception à la règle des art. 1183 et 1184 qui donnent à la condition résolutoire un effet rétroactif, résulte de la nature du contrat d'assurance. Les Sociétés ne remboursent pas les primes échues, parce qu'elles ont couru les risques jusqu'au moment de la résolution. (Quénault, nᵒ 390. — Persil, nᵒ 224.)

La nullité ou la résolution du contrat peut être demandée par voie d'action ou par voie d'exception par la partie qui y a droit. Le vice du con-

____

(1) Cette disposition n'est pas applicable aux Sociétés mutuelles. Ces associations, n'ayant aucun caractère commercial, ne sont pas susceptibles de tomber en faillite.

trat est couvert lorsque la partie qui le connaît et peut s'en prévaloir l'a mis à exécution.

M. Quénault, n° 205, examine la question de savoir quelle est la partie chargée de prouver la mauvaise foi de l'autre. Il faut s'en tenir, selon nous, à la règle du droit commun qui veut que la fraude ne se présume pas, et que celui qui l'allègue soit tenu de la prouver : *Probatio incumbit ei qui dicit, non ei qui negat. Qui dolo dicit factum aliquid, docere dolum admissum debet* (l. 18, § 1, ff. *De probat.*). Cependant, les déclarations faites par l'assuré dans la police, lorsqu'elles sont inexactes, peuvent servir de moyens de preuve pour établir sa mauvaise foi. La fausseté de ses déclarations sur des faits qui lui sont personnels ou sur des circonstances qu'il ne peut ignorer, élève contre lui une grave présomption de fraude qu'il est tenu de repousser par la preuve de sa bonne foi (Quénault, p. 284). Il n'y a pas là d'exception aux principes généraux : en effet, la preuve à la charge de l'assureur demandeur est déjà faite, et l'assuré défendeur est obligé d'en détourner les conséquences par la preuve contraire. Ce n'est que l'application de l'art. 1353 C. N. : les présomptions constituent un genre de preuve lorsqu'elles sont légales, ou que, ne résultant pas d'un texte de loi, elles sont *graves, précises* et *concordantes* (Persil, n° 208).

L'assurance s'éteint naturellement par l'expiration du terme pour lequel elle a été souscrite.

Le sinistre prévu est également une cause d'extinction de ce contrat : lorsque la perte est totale, l'assureur qui a payé l'indemnité est entièrement libéré ; son obligation est éteinte, parce qu'elle a reçu son entier accomplissement.

L'assurance s'éteint également lorsque l'objet sur lequel elle porte cesse d'exister par un événement autre que celui prévu en la police. (M. Quénault, nᵒˢ 377, 378.)

§ 4. En résumé, l'extinction de l'assurance a lieu par trois causes principales : 1º par la perte où destruction de la chose assurée : il est évident que la destruction partielle n'entraîne qu'une résolution partielle. Toute dépréciation ou diminution de valeur opère, comme la perte réelle, la réduction ou la résolution de l'assurance.

2º Par les changements qui aggravent, multiplient ou modifient les risques.

On peut se demander si dans le cas d'une assurance indéterminée, sur des valeurs qui excèdent la somme assurée, la diminution de ces valeurs doit être considérée comme un changement qui aggrave les risques de l'assureur et entraîne la résolution du contrat. L'hypothèse est celle-ci : une somme de 20,000 fr. a été assurée sur 30,000 fr. de valeurs ; ces valeurs sont réduites à 20,000. En cas de sinistre, total ou partiel, la diminution des valeurs assurées a-t-elle réduit l'obligation de l'assureur dans la même proportion, y a-t-il lieu à l'application de la règle proportionnelle ? On l'a soutenu, en disant que l'effet de la convention, telle qu'on la suppose dans l'espèce, était de mettre à la charge de l'assuré un tiers de la perte; que l'assureur ne s'est obligé à supporter que les deux tiers des pertes qui pourraient survenir.

Ce raisonnement serait sans réplique si l'assureur avait stipulé, comme condition du contrat, que l'assuré demeurerait à découvert pour l'excédant des valeurs sur la somme assurée; tant que cette condition ne résulte pas des termes de la police, l'assureur ne pourra se prévaloir de la diminution des valeurs assurées, s'il en reste une quantité suffisante pour servir d'aliment à l'assurance. L'assuré ne s'est point obligé à conserver en risque des valeurs supérieures à l'assurance (Pothier, *Contrat d'ass.*, n° 80. — Valin sur l'art. 36 de l'Ord. — Émerigon, cap. XIII, sect. 8, § 3. — Boudousquié, p. 417). — Du reste, il ne faut pas oublier que c'est surtout au moment de l'expertise qu'il y a lieu de régler les droits de chacun ; et la bonne foi des Sociétés d'assurances rend excessivement rares les contestations de ce genre.

3° L'assurance s'éteint enfin par la cessation de la qualité en laquelle on s'est fait assurer, lors même que l'assuré serait demeuré intéressé à un autre titre à la conservation des choses assurées. Ce nouvel intérêt n'est plus, en effet, la cause exprimée dans le contrat. Nous ne reviendrons pas sur cette dernière cause d'extinction du contrat d'assurance : les développements que nous avons présentés dans le courant de cette étude, à propos des effets de la réticence, sont parfaitement applicables à cette dernière cause.

CHAPITRE V.

DE LA COMPÉTENCE, PROCÉDURE ET PRESCRIPTION
EN MATIÈRE D'ASSURANCES TERRESTRES.

Celui qui se fait assurer ne fait jamais un acte de commerce. Les tribunaux civils sont donc les seuls compétents pour connaître des contestations qui pourraient s'élever entre assureur et assuré ; sauf le cas où les parties, par une clause spéciale, sont convenues de se soumettre à la décision d'arbitres.

L'arbitrage est toujours facultatif pour les associations mutuelles (1).

L'étendue des pouvoirs accordés aux arbitres dépend des termes de l'acte qui les institue. Ainsi, ils ne pourraient pas être appelés à se prononcer sur la validité de la police, puisque le titre qui leur donnerait qualité ferait l'objet de la question ; ils ne connaissent que de l'exécution du

(1) De ce que les Compagnies à primes doivent être considérées comme des Sociétés commerciales, il suit que les contestations qui s'élèvent entre leurs membres, pour raison de la Société, sont soumises à l'arbitrage forcé dont les règles sont tracées par les art. 51 et suiv. du Code de commerce. — Quénault, p. 318.

contrat. — V. Rej. cassat., 9 juillet 1845. — Dalloz, *Rép. de jur.*, v° Ass. TERR., n° 293 (1).

Les contestations s'élevant entre deux Sociétés mutuelles seront portées devant les tribunaux civils (Rouen, 9 octobre 1820. — Douai, 4 décembre 1820). Cette décision résulte nécessairement du caractère même de ces associations.

S'agit-il, au contraire, de contestations s'élevant entre Compagnies à primes, nous pensons que, l'assurance à prime constituant un contrat commercial, les tribunaux de commerce seront seuls compétents. L'art. 633 du Code de commerce, ainsi conçu : « *La loi répute* pareillement « actes de commerce..... toutes assurances et au- « tres contrats concernant le commerce de mer, » n'a pu parler des Compagnies à primes, attendu qu'en 1807 elles n'existaient pas encore en France ; mais lorsque ces Compagnies prennent la forme de Sociétés en nom collectif, publiées au tribunal de commerce, ou celle de Sociétés anonymes divisées par actions, dont les porteurs reçoivent le bénéfice, elles adoptent un mode d'existence auquel la loi attache un caractère commercial, et qui les rend justiciables des tribunaux de commerce. (Paris, 23 juin 1825.)

1° COMPÉTENCE. — Les règles ordinaires de la compétence territoriale ou d'attribution doivent

(1) Grün et Joliat, § 339. — C. de cass., 3 août 1836. Dalloz, § 303.

être suivies en cette matière : la règle *Actor se-quitur forum rei* reçoit ici son application. — Les Compagnies sont généralement déclarées mal fondées dans la prétention qu'elles ont quelquefois élevée, de ne pouvoir être assignées que devant les tribunaux de leur siége. (C. P., 59. — C. cassat., Req., 15 mai 1844) (1). On considère qu'à l'égard des assurés, à l'égard des tiers traitant avec une Compagnie, le siége de l'administration est au chef-lieu où elle a un gérant qui la remplace. L'usage a sanctionné cette doctrine, et les Compagnies se laissent assigner aux domiciles de leurs agents départementaux ou même d'arrondissement.

2° PRESCRIPTION. — La loi fournit les règles relatives à la suspension, l'exclusion ou l'interruption de la prescription ; elle a déterminé également ment les conditions des diverses prescriptions qu'elle a créées : aussi n'avons-nous pas à nous occuper de ce genre de difficultés, mais seulement à résoudre trois questions soulevées dans la pratique à l'occasion de la prescription.

I. — *La clause par laquelle on stipule que le droit de l'assuré à une indemnité après sinistre est prescrit, si l'assuré ne réclame dans les six mois, à dater du jour de l'incendie ou des dernières poursuites, est-elle licite?*

(1) Cour de Caen; Dalloz, 46-II-162. — Colmar, 9 juillet 1844; Dalloz, 45-I-362. — C. pr. 69.

Les prescriptions créées par la loi ne sont pas imposées à peine de nullité : aussi les parties sont-elles libres de stipuler une dérogation au droit commun. C'est ce qui a lieu en matière d'assurance : « La nécessité pour l'assureur, d'un « côté, de connaître promptement sa position, de « mesurer ainsi ses propres forces ; d'autre part, « la difficulté qu'il y aurait, après un certain « laps de temps, d'exercer un recours contre « l'auteur du sinistre, de faire constater l'im- « portance des dommages, d'apprécier si l'as- « suré ne s'est rendu passible d'aucun des « cas de déchéance prévus par la convention, « ont fait admettre avec raison que l'assureur ne « devra aucune indemnité à un assuré, lorsque, « le sinistre étant survenu, six mois ou tout autre « délai fixé par la convention se sera écoulé, « sans qu'aucune demande ait été faite, tendant « à la réparation des dommages éprouvés. » (Pouget, *Dict. des Ass.*, v° PRESCRIPTION.) V. dans le même sens MM. Quénault, n° 252. — Persil, n° 254. — Boudousquié, n°ˢ 402 et 403. — Alauzet, t. II, n° 451. — Dalloz, v° ASS. TERR., n° 341. — Dubroca, t. VI, p. 102 ; t. VII, p. 241. — MM. Grün et Joliat, n° 357. — Cassat., 1ᵉʳ février 1853) (1).

---

(1) Cassation, 1ᵉʳ février 1853 : « Attendu qu'une telle condition mise à l'exercice de l'action des assurés ne blesse en rien l'ordre public et les bonnes mœurs, qu'elle n'offre rien de contraire à l'essence des contrats synallagmatiques ; que l'arrêt ne déclare pas formellement qu'elle ait été surprise ou que le consentement de l'assuré

« Quant à la prescription, si la police ne con-
« tient rien à ce sujet, elle demeure soumise aux
« règles ordinaires du droit civil » (Dalloz, v° Ass.
TERR., p. 402). — L'action de l'assuré en paiement de l'indemnité durera donc trente ans, à
partir du jour de l'incendie ou des dernières
poursuites. Cette doctrine est professée par l'una-
nimité des auteurs (1).

II. — *De la prescription des primes ou cotisations.*

Une question beaucoup plus controversée est
celle de savoir quelle prescription devra être appliquée à l'action des assureurs en recouvrement
du prix de l'assurance.

Il est presque superflu de remarquer que
l'art. 432 du Code de commerce ne peut recevoir
application pour la prescription en matière d'assurances terrestres. « Toute action dérivant d'un
« contrat à la grosse, ou d'une police d'assu-
« rance, est prescrite après cinq ans, à compter
« de la date du contrat. » (Art. 432.)

---

ait été donné par erreur ; qu'il ne conclut pas, des premières poursuites qui ont eu lieu, que le droit des héritiers F..... ait été conservé ;
— attendu que la signature apposée par les contractants au bas de la
police implique de leur part la connaissance et l'acceptation de toutes
les stipulations qui l'ont précédée, sans qu'il y ait lieu de distinguer
entre celles qui ont été exprimées en caractères imprimés et celles qui
se trouvaient tracées à la main... etc. »

(1) Troplong, *De la Vente*, t. I, n° 44. — Dubroca, t. VII, p. 241.
— Merlin, *Rép., De jur.,* v° PRESCRIPTION, sect. 1re, § 7, art. 2,
quest. 2. — Pothier, *Du contrat de vente*, n°ˢ 434 et seq., etc. —
Contrà : Quénault, p. 190.

Cette disposition déroge au droit commun, en vertu duquel l'action qui dépend de l'arrivée d'un événement n'est prescriptible qu'à dater du jour où cet événement a eu lieu. L'art. 432 est donc manifestement inapplicable à l'action en recouvrement des cotisations, puisque le contrat étant d'une durée ordinaire de plus de cinq ans, il serait prescrit avant d'avoir atteint son terme naturel.

MM. Quénault, p. 261, et Persil, p. 204, pensent avec raison, selon nous, que si la prime se divise en paiements annuels, chaque prime formera une dette particulière, se prescrivant séparément par le laps de cinq années, aux termes de l'art. 2277 du Code Napoléon : « Les « arrérages de rentes perpétuelles et viagères ; « — ceux des pensions alimentaires..... etc. ; — « et généralement tout ce qui est payable par « année, ou à des termes périodiques plus courts, « se prescrivent par cinq ans. »

La Cour de cassation, dans un arrêt du 17 mars 1856, a décidé cependant que la prescription quinquennale n'était pas applicable aux cotisations dues dans l'assurance mutuelle. Les questions de prescription sont d'ailleurs assez rares en matière d'assurances terrestres, et les parties ont réciproquement trop d'intérêt à l'exécution de leurs engagements pour ne pas en empêcher la fréquence, par l'insertion dans les statuts de clauses préventives.

TABLE DES MATIÈRES.

CHAPITRE IV.

CHAPITRE V.

CHAPITRE VI.

DROIT INTERMÉDIAIRE.

DROIT FRANÇAIS.

ASSURANCES TERRESTRES.

CHAPITRE Ier.

CHAPITRE II.

SECTION Ire.

DU CONSENTEMENT.

SECTION II.

DE LA CAPACITÉ DES PARTIES CONTRACTANTES.

SECTION III.

SECTION IV.

DES CAUSES DU CONTRAT D'ASSURANCES.

CHAPITRE III.

DES SINISTRES ET DE LEUR CONSTATATION ; DE L'INDEMNITÉ.

SECTION Iʳᵉ.

SECTION II.

SECTION III.

CHAPITRE V.

Caen, typ. F. Le Blanc-Hardel.

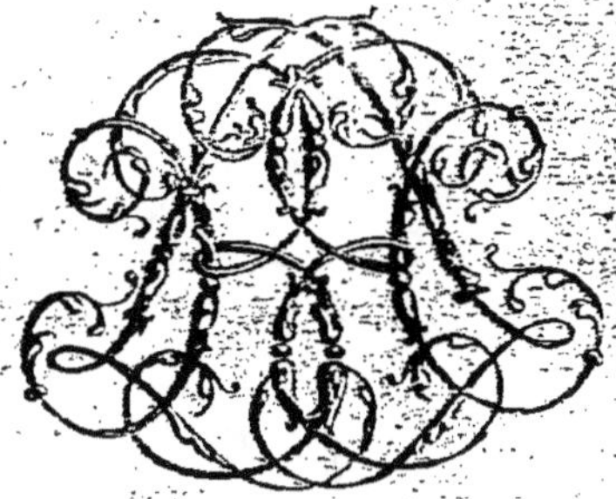

Caen. — Typ. E. Blanc-Hardel.

www.ingramcontent.com/pod-product-compliance
Lightning Source LLC
LaVergne TN
LVHW050310060726
842525LV00002B/490